文春学藝ライブラリー

「小さきもの」の思想

柳田国男

柄谷行人編

はじめに

柳田国男の仕事は、一言でいえば、近代の発展の中で急速に廃れ忘れられていくものを記録することであった。それは先ず、消滅してしまうものへの供養であり、且つ、そこから得た将来に役立つかもしれない知恵を保存することである。その方法は民俗学と呼ばれるが、広い意味で、史学である。それは文献にもとづく、したがって、政治的次元を中心にする歴史では無視されるものを見ることである。柳田はこのような仕事を、たんに学者としてではなく、詩人、官僚、ジャーナリストとして現実に深くコミットする中で成し遂げた。その意味でも稀有な人物である。本書は、柳田のそのような生涯を展望できるように編集されている。

柄谷行人

#「小さきもの」の思想—目次

「小さきもの」の思想

凡例

一、各章の冒頭に編者による解題を付しました。

一、初出及び初収録された単行本・刊行年をそれぞれの文章の末尾に記し、底本は巻末の編集付記に記しました。

一、原文が旧字旧仮名遣いの場合は、新字新仮名遣いにあらためました。また、読みづらい漢字にはルビを補いました。

一、抄録作品中の＊は中略を表しています。

一、今日からみれば、不適切な表現がありますが、作品が書かれた時代背景や著者が故人であることを考慮し、底本のままといたしました。読者諸賢のご理解をお願いいたします。

第一章　文学と柳田国男

解題

一般に、柳田国男はロマン派の詩人であったが、農商務省の官僚となり、さらに、そこでの躓きから、民俗学に向かったといわれている。しかし、このような見方は、柳田を十分に理解することにはならない。実際、柳田は明治のロマン主義文学において先導的であっただけでなく、そこから自然主義への移行においても先導的であった。たとえば、島崎藤村、国木田独歩、田山花袋らは皆、柳田の影響を受けたのである。ただ、柳田は、文学をもっぱら自己表現として見なした彼らとは異なっていた。一つには、彼が近代文学以前の文芸の修業を積んできたからである。また、近代以前の知に深く通じていたからである。「自伝」が示すように、柳田は少年期から、「経世済民」という儒教的な理念を抱いており、また、平田派神道についても通じていた。このように古今の書物を乱読していただけでなく、少年期からたえず移転し以後も旅行を続けた。つまり、一方で極めて成熟した面をもちながら、子供らしい好奇心を終生失わなかった。彼は詩人であるとともに農政学者であり、官僚であるとともに在野の民俗学研究の組織者であり、神道学者であるとともにエスペラント普及運動家でもあった。

柳田国男自伝

明治八年七月三十一日の夜、兵庫県神崎《かんざき》郡田原村の辻川という処で私は生れた。今の播但《ばんたん》線の福崎という停車場から、市川を隔てて東へ十町余り、わずかな岡の裾《すそ》の国道に面した小家であった。家の背後にある薬師堂を有井堂《ありいどう》と称し、『峰相記《みねあいき》』という旧記に出ている有井はこれだろうということであった。とにかくに古井の跡を存し、また火の雨の降る時に遁《に》げ込んだという塚穴などもあって、相応に古い村だということは地形からも察せられた。ただし今いる住民の家は、ほとんと全部が戦国終り頃からの土着であった。私の家はその中でも新らしい隠居分家で、しかも早くから持地を手離し、村と農業によって結び付けられない半漂泊民であった。

父の名は松岡操、人は約斎《やくさい》先生と呼んでいた。いったん医を業とし後にこれを見切って、姫路の町学校の熊川舎《ゆうせんしゃ》というに聘《へい》せられ、漢学の師匠となって盛りの年を過した。そうしてその間に本居《もとおり》、平田両大人《うし》の学問に、引き寄せられて行った人である。私の生れた頃には、そちこちの御社の神官をしていた。若い時には祖母に勧められて、盛んに法華経などを書き写したこともあったが、親の死後、私の生れる前年それを仏具とともにことごとく市川に流して、神道に復したと言っていた。このやや移り気な気質は私にも遺伝している。しかしそのお蔭に一生を幾つにも折って、常に新らしく使うことのできたのは、感謝しなければならぬと思っている。

村の小学校では、私はあまり人望がなかった。いつも虚弱なのと鷹揚《おうよう》でないのとで、同級の子供からオシラカサレていた。十歳の秋に家屋敷を売ることになって、しばらく二里ほど東の北条という町に移って住んでいた。北条は母の在所であったが、もうその頃には近い親族はいなかった。母は衰微した旧家の出で、またかなり厳粛なる世相の批判者でもあった。父が単純なる幼年型の伝承者であったと反対に、母の方はやや咏歎味を帯びたる前代生活の記述者であった。幸か不幸か私はこの傾向を余分に受け継いでいる。

私の家庭教育は完全なものということができなかった。十一歳の春にはもう二親の手元を離れて、生れた村の三木という豪家に預けられた。多分家が乏しくて育てにくかったためであろうと思う。三木氏には先代に学者があって、近郷にも珍らしいたくさんの書物を蔵していた。それをこの幼少なる食客は、自由に出して読むことを許されていたのである。しかし濫読の悪い習癖は、原因するところが今少しく遠かった。父は本が買えないので始終方々から借りて来て読んでいた。そうしてそのたびに悦んで本のありがたさを説くので、解りもせぬくせに私も、それを見ようという気になったのである。小児に読ませて悪い本だけは、それでも家にいる間は高い棚に載せておかれたが、三木の家では選択を私自らがしたのであった。そうして予定せられていた漢籍を出しに行ったついでに、うす暗い書庫の窓に凭《もた》れて、うかうかと合巻の草子《そうし》などを、半日も読んでいたことがしばしばあった。また国男さんは悪い本を見てじゃなと、下から声を掛けられたことも二度や三度ではなかった。

ところがこういう機会が、不思議に私にはくり返された。十三の歳の九月始めに、二番目の兄に連れられて東京へ出て来て、それからすぐにまた茨城県北相馬郡の、長兄の家に送り付けられた。大利根《おおとね》川左岸の布川《ふかわ》という町は台畑の崖《がけ》の下の家であった。家主の小川という医者がまた珍らしい蔵書家で、主人は外に出ていて老母と小さな孫とがその番をしていた。翌年の土用ぼしに行き合せてみると、土蔵が三分の二ほども書物であったので、手伝うような風をして盛んにそれをひっくり返したのみか、時々は孫をそそのかしてわざとこの土蔵で隠れん坊をした。近所にこういった家が今一軒あって、そこの息子も書物のために歓心を買われていた。それから約二十年ほども経って、今度も偶然に私は内閣の記録課長を命ぜられたが、それがちょうどまたあの大きな内閣文庫を、今ある所へ引き移す時に際していた。明治四十三年の夏などは、夏休みというものを私は取らなかった。そうして暗くなるまでへとへとになって虫ばんだ本を読み散らし、うまいことをした気で帰って来たのは、今考えてみると一つの病であったようだ。

だから役人をしたことは、少しも損であったとは思っていない。私はいったい三つの歳までごく壮健であったのが、悪い田舎の種痘《しゅとう》が祟《たた》って、おできだらけになってその時から虫持ちになった。満足に大きくなってくれればよいがというひそひそ話を、毎度のように小耳に挟んでいた。当分は野育てにしてみようとあって、中学校へもやられなかった。旅行でもしたらよかったのかも知らぬが、家にその余裕は乏しかった。官費の商船学校に入って、船長になってみようと言ったが止められた。親を失った当座は心持がまるで変って、山林の技師になって山で暮そうと企てたこともあったが、こちらは数学が不得手なために自分で断念した。しかも船長よりも山林技師よりも、もっと勝手な旅行ができたのは官吏になったお蔭であった。というよりもあの頃の議会がよく解散して、急に中央の人間が手の明くことになったためであった。何にもせよ草鞋《わらじ》でとんでもない山の中などをあるくうちに、次第に少しずつ丈夫になり、またこれから先何をしようかという考えもきまった。ろくな功績もないくせにいつも月給以上の過分な恩恵を蒙《こうむ》っている。

明治三十三年に法学士というものになってから、すぐに農商務省に入って田舎をあるく役人になった。三十四年には春と冬と二度、関東と中部とをかなり長く旅している。それから十年余りは無理をしてまでも出あるいたが、その中でも長い旅は四十一年の夏から秋にかけて、九州四国を三月以上経廻った時である。『後狩詞記《のちのかりことばのき》』という小編はその時に材料を手に入れ、それが因縁で日本の特徴たる、山村というものを考えることになり、また山の神の信仰の我々の文化に対して、大きな力をもつことを人に説くようになった。しかしさすがに大きな海を越えて、日限不定の島の旅をすることはむつかしかったので、言わばそれを楽しみに官界から退く気にもなったのである。『海南小記』は大正九年の冬から、翌春二月へかけての痛快な海上生活の記録である。それ以前にも佐渡を一周した気楽な旅行があるが、それはつい障《さわ》りが起ってまだ豆手帖を整頓していない。

旅行は幾分か気むつかしい私の気質を和らげてくれたようである。こんな人もいる、あんな生活もあるということを少しずつ知って、思う通りに世の中がならなくても、喫驚しなくなったのはありがたい。日本人は最初赤い顔をしたのが悪人、もしくは悪人は赤い顔をして、ぜひ出て来るという芝居ばかり見馴れていた。それが実際では必ずしもそうでなく、何が何だかと時々考えるようになって、急にできるだけ多くの実例を知ってみようということになったのである。外国文学への心酔は半開国みたいでおかしいが、これは我々が人生を現象として見るために必要であった。いくら愛するものでも、一度はこれを天然の事実として観察しなければ、本当はその未来の幸福を講じてやることができない。その技術の練修のためにも、まず極端に縁の遠いものの生活を、知っておく気になったのが元である。文芸の自由主義なるものの理論は、私にはよく呑み込めることばかりではなかったが、私はとにかくに旅行をするような気持で、諸君の尻に附いて西洋の散文劇の、ひどく勝手のちがうものをぽつぽつと読んで行った。

そのうちに一二の外国人が私の書斎に入って来て、こういう書棚の本を見て笑った。これを読もうという君の気持はわかるが、いかに西洋だっても文芸と生活とは別だ。やっぱり自分で見た方がよいと言って、連れ立って内地を旅行したこともあった。彼等の驚きはまた私たちのと別であった。それから自分でも向うへ行って、常人の暮しをしてみることになって、始めてあちらにも平凡な愚人悪人、いやな奴哀れな人たちの払底《ふってい》でないことを知るとともに、問題の意外に我々と共通なものが多いことを感じたのであった。ヒストリーを望むにはエスノグラフィーの樹蔭《こかげ》がよく、しかもその森の中のただ一筋の小路を辿《たど》らなければ、フォクロアのわが家には還って来られぬことをこれも偶然に学ばざるを得なかったのである。

自分の尊敬する友人の中には、なまじいに秀才であったゆえに紙鳶《たこ》や竹馬の経験を、ほとんと記憶しないという人も少なくないが、私はこれとは正反対に、あまりにいつまでも子供らしさの好奇心が続いている。一つの仕事にじっと永く附いておられぬために、どれもこれも纏まった成績を遺しておくことができぬ。しかしその代りには年中気ぜわしなくて、飽きて欠伸《あくび》をするというような不幸には、一度も出逢わなかった。この点は深くわが約斎先生に向って、遺伝の恩を謝すべきだと思っている。一方母から承け継いだ片意地と潔癖なども、世渡りの上には少しは不便であったが、これとても子孫が似てくれないことを願うほど、悪いものとは思っていない。第一に私は常に友人を信じ、かつこれによって扶《たす》け導かれている。これは敬慕することのできる人でないと、最初から友人にしなかったからである。弘い世間に無数の知合いを作ることのできたのも、おのおのその長処を見分けてその側面とばかり、接触することを心掛けた結果で、これがもし自分自身に対するように、好くても悪くても不可分につきあって行かねばならぬのであったら、とても今知っている十分の一も、人の美点を実験する機会を得なかったろう。私は確かによく人を憎むが、一方には誰よりも多く愛する者をもっている。ことに欺き偽らざる少年が好きだ。そうして自分の久しく子供らしかったことを、今もって後悔する気にならない。それだからまた下らぬことばかりして来たと思いつつも、案外元気よく活き続けていられるのであろう。

(「近畿民俗」一九六二年十二月)

文学の思い出　抄　『故郷七十年』より

人によっては、幼いころからとくに文章を練るために、古典などを読んで修業する人もあるようだが、私はどちらかというと投げやりの方で、別にこれといって目立つような苦心はしなかったと思う。ただ小さい時のことで面白いことが一つある。

まだ播州にいるうちの話で、明治二十年以前のことであるが、私のはじめての著書と名づけていいようなものが一つだけあった。それは表紙と裏とを父が書いてくれたもので、七十年経った今も大切に保存してある。私がいよいよ播州を出るとき、父から、こういう時には、昔の人はみな送別と留別の詩を作って出たものだという話を聞かされた。私もこの父の言葉に従い、ほとんど出発直前であったが、一生懸命になって留別の詩を作ったのである。半紙を半分に折り、横に二つに折った細長い帳面を拵え、それに自作の詩を書き、自分で製本したもので、これに父が表の題と裏の名前を書いてくれた。

詩は『詩語砕金』とか『幼学詩韻』とかいうものを手本にして集めて作った詩だから、誰でも作れる、価値のないものであるが、その父のつけてくれた表題が面白い。『竹馬余事』というので、つまり竹馬の余暇に、この詩を作ったというつもりでつけたものらしいのである。裏の名前もシナ風に書いてある。

たしか十三の時の夏で、そういうことをやりたい年ごろだったのであろう。少しばかり漢字を習うと、すぐ大人の真似をしないと気が済まない年ごろなのである。

明治十七年か八年だったか、宮中の新年の御歌始に、「雪中早梅」という御題の詠進をしたことがある。無論預選にはならなかったが、それもこの『竹馬余事』には書き残してある。学校の作文も、折にふれた記事も、みなこの中には入っている。

もう一つこの『竹馬余事』の中で面白いのは、そのころ『昔々春秋』といって大阪の中井履《り》軒《けん》が、文章の稽古に支那の『春秋』を真似して、昔話の猿蟹合戦やお伽噺《とぎばなし》の類を、一々『春秋』のような書き方をして出したものがあった。私はそのころ生意気だったらしく、これを読んで大変感化をうけ、自分も真似して「花鳥春秋」というものを書いたのである。これも明治十八年のころだったと思う。後になってみれば、何故こんなものを書いたのだろうと思われるが、これが私の文章を作るということの、まず最初の仕事だったのである。

真書《しんかき》で細い字で書いており、その中に挟んでおいた罫《けい》までがまだそのまま残っている。

次に一冊になっているのは、下総から東京に出て来て後と思うが、香川景樹の歌について、批評だか、感想だかを書いたのである。

前にのべた秋元安民の伝記を『しがらみ草紙』に寄稿したのは明治二十三年のことであるが、この歌の批評集も、あるいはそのころのものかもしれない。

森鷗外さんの計画に兄の井上も多少関係した『めざまし草』に、たしか二十一、二歳の時と思うが、佐佐木信綱君の歌を批評して、喧嘩になったことがあった。

佐佐木君という人は、早くから世に知られた人で、父君弘綱さんが、明治十三年『明治開化和歌集』というのを出したが、これによると五歳か六歳の時に信綱という名で歌をだいぶ出しておられる。この『明治開化和歌集』を、どういうわけか井上家がもっていたので、私は早くから読み、非常な競争意識を起させられた。ちょうど今のように歌のひろまった時代で、この本はそのころいくつか出ていた類題歌集の中の一つであった。信綱さんは小さい時からお父さんに連れられて、各地を歩いたらしく、博文館の『続々紀行文集』の中に、父子いっしょに福井から金沢の方を歩いた時の紀行が出ている。お父さんの遊歴に子供を連れるのは、いいこともあるが、子供にとっては遠慮すべきこともあって、あまりいいことともいえない点もいろいろあった。

○

小さい時から遊歴した人といえば、私が大変力をいれて本にした菅江真澄の経歴も、多分そうではないかと私は想像している。一生放浪性を帯びて、各地を歩き、一定の所に落着いて何かするということのできない人になったのは、真澄もきっと小さい時、親か叔父さんに連れられて歩いたためではないか。この人は三河の生まれで、東北諸県には彼の書いた文や絵がたくさん残っており、父親の書いたものも残っているほどであるのに、三河のどこの人か、今もってはっきり判らないのである。最後は秋田の角館《かくのだて》で死んだが、墓は土崎にある。

佐佐木さんの方は、やがて弘綱さんが東京に落着いて門戸をはったので、遊歴は止ってしまった。後に法学博士になった添田寿一さんなども、遊歴から始まり、後には落着いた例である。私も早くからませていて、いろいろのものを読み、どちらかというとその危険性は十分にあった。もっとも、よく本を読んだのは、一つには体が弱く長生きしないと覚悟を決めていたからである。

あの時分、われわれの理想としていちばん読んだのは、『大阪新繁昌詩』というのであった。大阪で名を知られた田中とかいうお医者さんの息子が、十九で早死したのを悲しんで、亡児の漢文と詩とをのせて出したのが、この本であった。風格が高いだけでなく、若くて名をなしたというので、大変若い者の心を誘ったものであった。もっともあのころは、こんな早死の才人のことを、もてはやす風潮も一方にはあった。

私は早く親もとを離れ、下総に来て二年間も素裸で棒切れをもってとびまわったりしたのが、かえってよかったのであろう。バイロンやシェリイや高青邱など、若死した人の伝記をよんで、自分もまあ四十までは生きないと思いこんでいた。後年よく友だちから、「おい柳田、もう四十になったぜ」なんてからかわれたものであった。

◯

私には若いころの詩集が一つある。六人の仲間のものを集めた新体の詩集で、『抒情詩』という名で出されている。才気のあった国木田独歩が、六人の詩を集め、国民新聞にいた関係から、民友社に話して出したものであった。全部国木田まかせにしたものであるが、この詩集については、いろいろ記念すべきことがあるので、それについて二、三話しておきたいと思う。

この六人の組合せは国木田の考えによったが、はじめに知っていたのは、田山と国木田と私が入っていることだけであった。他の三人のうちの一人は、田山の細君の兄さんの太田玉茗という坊さん、もう一人は嵯峨廼舎《さがのや》御室《おむろ》といって、後に二葉亭四迷などとロシア文学の研究をし、割におそくまで文筆活動をしていた矢崎鎮四郎である。坪内さんが春廼舎朧《はるのやおぼろ》といっていた時分に、ナニノヤナニという名前の人が四、五人出来た中の一人であった。この人をどうして六人の中に入れたか、私には解らない。

それからもう一人、この人が、故郷というものに関連して、私が一度は伝えておきたかったと思う宮崎湖処子《こしょし》であった。年輩も国木田より上で、われわれより十も上だったのではないかと思う。国木田と同じように国民新聞の記者をしていた。私がはじめて国木田の渋谷の家を訪問したところ、そこに山路愛山君もいた。国木田の家から少し出た所、ちょうどいま渋谷の地下街になっているあたりが、昔の世田谷にゆく道路で、その脇のごく普通の宿屋の二階を湖処子が借りておった。非常にいい人で、後には私のやっていた紅葉会という歌の会にも入って、松浦先生の門人になったりした。もっとも先生の方ではあまり歌をほめず、細君むつ子さんの歌の方がうまいなんていっておられた。湖処子の小説として有名な『帰省』の中に出て来る理想の婦人というのが、この細君である。私は湖処子には四、五たび会ったきりで、松浦先生へもあまり来ないし、後には居所も判らなくなり、亡くなった時には通知もうけなかった。弟が一人あって牧師になったが、この人も長生きしなかったように聞いている。

『帰省』という本は、理想の細君をもらうというだけのことを書いたものであるが、この中に出て来る「故郷」という概念は、あの時分の若い者の考えの、代表的に表わされたものであった。湖処子の郷里は九州の筑後川のほとりの、秋月領に入った所である。ごく静かな通り路で、湖処山という有名な黄楊《つげ》のたくさんある山があり、この山の下の村である。『帰省』は小説ともつかず、感想文ともつかない、新旧の中間になる文学であるが、大変大勢の人に愛読され、われわれもその熱心な読者であった。この中にいう「故郷」が、今私が「故郷七十年」の中でいっている「故郷」という概念に似ているような気がするのである。せんじつめると、どこが故郷のいいところか、故郷とはどこまでいいものか判らないけれども、帰ってみれば村の人はみな知っていて、お互の気持が口に出さなくとも通じるとか、中には子供で別れたのがもう大人になり、細君になっているといったセンチメンタリズムもあるが、宮崎君はそれを忠実に書いたのである。

帰省という思想は、あの時代のごくありふれた、若い者の誰もがもっている感覚で、もっていない者はないといってよいくらいであった。そのころの読者はみな学生で、しかも遠く遊学している者が多いので、みなこの『帰省』を読んで共感したのである。

○

民友社から出したわれわれ六人の新体詩集『抒情詩』については、いろいろの思い出がある。そのころちょうどフランス留学から帰った和田英作君という無名画家を、国木田が紹介して、六人の詩人のために一枚ずつ挿絵を書いてもらった。黒一色の絵で、原画は今も布佐の松岡の家に残っている。昨年亡くなった和田君に見せたら、なつかしく思い出してくれたであろうが、あの時はそれらの絵を無料で描いた上、六人の作者に一枚ずつくれたのであった。それがたしか明治三十年の春ではなかったかと思う。

私の詩は「野辺のゆきき」という題であった。利根川べりの秋の淋しい景色を描いた抒情詩で、そこを想像でスケッチ風に書いたものである。

六人のうちの一人、宮崎湖処子が、われわれの作っていた紅葉会という歌の会に入り、松浦先生のお弟子になったのも、この詩集が機縁であった。紅葉会というのは、ある時の紅葉狩りの帰りに成立った会で、私はまだ松浦先生の門に入ったばかりであったが、誘われて仲間になっていた。

また、紅葉会の連中が『松楓集』という歌の本をまとめて出したことがある。今では珍本だが、みな「題詠」ばかりである。ただ稽古のつもりで書いた歌を集めたにすぎない。戦前に改造社が『新萬葉集』を出した時、折口信夫君が自分にまかせてほしいといって、その『松楓集』一冊を種本にして、私の旧作を入れようとした。私は、稽古のために作った題詠の歌を、そのまま後世に遺る選集に入れられるのは困るではないかといって止めてもらった。

題詠の歌は実情を詠まなくても、想像でもいいわけである。だから妙齢の処女にも何々の恋というような歌を詠ませることになる。今から考えれば、じつに不穏当な話だが、題詠は「四季」だけでは寂しいので、「恋」と「雑」とを添えている。時々そんな題が出ると「我が背子が……」などと、想像で作るわけである。今では題詠は軽蔑すべきものとみられているが、和歌の伝統からいえば、こうして口を馴らしておいて、何時でも必要な時に詠めるように訓練しておくのだった。つまり柔道の乱取りみたいなものである。それを何度もしているうちに、いよいよ自分がどうしても詠まねばならない辞世の歌とか、別れの歌とかを作るときに、すらすらと出るようにしておくのが、歌の道のたしなみであった。私どもが子供のころ、それを歌口《うたぐち》といっていた。

題詠は、要するに歌を詠めるようにしてもらう方法に力をいれすぎたものであり、そんなものを本筋の作歌として世に出されたのではたまらないというのが、私の折口君にいった、本当の気持であった。

○

香川景樹の『桂園一枝』という歌集には、無題の歌をまとめて「事につき折にふれたる」として末尾に入れてある。どういうときに詠んだか判らない歌のことである。これは他の人の歌集にはあまり見当らない、いわば『桂園一枝』の特徴である。しかしこの派でも、その方を主にはしていないのであるが。

本当は折にふれ、ことにつけて詠むのが目的で、題詠を練習するのであるが、そのころは題詠で競争する風習があった。体裁上やはり四季にわけて作ってはいたが、新しい歌とのつながりはこの「無題の歌」にあるのではないかと思う。『桂園一枝』にはそれが大分ある。私ども先生に別れ、歌の会を離れてからは、むしろこの無題の歌を詠んでいたわけである。したがって出来ない年もあり、出来ない旅行もあったが、題詠はしなかった。この無題の歌というものが、新旧歌道の過渡時代ではないかと私は思うのだが、まだこのことを説明した人がない。

松浦先生は明治四十二年に亡くなられたが、そのころまで、私は旅行するとたいてい、七つか十、あるいは十二、三首歌が出来ると、もって帰って先生に見てもらったりした。それからこの方あまり自由になりすぎ、題詠はもちろん無題とも遠ざかり、自然に歌と縁が切れるようなことになった。つまり歌口が渋ったというわけである。

宮崎湖処子の『帰省』という心持にしても、そのころの学生がなんとなくこれに共鳴するのあまり、一種の概念にしてしまった感がある。歌でもそうで、すべて一般の定義みたいなものを形づくってしまった。それが日清戦争ごろまでの思想になっていた。私らも要するにその奴隷のようなもので、そのような考えの追随者であった。

今日のように実験したものを直ぐに書くという文学は、明治三十年以後に盛んになったのではないかと思う。湖処子あたりがその境目になり、誇張はしても、空想でなく、事実あったことを誇張したものであった。私どもの「野辺のゆきき」なども全部これであった。題詠の習慣があったので、新体詩も大体そのように考えられ、恋愛を若い者が詠むのが普通だということになり、恋愛ならばおよそ湖処子の『帰省』みたいなものか、そうでなければ往来の行きずりの話とか、大体題材がきまっていた。今の人には、当時の風潮ということを考えて、それだけの用意と理解とをもって読んでもらいたいと思う。

私は昔の詩集は手元にないままに、顧みないことにしているが、大阪の沢田四郎作君のような熱心家がいて、どこからか掘り出してきたりするが、同君は私どものもう一つの詩集、これはまったく私どもの知らぬ間に本屋が勝手に作った『山高水長』という詩集なども探し出してきた。

探し出した話の中で、いちばんなつかしく思うのは、ある男がひょっこりやって来て、「こういうのがありました」といって『抒情詩』を見せられたのには驚いた。何でも日露戦争の折、満州の牛荘《ニユウチヤン》と営口《エイコウ》の間で斥候に出され、一人で馬に乗ってゆきながら、ふと道端に目を落すと本が一冊落ちていた。珍しく思って拾いあげてみたら、なんとこの『抒情詩』であったというのである。そして「これは支那まで行った本です」といいながら見せてくれたが、わずか千部しか刷らなかったのにと、深い因縁にしみじみと心を打たれたのである。

○

歌や文学のもつ両面を、私は身をもって経験させられたと思っている。すなわち一つはいわゆるロマンチックなフィクションで、自分で空想して何の恋の歌でも詠めるというような側と、もう一つ、自分の経験したことでなければ詠めない、あるいはありのままのことを書く真摯が文学だという、近ごろの人々のいうような側との二つで、この対立を私はかなりはっきり経験させられた。

私などの作った新体詩はその前者の方であった。やっと二十そこそこの若い者に、そうたくさんの経験がある気遣いはない。それでいて歌はみな痛烈な恋愛を詠じているのだから、後になって子孫に誤解せられたりすると、かなり困ることになる。もちろんこの当時の新体詩にも二つの方向があった。一つは西洋の詩の影響を受けたもの、もう一つは私のように短歌からきた、題詠の稽古と同じ方法をとるものであった。

　そういった作詩、作歌のうえのフィクションが一種の情操教育になったのではないかという点になると、それはたしかにあったかと思う。われわれのような男には、露骨に男女の情を表わすようなことは、実際生活にはあり得なかったので、詩文によってやさしい気持を養うには役立ったかもしれない。私の「野辺のゆきき」という抒情詩に出ている作品の多くは『文學界』にのせたもので、それも北村透谷が亡くなってから、しばらく途絶えて再興してからの、第二次の『文學界』であった。他にもしあるとすれば『帝国文学』であろう。そのころ私の仲間はそれ以外には発表機関はもっていなかったのである。

　同じ『文學界』に出た上田敏君の「まちむすめ」なども、私ども非常に感心し、あのころの文学青年はみな暗誦していたものである。ちょうど土井晩翠君の歌と対立して世に出たが、双方ともなるべく相手を意識していると見られないようにしていた。土井君はけっして『文學界』にふれようとしなかったりして、二人は大学で同級だったが、あまり仲がよくなかったらしい。

　大体二高出身の人はみな一脈相通じたものをもっていて、上田派に対立していた。私はじつは両天秤で、二股の役をしていたらしい。土井君の影響をかなり受け、短い詩ばかりでなく、長いのを作れといわれて、『帝国文学』に「桐花操」という長い詩を書いたことがある。操というのは一つの曲だが、果して私の詩が操になっていたか、どうかは判らない。「奥山で桐の木が成長し、大きくなって、川を流れ、里に下って、琴になって弾かれた」ということを、空想でロマンチックに作ったものである。このときは土井君の側は大いにほめてくれたが、上田君の派はあまり感心してくれなかった。たしか私の高等学校卒業の年で、上田・土井の両君は大学の三年のときであった。

一方では、西洋文学の翻訳などを聞くときは上田君のところへ行ったりして、要するに私は中間だったらしい。土井君のは詩吟に近いので、当時の高等学校の学生などには、大変人望があったものである。

○

日本の文学は不幸な歴史をもっていて、事実応用するような場合のない人にまで、「嗜《たしな》み」として和歌を作らせ、お茶、花、琴などと一列にして、歌も少しは教えてありますなどといって、お嫁にやる時の条件にしたりした。そのため、本当はどこの恋だったのかと談判されると、閉口するような「待つ恋」だの、「待ちて会わざる恋」だのを、平気で若い娘さんも書いたのである。これが日本の文学の一つの大きな歴史であったことに注意しなければならない。

こういうフィクションの歌をいちばんたくさん詠んでいるのが坊さんであるというのも、興味あることである。室町時代にも頓阿とか兼好などという歌僧がいて、秀歌を残している。頓阿は門人が集めた『草庵集』というのを出しているが、その中にももちろん恋の歌がずっと出ている。面白くないことにかけては、これぐらい面白くない歌集はないが、半紙二折の本で誰でももっていた。

大体、足利時代から江戸時代の初期にかけての和歌はみな、こういうような安らかなものであった。今ではあのころの歌を悪くいうが、当時は歌を作る人数がずっと少なく、詠む者には珍重せられていたので、あれでも何か一節あるように思われた。「ああも詠める」という手本にはなったのである。これが「類題集」というものが出来たもとであった。題をたくさん集め、作例を下へ並べたのが類題集で、これは大変な仕事であった。手紙を書いても歌がなくては求婚にならないとか、そのまた返歌を書くなど、どうしても男女ともに歌を詠まねばならぬ時代であったから、誰でも「恨む恋」とか「待つ恋」の練習をするため、類題集が必要であった。『草庵集』はこの類題集のいちばん早いもので、前に記した秋元安民の『青藍集』までできているのである。

この類題集を見ると、恋歌の変化や、恋歌の目的の変化がよく解る。松浦先生は非常に堅くるしい方であったから、わざと恋歌などは出さなかったが、それでも酒の出た時などの当座の題に、何々の恋というような題を出した。人によってはそれに力をいれて、いくらか興奮させる点を利用して、深窓の娘さんにまで作らせる例もあったのである。

新しい人たちが、古風な歌を月並だといって馬鹿にするのも、つまりは歌の必要が一地方にいた一人、二人の職業歌人とか詩人とか以外の、素人にもあり、一通りの嗜みとして題詠を練習したことからきているのである。

（「神戸新聞」一九五八年一～九月、『故郷七十年』一九五九年）

新体詩　夕づゝ　「野辺の小草」より

かのたそがれの国にこそ
こひしき皆はいますなれ
うしと此世を見るならば
我をいざなへゆふづゝよ

やつれはてたる孤児を
あはれむ母がことの葉を
しづけき空より通ひ来て
われにつたへよ夕かぜよ

（「文學界」一八九七年二月）

第二章　山の人生

解題

柳田の民俗学は『遠野物語』のように、山間部の村の伝承を書くことから始まった。山や幽界に対する柳田の関心は、一つには、柳田の個人的な資質の問題として見られる。また、幼時からの宗教的関心、さらには、この時期に広くあった怪談ブームから説明される。しかし、柳田が山人《やまびと》や山民について書くようになったことは、彼の農政学、そして、農商務省官僚としての仕事と切り離すことができない。彼の農政論は、「協同組合論」を中心とするものであった。当時の農業政策は「農業国本説」を唱え農業を保護するものであったが、それは富国強兵のために農民が必要であったからにすぎない。それに対して、柳田の農政論は、国家に依存しない「協同自助」による農村の自立を説くものであった。もちろん、彼の提案は受け入れられないままに終った。しかし、その結果が、彼の民俗学に結実したのである。

柳田は視察旅行で宮崎県の椎葉村を訪れたとき、衝撃を受けた。彼が理想としていた「協同自助」の世界が、焼畑狩猟民の村で実現されているのを見たからだ。以来、柳田は「山の人生」について考えるようになった。しかし、それは平地の世界、あるいは農業民を、別の角度から考え直すことである。日本の歴史を考えるとき、「山」を欠かすことはできない。山地はいつも、平地の世界を嫌う人々が逃れていく場所であった。平地の世界が国家によって統治されているのに対して、そこから脱しているのが山地である。山地には、自由で平等な世界が残存する。柳田は、先住民の狩猟採集民（縄文人）が、稲作農民によって追いつめられて吸収されるか、山に逃れたと考えた。それを彼は「山人」と呼ぶ。それはサンカやマタギ、あるいは椎葉村の焼畑農民のような山民とは異なる。山人は実在するかどうかが不明であり、しばしば天狗や妖怪の類と見なされる者である。山人は実在する、と柳田は考えた。『遠野物語』の序文で、柳田は「平地人を戦慄せしめよ」という。これは山人の怪談で人を怖がらせるという意味ではない。柳田が意図したのは、自身が椎葉村で衝撃を受けたように、平地人が見うしなった世界を再喚起することであった。

幻覚の実験 『妖怪談義』より

これは今から四十八年前の実験で、うそは言わぬつもりだが、あまり古い話だから自分でも少し心もとない。今は単にこの種類の出来事でも、なるべく話されたままに記録しておけば、役に立つという一例として書いてみるのである。人が物を信じ得る範囲は、今よりもかつてはずっと広かったということは、こういう事実を積み重ねて、始めて客観的に明らかになって来るかと思う。

日は忘れたが、ある春の日の午前十一時前後、下総《しもうさ》北相馬郡布川《ふかわ》という町の、高台の東南麓にあった兄の家の庭で、当時十四歳であった自分は、一人で土いじりをしていた。岡に登って行こうとする急な細路のすぐ下が、この家の庭園の一部になっていて、土蔵の前の二十坪ばかりの平地のまん中に、何か二三本の木があって、その下に小さな石の祠《ほこら》が南を向いて立っていた。この家の持主の先々代の、非常に長命をした老母の霊を祀《まつ》っているように聞いていた。当時なかなかいたずらであった自分は、その前に叱る人のおらぬ時を測って、そっとその祠の石の戸を開いてみたことがある。中には幣も鏡もなくて、単に中央を彫り窪《くぼ》めて、径五寸ばかりの石の球が嵌《は》め込んであった。不思議でたまらなかったが、悪いことをしたと思うから誰にも理由を尋ねてみることができない。ただ人々がそのおばあさんの噂をしている際に、いつも最も深い注意を払っていただけであったが、そのうちに少しずつ判って来た事は、どういうわけがあったかその年寄は、始終蠟石《ろうせき》のまん丸な球を持っていた。床に就いてからもこの大きな重いものを、撫《な》でさすり抱え温《あたた》めていたということである。それに何らかの因縁話が添わって、死んでからこの丸石を祠にまつり込めることに、なったものと想像することはできたが、それ以上を聴く機会はついに来なかった。

今から考えてみると、ただこれだけの事でも、暗々裡に少年の心に、強い感動を与えていたものらしい。はっきりとはせぬが次の事件は、それから半月か三週間のうちに起ったかと思われるからである。その日は私は丸い石の球のことは、少しも考えてはいなかった。ただ退屈を紛らすために、ちょうどその祠の前のあたりの土を、小さな手鍬《てくわ》のようなもので、少しずつ掘りかえしていたのであった。ところが物の二三寸も掘ったかと思う所から、不意にきらきらと光るものが出て来た。よく見るとそれは皆寛永通宝の、裏に文の字を刻したやや大ぶりの孔《あな》あき銭であった。出たのはせいぜい七八箇で、その頃はまだ盛んに通用していた際だから、珍しいことも何もないのだが、土中から出たということ以外に、それが耳白《みみじろ》のわざわざ磨《みが》いたかと思うほどの美しい銭ばかりであったために、私は何ともいい現せないような妙な気持になった。

これも附加条件であったかと思うのは、私は当時やたらに雑書を読み、土中から金銀や古銭の、ざくざくと出たという江戸時代の事実を知っていて、そのたびに心を動かした記憶がたしかにある。それから今一つは、土工や建築に伴なう儀式に、銭が用いられる風習のあることを少しも知らなかった。この銭はあるいは土蔵の普請の時に埋めたものが、石の祠を立てる際に土を動かして上の方へ出たか、または祠そのものの祭のためにも、何かそういう秘法が行われたかも知れぬと、年をとってからなら考えるところだが、その時は全然そういう想像は浮ばなかった。そうしてしばらくはただ茫然とした気持になったのである。幻覚はちょうどこの事件の直後に起った。どうしてそうしたかは今でも判らないが、私はこの時しゃがんだままで、首をねじ向けて青空のまん中より少し東へ下ったあたりを見た。今でも鮮かに覚えているが、実に澄みきった青い空であって、日輪のありどころよりは十五度も離れたところに、点々に数十の昼の星を見たのである。その星の有り形なども、こうであったということは私にはできるが、それが後々の空想の影響を受けていないとは断言し得ない。ただ間違いのないことは白昼に星を見たことで、(その際に鵯《ひよどり》が高い所を啼《な》いて通ったことも覚えている)それをあまりに神秘に思った結果、かえって数日の間何人《なんぴと》にもその実験を語ろうとしなかった。そうして自分だけで心の中に、星は何かの機会さえあれば、白昼でも見えるものと考えていた。後日その事をぽつぽつと、家にいた医者の書生たちに話してみると、彼等は皆大笑いをして承認してくれない。いったいどんな星が見えると思うのかと言って、初歩の天文学の本などを出して来て見せるので、こちらも次第にあやふやになり、また笑われても致し方がないような気にもなったが、それでも最初の印象があまりに鮮明であったためか、東京の学校に入ってからも、何度かこの見聞を語ろうとして、君は詩人だよなどと、友だちにひやかされたことがあった。

話はこれきりだが今でも私は折々考える。もし私ぐらいしか天体の知識をもたぬ人ばかりが、あの時私の兄の家にいたなら結果はどうであったろうか。少年の真剣な顔つきからでもすぐにわかる。不思議は世の中にないとはいえぬと、考えただけでもこれをまに受けて、かつて茨城県の一隅に日中の星が見えたということが、語り伝えられぬとも限らぬのである。その上に多くの奇瑞《きずい》には、もう少し共通の誘因があった。黙って私が石の祠の戸を開き、または土中の光る物を拾い上げて、ひとりで感動したような場合ばかりではなかったのである。信州では千国の源長寺が廃寺になった際に、村に日頃から馬鹿者扱いにされていた一人の少年が、八丁のはばという崖の端を遠く眺めて、「あれ羅漢《らかん》さまが揃って泣いている」といった。それを村の衆は一人も見ることができなかったにもかかわらず、さてはお寺から外へ預けられる諸仏像が、ここへ出て悲歎したまうかと解して、深い感動を受けて今に語り伝えている。あるいはまた松尾の部落の山畑に、壻《むこ》と二人で畑打をしていた一老翁は、不意に前方のヒシ（崖）の上に、見事なお曼陀羅《まんだら》の懸かったのを見て、「やれありがたや松ヶ尾の薬師」と叫んだ。その一言で壻は何物をも見なかったのだけれども、たちまちこの崖の端に今ある薬師堂が建立せられることになった。この二つの実例の前の方は、あらかじめ人心の動揺があって、不思議の信ぜられる素地を作っていたとも見られるが、後者にいたっては中心人物の私なき実験談、それもいたって端的にまた簡単なものが、ついに一般の確認を受けたのである。その根柢をなしたる社会的条件は、甚だしく、幽玄なものであったと言わなければならない。

奥羽の山間部落には路傍の山神石塔が多く、それがいずれもかつてその地点において不思議を見た者の記念で、たいていは眼の光った、せいの高い、赭色《あかいろ》をした裸の男が、山から降りて来るのに行き逢ったたという類の出来事だったということは、『遠野物語』の中にも書き留めておいたが、関東に無数にある馬頭観音の碑なども、もとは因縁のこれと最も近いものがあったらしいのである。駄馬に災いするダイバという悪霊などは、その形が熊ん蜂を少し大きくしたほどのもので、羽色がきわめて鮮麗であった。この物が馬の耳に飛び込むと、馬は立ちどころに跳ね騰《あが》ってすぐ斃《たお》れる。あるいはまた一寸ほどの美女が、その蜂のようなものの背に跨《また》がって空を飛んで来るのを見たという馬子もある。不慮の驚きに動顛《どうてん》したとは言っても、突嗟《とっさ》にそのような空想を描くような彼等でない。すなわち馬の急病のさし起った瞬間の雰囲気から、こんな幻覚を起すような習性を、すでに無意識に養われていたのかも知れぬのである。

わが邦《くに》の古記録に最も数多く載せられていて、しかも今日まだ少しも解説せられていない一つの事実、すなわち七つ八つの小児に神が依《よ》って、誰でも心服しなければならぬような根拠あるいろいろの神秘を語ったということは、この私の実験のようなものを、数百も千も存録して行くうちには、まだもう少しその真相に近づいて行くことができるかと思う。『旅と伝説』が百号になったということが、ただ『徒然草』のむく犬のようなものでないのならば、今度は改めて注意をこの方面に少しずつ向けて行くようにしたらよかろうと思う。いわゆる説明のつかぬ不思議というものを、町に住んでいて集めようというのはやや無理かも知らぬが、それでも新聞や人の話、または今までの見聞記中にもまだ少しずつは拾って行かれる。実は私も大分たまっているつもりだったが、紙に向ってみると今はちょっとよい例が思い出せない。そのうちに折々気づいたものを掲げて、同志諸君の話を引き出す糸口に供したいと思っている。

（「旅と伝説」一九三六年四月、『妖怪談義』一九五六年）

幽冥談

いかなる宗教でも、宗教の自由は憲法が認めているけれども、公益に害あるものは認められない。それで幽冥教《ゆうめいきょう》は公益に害のあるものであるから、伝道の困難なもので公けに認めることのできない宗教という意味だ。ゆえに幽冥談をするのに、ほかの人の見方と僕の見方と考えが違っているというのは事実である。ほかの人は怖《こわ》いという話でも、どこか昔話でも聞くような考えで聴いている。僕はもっと根本にはいって因《よ》って来たる所を研究しようという傾きを有《も》っているのです。

今日本で幽冥という宗教のいちばん重《おも》な題目は天狗《てんぐ》の問題だけれども、天狗の問題については徳川時代の随筆とか、明治になってからのいろいろな人の議論などに気をつけて見ていると皆な僕の気にくわぬ議論をしている。それはすなわち天狗という字義から解釈している。これは間違いきった話で、ランプとかテーブルとかいうように実質とその名称が一緒に輸入したというものではない。天狗という字は何から来ているとか、何に現われているとか、あるいは仏教のいわゆる何がそうであるというような事を言われるけれども、実質は元来あったので、そのあったものに後から天狗という名称を付けたのである。名称はその時代時代に依って付けるものであるからその字義に依って説明しようということはとうていできるものでない。だから僕は今までの多数の学者の議論は皆な採るに足らぬ説だと思っている。

天狗という名称の初めて用いられているのはそう古いことではない。はっきりとは覚えないが何でも九百年前後の時である。その時代は偶然仏教の非常に盛んな時代であったから、天狗という言葉は仏教から来たと言っている。もしくは支那人の仏教の書物の中から来たというようなことは、あるいは本当かも知れないけれども、それは単に元来あったものに付けた名に過ぎないので、実質は確かに古くからあったに相違ない。ただ便宜のために吾々《われわれ》は今でも天狗という名を付けているけれども、それはきわめて意義の薄いものと言わなければならぬ。研究するのはその実質であって名称ではない。

それで僕がなぜそんなものを研究しようという気になったかというと、どこの国の国民でも皆なめいめい特別の不可思議を持っている。今では大分共通した部分もできたけれども、必ずめいめい特別の不可思議を持っている。それゆえに人間より力が強いとか、薄いとか、または人間の力をもってすることのできない仕事をなし遂げるとかいうようなだいたいについてはどこの国も同じだけれども、それは皆な違った特色を持っておって、これらを研究していったならば一面に国々の国民の歴史を研究することができるであろうと思う。ことに国民の性質というものを一つ方法に依って計ることができるだろうと思う。それは僕一己《いっこ》の理窟《りくつ》だけれども……。ただ日本では封建時代から明治の今日に至るまで、その方へ注意する人が少いために、僕等のごとき若い者がそんな話をするとよほどおかしいことと思って、まず第一に笑うですけれども、もう一つ進んで深く考えてみるとさほど笑うことではないと思う。ことに日本におけるこの信仰は古くから今日まで時代時代に依ってあるいは現われ、あるいは潜むことはあるけれども、とにかく存続し来たったので、今後も永遠に存在すべきものである。ただ天狗とか何とかいうものが、どこの山の隅からも起らない時代は宗教が非常に微弱になっている時代で、そのために癈滅に帰したということはない。いわんや仏教とか、基督《キリスト》教とかいうごとき人の拵《こしら》えた宗教ではない一種の信仰であるから、日本人の血が雑婚に依って消えてしまうまでは遺っているだろうと思う。それのみならず、近年までもこの方の信者は大変にある。現に名は言われないけれども今日生きておって、吾々が交際している人の中《うち》に、口に出してこそ言わないけれども確《かた》くそれを信じている人が二人ある。二人とも確かな、僕等のごとく好奇心半分に言っているのでない。ただ困ることにはこの宗教には一片の経典がない。それでほとんど口から耳へというよりはむしろ直接に感情から感情へ伝えている。これを全般に伝えたりもしくは後世に伝えたりすることは困難である。だからある時代には衰えたことがあるけれども、ある時代に至ってまた盛んになる。それゆえに今日は衰えておっても、五六十年の後にはまた幽冥教が繁栄するということは信じない訳にゆかない。非常にありがたいことと思っている。

貴下《あなた》はお読みになった事がないか知らぬけれども、ハイネの『諸神流竄記《しょしんりゅうざんき》』という本がある。僕はそれを読んだ時に非常に感じた。それは希臘《ギリシャ》の神様のジュピターを始めとしてマルス、ヴィナスというような神様が基督教に負けて、人の住まない山の中に逃げ込んだ。ジュピターは北国のドンドン雪の降っている山の上へ逃げ込んだ。この山へある時猟師が行ったところが非常にやつれた爺《じい》さんが右と左に狼《おおかみ》を抱えて居炉裡《いろり》にあたっている。それからいろいろ話をすると何を隠そう私はジュピターだ、これまで基督教に対抗してみたけれども、とうとうその勢力に勝てないで、この山の中に隠れてやっと余命を保っているのであると懐旧の涙に咽《むせ》んだということが書いてある。またマルスは独逸《ドイツ》の北方の川のほとりで、やはり人の魂魄《こんぱく》を冥途《めいど》に送るという役目は司《つかさど》っているけれども、その風采《ふうさい》たるや田舎爺《いなかおやじ》のような衣服を着て、ある夜渡船場《わたしば》へ来て、どこの何という島まで船を遣ってくれというて頼んだ。ヴィナスはまたある山の中に洞穴《ほらあな》を作ってその中におって基督教信者を騙《だま》しておったというような事が書いてある。基督教から見ればこれらは一種の悪魔に近いが、希臘の昔の多神教から言えばほとんと台湾の鄭成功《ていせいこう》、国姓爺《こくせんや》ぐらいの信仰があるのであるけれども、ハイネは信仰のない人だからきわめて軽蔑した言葉で書いてある。もちろんこれはハイネも滑稽《こつけい》的に書いたのだろうと思ったが、それを見てひそかに日本の宗教の不振を慨嘆《がいたん》したのである。

それで僕等は日本の昔からの幽冥教の本性を見るのにほかに方法がないから平田篤胤《あつたね》の書物を読んで——これも相当の解釈をしているとは思わぬが、仕方なしにそれを見、また他のいわゆる妖怪談というものを書いたのをむやみに読んでみたけれども、結局たくさん読んでいる中《うち》においおい見当がついて来る。しかし怪談などを読む時に大いに気をつけなければならぬのは、いわゆる幽冥道の教えと関係のない物が大部分混っている。第一徳川のごく初期の文学として種々な書物が出ているがその中には怪談、お伽《とぎ》物語というような物がたくさん出ている。それを読んでみると呆《あき》れ返るのは、大部分は支那の直訳である。所や人の名前はすっかり日本のものにしてあるけれども、支那の小説を訳してある。もっともそれに飜訳と銘を打ってないのは罪のない話だが、果して日本にあった事であるか、そうでないかということは一見して分る。それからまたこういうのがある。今話をしている中間へ話好きな、しかもそれを信じない人がはいるといかなる話でも滅茶《めちゃ》になる。たいていの怪談などを見ても言葉ばかりイヤに飾って、夜は森々《しんしん》と更《ふ》け渡りとか、身の毛もよだつ心地してというような文句の使ってあるのは中身は真《まこと》に少い。ただ面白く読ませるために書いたものではないかというものが多い。近頃おばけ話などを人が一笑に付して相手にしないのは、そういう物がどっさりあるからだろうと思う。けれどもたくさん見ている中には、これは拠《よりどこ》ろが正しいと思うようなのがいくらもある。今その標準をはっきり立てるのは少しく困難だろうが、これは実際の事をそのままに書いたもの、これは面白く読ませるために書いたものということはすぐ分る。ことに昔の小説家が書いた怪談などは嘘を吐《つ》くのを覚悟でやっている。実際あった種にしても枝葉を付け加えて文飾をして信ずべからざるものにしてある。そういう物はよく取捨しなければならぬ。僕はよほど前からこういう志を抱いて、なるべく広く読んで、その中の直覚的の本当の物、面白く読ませる小説的に書いたものでない珍らしい物だけを、現に写し取りつつあるのです。

少しく偏狭な説かも知れぬが僕は平田一派の神道学者、それから徳川末期の神学者、これ等の人の事業の中でいちばん大きいのはむしろ幽冥の事を研究した点にあるだろうと思う。それまでは神学者とか神官とかの秘説、口伝になっておったために、自分の家の職を守らんがために秘しておったから、ありがたい多くの伝説が滅茶滅茶になってしまった。それをこの人達が完全に具体せしめた。これは一の功績であろうと思う。ことに平田などの幽冥論というものは、理論というよりはむしろ精を出して感得したというような意味がある。すなわち日本の神道に関する昔からの伝説、書物をことごとく眼を通してしまってからさらに自分の心の中から出したというような意見で、よほど面白い。これは僕が感ずるばかりでなく、誰も同じとみえて、思いのほかその点に関する信者がある。ただ平田などという人は仏教に対する敵愾心《てきがいしん》があるために、天狗というものを自分等の議論すなわち、幽冥教の外部に置いてしまった。この点だけは僕はどうか知らんと思う。それから『本朝妖魅考《ほんちようようみこう》』という、天狗ばかりの事を研究してある書物があるがそれを見ると天狗は坊主がなった、元来坊主は驕慢心《きようまんしん》が強いものである、我慢人を凌《しの》ぐの念が強いものであるから、その悪念が凝《こ》り固まって天狗になったといって、種々の記録などを引いて証拠立てている。これは僕等はあまり仏教を憎み過ぎた議論で、反証がない限りはそういう事もあるかも知れぬが、いわゆる天狗現象をしてことごとく悪僧のなす所だという風に考えるのは間違いであろうと思う。

近年になってから天狗はよほど変形をうけておって、最初から見るとだんだん違って来ている。それを見ても分るというのは一つ物を名づけた言葉ではない。これも十分にそうだとは言えぬが、とにかく一つの物を名づけた言葉でなくて、言葉を換えて言えば天狗というものは日本のおばけ、一部分に過ぎぬと考えておれば間違いはないものと思うのである。話が非常に枝葉にはいったが、幽冥論の骨子というのはすなわちこれである。

この世の中には現世と幽冥、すなわちうつし世とかくり世というものが成立している。かくり世からはうつし世を見たり聞いたりしているけれども、うつし世からかくり世を見ることはできない。たとえば甲と乙と相対坐している間で、吾々が空間と認識しているものがことごとくかくり世だというのである。それへ持って来て、かくり世はうつし世より力の強いもので、罰する時には厳しく罰する、褒《ほ》める時にはよく褒める、ゆえに吾々はかくり世に対する怖れとして、相対坐しておっても、悪い事はできない、何となればかくり世はこの世の中に満ち満ちているからである。書物なしではその深い事をお話することはできないが、まずそういう議論で、その議論からことさらに、天狗ばかりを除籍するということはない。『妖魅考』は種々開発することがあるけれども、その第一段がすでに間違っているのだろうと思う。神学者の幽冥論を信じている人達はかくり世のある事を確信して、かくり世を怖れているために自ら、儒教で言えば独《ひとり》を慎む、すなわち道徳を守るのである。それは決して戯談ではない。先ほど僕の知人に二人あると言ったが、その中の一人なども自分の幽冥を信ずる力の弱いのを常に歎いている。

それから現世と幽冥との交通というものはまるっきりなくはない。むろん幽冥の方からはどんな交通をしているか分らぬが、現世から幽冥に対する交通はある。その一は、自覚的に自ら進んで交通している人がある。昔神と人との分界ができなかった時代において、すなわち伊《い》奘《ざ》諾《なぎ》・伊《い》弉冊尊《ざなみのみこと》などはかくり世と交通している。その後に至っても人の心の純なるもの、ごく性質の無邪気な、その心をもっぱらその方に努めておったものは、自ら進んで交通することができる。また現に交通した例がある。それから今一つの交通というのは、偶然の交通と言ってよいか、あるいは向うからする交通と言ってよいか、とにかく吾々が思いがけなく交通する、それはいわゆるおばけだ。この二つの交通というものに単に偶然でするか、わざわざするかの違いである。旅行と散歩くらいの違いで大きな違いはない。それゆえに自ら進んで天狗になったというのと、天狗を見たというのと非常に大きな違いであるように思うのは誤りである。現に天狗になった人が今を距《さ》る百年ならざる間にもたくさんある。一つや二つではない。かの川越《かわごえ》に喜《き》多《た》院《いん》という大きなお寺がある。その寺の坊主は天狗になって、小僧はなり損って庭へ落ちて怪我をしたという話がある。そんなのはまずお笑いのようになっているが、近年に至っても、先刻幽冥を信じている人があるという、その人の家に使われておった僕《しもべ》は天狗になってしまったということである。その人は嘘も何も吐く人でない。確かに信ずるに足る。僕こそ嘘を吐くかも知れないがその人は嘘を吐く人でない。その人の家は京都にあって、河内《かわち》から雇った下男があった。それが時々、今日は一日お暇を頂きとうございますといって出て行く。どこへ行くかと聞くと鞍馬《くらま》へ参りますという……これは眉《まゆ》に唾《つば》を付ける必要はない……何に行くというと修業に参りますと言って、初めの中《うち》は一と月に一度行き二た月に一度行きましたが、終《しま》いにはどうかお暇を頂きたい、あまりたびたび休みましてはこちらでも御迷惑でございましょうし、少しつめて修業をしとうございますからお暇を頂きたい、強《た》ってというものだからよんどころなく暇をやった。ところがその後も折々来たそうです。半年に一度くらいはヒョイと来る。その頃三十恰好《かっこう》の男であったそうだが、こちらからは別に話を聞きもしなかったが、本人もちっとも話をしなかったそうだ。ただ、どうだというと、相変らずやっておりますと言っている。それから程なく来なくなった。ところがその人の細君、今の細君ではない前の細君で二十三四でなくなられた人で、夭死《わかじに》をするくらいだから情はこまやかな人であったのであろうが、その細君は幽冥に対して談ずる力は自分より確かに深かった、また鞍馬に行った男などと話をするにもきわめてよく分るようである、自分には分らない事もうなずかれる様子であったということであるが、これは僕しか聞かない話であるから確かである。

もう一つは幽冥へ自ら進んで行ったという話がある。ある神主の十三四になる息子が、足を怪我して跛《びっこ》を引いて庭におったが、それっきりいなくなった。家では非常に心配して、心を浄《きよ》めて神に祈るよりほかはないというので、精進潔斎して祝詞《のりと》を読んでおったところが、それから四日目か五日目に門口にドタリという音がして帰って来た。それからその子供に聞いたがボンヤリした話で分らないがだんだん聞くと、大きな建築物、御宮と思われるような所へ行った。ところがその中には十人ばかり列座しておって、正座《しょうざ》に坐っているのがことに眼の光りが鋭かった。自分を連れて行った人が自分にお辞儀をさせた。自分は怖ろしいからお辞儀をした。やがてしばらくするとそこに列座をしている人がいなくなった、どうしたのかと思って耳を欹《そばだ》ていると、どことなく祝詞の声が聞える。そうしているかと思うといちばん末座におった年の頃四十ばかりになる男と、二十ばかりになる男の二人が前へ進み出て、これは私の身内の者でございます。親が大変求めているようでございますから帰して頂きたいと言った。そうすると正座におった人が、それなら帰せというので帰って来たという話をした。これはなり損ったので物にはならないが、その身内の人と言われたについて考えてみると、自分の叔父に当る人とそれの息子とが郷里から江戸に移住したそうですが、その後音信不通、どこを探してみてもいない、あるいは様子から見ても年頃から見てもそれに違いなかろうという話。それは天狗と言っているか、何と言っているか知らぬが、とにかく自分の身内の者が幽冥にはいったということは確かであると言っている。このほかに徳川の時分になってからの記録はたくさんある。神童寅吉《とらきち》の本などもあるが、これは仙人とでも言うか、いわゆる天狗なる者に連れられて諸方を歩き廻ったというような事で、どうも嘘を吐いたようで信用ができませぬ。それから上総《かずさ》の何とかいう村の百姓の息子が十一二の頃に攫《さら》われて行って天狗の下男をしておった。天狗道では下男というか何というか分らないが、まあそういう事をしておった。ところがそれは少し鈍な男で、使いみちにならないので暇をくれた。そうして上総へ帰してくれればよいのに両国橋へ落して行った。ところが二十年も奉公しておったものだから身体《からだ》は大きくなっているけれども、衣服は攫われた時に着ておったもので、萌黄《もえぎ》に馬の模様が付いている。四ツ身か何かで背筋などは綻《ほころ》びていたということである。これは信仰のない人の話だから信じられないけれども、前《さき》の二つは信仰の深い人の話であって僕から言えば話好きの信じられない人の仲間ではない。そのほかまだいくらもあるが、今日はそういう風に系統的に研究するような傾きになったから、かえって専門家の一種の学問のようになったけれども、これは決して新しい事ではない。ほとんと日本に神道あって、言い換えてみれば神様と人の分界ができてからこちら伝わっているので、中世五百年六百年の間、神主が秘伝にしてしまって俗間に伝わらなかったために、吾々が書物も何もなくて分らないというだけで、よほど古い信仰であろうと思う。

　昔から神様というのはたくさんある。この神様は御一人と思うのも、多神教と思うのも人の見ようで、非常に複雑な性質を有《も》っておられる。また神様は強い力を有っておって、ある方面に発展すると一つの天狗くらいな力を有っているから多神教とも見られるか知れないが、とにかく神様は八《や》百万《およろず》あって、その中にも、悪い神様と正しい神様と二つあるように説いてある。ところが近年の研究の結果に依って見ると、そう言っては恐れ多いけれども、まがつびの神と正しい神と二つに分れているとすぐに測定することはできない。これは一つ神に両方あって、ある時は人を幸いし、あるときは人に禍いするというようになっているのではないかと思われる。ことに基督教では神様が託宣してあるから、こういう事をしてはならぬ、ああいう事をしてはならぬということが分るけれども、日本の神様の主義綱領はわずかしかない。善い事をすれば罪がない、悪い事をすれば罪があるという。ただ清いということと穢《けが》れということを重んじている。それゆえに吾々が清いという事と穢れということの標準を幽冥の神様に問おうと思っても、茫《ぼう》として渡りに迷う。それだから吾々が悪くなかろうと思っても神の怒りに触れたり、悪かろうと思った事も格別悪くなかったりするために、ことごとく方針が不定であるという評も蒙ろうし、また他の方からは、まがつびの神様は善い事をしても必ず禍いを与えるというような意地の悪い神様であろうとも思われるが、それはなぜそういう議論をするかというと、多くの幽冥教の信者は天狗をまがつびの神様と言っている。けれどもどうもそうでないらしい。もとよりたくさんも見ず、実際はどんな方針であるか知らないから明瞭《はっきり》した事は言えぬが、天狗は正しい事を好み、義俠心《ぎきょうしん》は非常にあるし、ほとんと武士道というものと準化したものを持っておられるし、決して純然たるまがつびではない。それというのは幽冥道との交通が今言った二筋の道がありながらも、自身から進んで幽冥道にはいるという人達は、あすこには沈黙という法則があるとみえて、一たび幽冥道へ通った人は物を言わない、幽冥の事を語らない。それゆえにその方面から幽冥界の事蹟を探ることもできないし、今一方には本当の記録がないために間違った言い伝え、聞き伝えをするものがあるから、吾々が想像力を逞《たくま》しくしなければならぬようなことになるが、今まで吾々が天狗と名づけて日本国に現われておられる神様はいちばん記録の史料が多い。それで自ら形跡を探ることもできるけれども、とにかくその説があっちこっち矛盾しておったり何かして、はっきりした事は言えない。たとえば天狗は親方になれば鼻が高くなる。子分のうちは嘴《くちばし》がある、羽はめいめい持っているというようなことを天狗と言えば聯想してしまうけれども、吾々の考えるところではそうでないらしい。そんな形をして現われた事があるかも知れないがそうでない。普通の人間と違いはない。また山伏のような形をしているものもある。能でやる僧正坊などは山伏に近い法師さんのような服装をしておられるけれども、これは後に至ってああいう風にしなければならぬ約束になったのかも知れない。しかしとにかくいろいろな風をしておられるが、必ずしも羽がある、鼻が高いというには限らぬようだ。ただ性質などは往々、ほかの国にない、少しく仰々《ぎょうぎょう》しく言えば日本の武士道と源を同じくしておりはせんかという特色がある。はっきりした事は言えないが西洋の神様にはまずないような性質がある。今言ったように非常に義を好むという性質、正しい事を好むという性質、それから清潔を好む結果、幾らか気が偏狭であるかも知れない。今一つは復讐心に富んでおられる。日本の人間は他の国に較《くら》ぶれば復讐心が強い、偏狭で復讐心が強いから元来正しい事を好む神様であるにもかかわらず争いが多い。人間と争っては必ず人間が負ける。けれども天狗同士の間でも往々争われる。ある旅商人《あきうど》が阿波の祖谷《いや》谷《だに》という、平家の末孫が免《のが》れ込んでいるという所へ行って、せっせと歩いておって山の蔭に休んでおったところが、空からぺらぺらと落ちて来るものがあって、それが衣服へかかったから、ヒョイと見ると血だ、驚いて上を見たところが何も見えないが、「どこへ行ったどこへ行った」「どこへ逃げた」という声が聞える。そうして土佐の、何という山か忘れたが、そこへ逃げたという声が聞えたというが、それなどは語った人が嘘を吐《つ》かない限りは天狗の争いである。そのほかにもたくさん争闘というものがある。しかも日本の封建時代にあったので、もし唯物論者があったならば、時代の思想がそんなものを産出したと言うか知れぬが、僕等はそうは信じない。日本の時代思想がその感化を受けてできたというように思う。それで天狗の暴れた時代には天狗も諸方の山に割拠しておった。伯耆《ほうき》の白山《はくさん》の天狗と、大和の金峯山《きんぷせん》の天狗とは交際しておった。人間のように一尺ずつ歩いているのでない。ごく早い足だから遠い所でも交際していられる。それにかかわらず、互いに競争心は十分にあって、争闘もあったようである。この神様は古い時代から喧嘩《けんか》をなさる神様で、天子様のいらっしゃる都だけは大きな争いはないけれども、地方には争いがある。たとえば大和の香具《かぐ》山《やま》の神様と、耳成山《みみなしやま》の神様とが畝傍《うねび》山《やま》の女の神様のために喧嘩をして大きな争いがあったという話があったり、出羽の鳥海山《ちょうかいさん》が富士山と高さを較べられたというような話もあったり、そういう事が伝わっているが、今でもそういう争いがある。それで少しく新らしい人の、いわゆる天狗に出会った話をすると、今はもうなくなった人ですが歌よみで、池原香雅《こうが》という人が実見した話に、播州の宇野という近辺を歩いておった。あの辺は野の多い所であるが、夕方になったところが一人の旅僧に出会った。道づれになっていろいろ話をしながら歩いておったが、全体貴下《あなた》はどこへお出《いで》になるのですかと言って聞いた。ところが、私はあすこの穢れた村を焼きに行くのだと言う。それがために今までは普通の旅僧と思って話をしておったが、非常に驚いて物も言えなくなってしまった。かの旅僧は、あれを御覧なさい、あすこに燈火《ともしび》が二つ点《つ》いている、右の方の光りは非常に清らかだが、左の方の光りは穢れていると言うから見たけれども分らない。それであの村を焼いてしまわなければならぬというて、ちょいと指したところがたちまちに村は焼けた。それを実際目撃したというので、後に人々に話をして聞かされた。これらは事実であろうと思う。それに古い事ではない明治十年まで生きておった人だから、その人が若い時といっても四五十年前のことであろう、その時分にもそういう不思議な事を吾々が目撃することがあったのである。しかしながら基督教や仏教などは伝道をする。少し世間の注意が薄くなると大道演説をやるとか、あるいは救世軍のように赤いシャツを着て歩いたりするものだから、自ら命脈を維持することができるけれども、こういう昔の民族と一緒に成立っている宗教というものは伝道という事業がないから世間が不注意になる。世間の不注意というくらい怖ろしい敵はない、何より怖ろしい。昔でもある時代にはその不注意のために非常に宗教が衰微した事がある。けれども明治の今日のごとく衰微している時代はない。明治の人は吾々お互いに、ほかにたくさん注意すべき題目があるために注意しない。従って心をもっぱらにして、感情を純潔にして幽冥に自ら進むということはむろんのこと、偶然に眼に触れ耳に聞くということもないので日増しに衰微して行くのだが、僕等が信ずるにはその衰微は必ず反抗を招くだろうと思う。いつでも天狗の暴れる時代がある。戦乱がある間際になると非常に天狗が暴れる、むしろ戦乱をもって天狗のなさしむるところだという説もたくさんある。たとえば承久の乱の前に天狗が暴れたということは『十訓抄《じっきんしょう》』に書いてある。また北条高時が鎌倉で滅びる前には天狗が「天王寺《てんのうじ》の妙霊星を見よや云々」と言って謡ったということである。あるいは天下が乱れるのは幽冥道を虐待するがために天狗が反抗して戦乱が起るのだという人があるが、それはあまり邪推を廻し過ぎた説であろう。

かるがゆえに僕は井上円了さんなどに対しては徹頭徹尾反対の意を表せざるを得ないのである。この頃妖怪学の講義などというものがあるが、妖怪の説明などは井上円了さんに始ったのではない。徳川時代の学僧などに生意気な奴があって『怪異弁断』とか『弁妄《べんもう》』とかいうような物を作って、妖怪というものは吾々の心の迷いから生ずるものであって決して不思議に思って怖るべきものでないと言っている。それもある点までは方便かも知れない。また徳川時分の学者の説に不可思議説と不可思議でないという説とある。また物理学に依って説明しているのもあるが、その物理学は今見るともとより一笑に値するのでその愚な事が分る。井上円了さんなどはいろいろの理窟をつけているけれども、それはおそらく未来に改良さるべき学説であって、一方の不可思議説は百年二百年の後までも残るものであろうと思う。

この頃蒲原《かんばら》君が支那の話を訳して『新古文林』に出しておられるが、支那には『聊斎志異《りようさいしい》』、『新斎何々』というような書物がたくさんある。それで怪談などを見ると跡方もない事を書いてある。この間もおばけが詐欺《かたり》をしたというのを見て呆《あき》れ返ってしまった。ある人が馬に乗って遊んでおったところが一人の爺さんが井戸のふちに立っておった。それを思わず知らず蹴散らかしたので爺さんが井戸の中へ落ちた。大きに驚いて助けようと思ったけれども、もし助けたためにかえって禍いがかかってはならないというので、幸い誰も見ておらなかったから、ドンドン逃げて帰った。ところがその晩からかげ物が出て仕方がない。ひどいじゃないか、人を突き落して、それも助けでもすればいいけれども、見殺しにして逃げて行くというのは不埒《ふらち》な奴だという。これは一言もないが、どうしてお詫びをしたらいいかというて尋ねたところが、お前の家で位牌《いはい》を作って、お前の先祖と同じようにこの日を命日として厚く祭れといった。それから位牌を作って祭するとそれっきり出なかった。それから四五年経って前の井戸端を歩いた。すると本当の幽霊が出て、同じ事を言って怨《うら》む、お前は人を突き落したのであるのに逃げてしまうというのは何たる薄情な人だ、いつかここへ来るだろう、来たら恨みを返そうと思って待っておったというから、それは落したのは悪いに違いないけれども、その晩にお前がお出《いで》になって、ちゃんとお詫びをしたではないか、今さらそういう事を言われては困る。イヤそういう覚えはない、今までお前の来るのを待っていたんだ、お前の家へ行った事はないというから、不思議に思ってよくよく聞いたところが、前に来たのは詐欺《かたり》だということが分って大いに怒って、家へ帰って位牌を縁側から庭へ投げつけた。ところが空で大笑いをして帰ったという話がある。これはどうもあまりうまくできているから臭い臭いと思っておったが果して拵《こしら》え物である。少しは跡方があるのかも知れないがつまり著作が上手なのに過ぎぬ。それと同種類の話は先刻もお話したようにいくらもある。まあどちらかというと雑書、いろいろな事を書き混ぜてあるものの中を読んでみるとこれは真面目だという話が時々ある。また僕等が旅行していると実物こそ目撃しないが、折々本物に出会《でつくわ》す。それはつまりその道の好きな人が石器などを探しに行くのと同じことで、田舎家へ行って、爺さんなどを相手に、正面からでは話をしないから、遠廻しに話を持ち込むとなかなか真面目な話がある。それらは嘘を吐く必要はないのだから実際であろう。ずいぶん不思議な話がある。ある家の男が病気になって臥《ね》ていると始終猫が蒲団《ふとん》の上へ来ている。平常は何とも思わなかったが、病気になってから煩《うる》さくて堪《たま》らない。いくら追い出してもすぐ来る。うるさくって仕方がないから病気が治ったら捨ててしまおうと言っておった。その中に病気が治ったから猫を捨てて来ようと言って出て行ったが、それっきり帰って来ない。それだけの話だがあまり簡単であるだけ、嘘ではなかろうと思う。とにかくこれなどは吾々に対してちょっとした幽冥界の消息である。もう一つはある家に使われている僕《しもべ》が車井戸で水を汲んでおったが、パタンと音がしたと思ったら井戸に落ちている。それから騒ぎ立ってようよう引き揚げて聞いてみると、水を汲んで揚げようとしたところが向うをドンと引いた奴がある。驚いてヒョイと見ると、向うの綱を女が持っておった。自分が引いているところをドンとやられたものだからズドンと落ちてしまった。助かったからよいけれども、という話。これなども幽冥とか何とかいう側のものであろう。

それで仏教でいう、阿弥陀《あみだ》さんがありありと拝まれたというようなことは、天竺《てんじく》全国共通の妖怪談の輸入品だろうと思うから、重きを置かないが、とにかく日本には一種変った信仰がある。またそれは国民の性質にも影響しておれば、時代時代の時勢にも、また一歩進んでは歴史上の事実にも非常な関係を有《も》っている。これには必ずプリンシプル、一の原則が存在していることと信ずる。しかしその研究がまだ不十分であるし、この頃は僕も非信者の一人になっているから研究が進まないが、いつか戯談でなく大いに研究してみようと思う。この事を十分に研究し、また希臘のミソロジーなどに比較して研究してみると、希臘の神はどこへか隠れて絶えてしまった。ヴィナスのごときは基督教から醜業婦と言われている。かくのごとく希臘の神道は衰微しているにもかかわらず、日本は幸いにそう衰えない。現今二三十年の間こそかくのごときありさまでいるけれども、現に二人なり三人なり本当の信者はあるし、これから盛んになる形跡を示されているのであるから、希臘の神道から見れば日本の幽冥教の方が有望の事と思っている。

（「新古文林」一九〇五年九月）

九州南部地方の民風

本編は曩《さき》に柳田法制局参事官が行政研究会における談話の梗概を筆記せるものなり。

▲古日本の民俗を窺知すべき九州の山村　九州は旧国でありますから、一般に人口稠密《ちゆうみつ》ならんとは平素我々の想像するところであるが、その実中央及び南部一帯の地方は、非常の山地でありまして、今日なお人口が稀薄《きはく》であります。通り一遍の旅人はこの地方の観察をしませんから、随《したが》って古日本《こにほん》の生活の一端をこの地方の民生において窺知《きち》すべき機会も少ないのです。九州の山地といえば人はすぐに五箇荘《かのしよう》を想《おも》い起《お》こしますが、五箇荘のごとき山地は決して一所に止《とど》まりません。その比隣にいくつかの五箇荘があります。肥後の矢部、砥用《ともち》、球磨《くま》郡一円ことにその五木《いつき》村、日向《ひゆうが》の須木《すき》、米良《めら》、奈須《なす》、高千穂《たかちほ》等皆五箇荘と大同小異の山村であります。これらの地方では、人家は総《すべ》て急峻《きゆうしゆん》なる山の中腹に点在し、その附近には野生の茶が繁茂して居《お》ります。

▲九州の中心たる阿蘇山彙　阿蘇山彙《あそさんい》は九州の中心をなして居ります。今日の阿蘇山の周囲す

なわち旧火山の火口原は、今は凡《すべ》て田地となって居りまして、その北部の平地を阿蘇谷と称し、南部を南郷谷《なんごうだに》と申します。南郷谷を流るる川を白川と称し、阿蘇谷を流るるを黒川と称し、二川が戸《と》下温泉《したおんせん》の附近まで下って火《か》口瀬《こうらい》の下流において相合《あいがっ》し、これが白川と称せられて、熊本市中を流れ有明海《ありあけのうみ》に注いで居ります。阿蘇火山の外輪山は実に規則正しい外輪山で、その北部の外側傾斜面に土着する部落は、小《お》国《くに》といい、また西北方の斜面の上にある地方が菊池、合志《かわし》であります。凡て火山の噴出物より成れる緩傾斜地でありまして、これを横ぎる交通は、山地としては比較的便利であります。しかるに阿蘇外輪山外側の東南部及び西南部方面のみは、これに反して山岳重畳であります。熊本県上益城《かみましき》郡の三分の一を成せる一帯の山地を矢部と申します。久しく阿蘇氏の領地でありました。矢部の南、下益城《しもましき》郡の東半部を占むる山地を砥用と申します。その南が有名な八代《やつしろ》郡五箇荘であります。その南は球磨郡でありまして、この郡はすでに四境高山をもって囲まれて居るかくれ里でありますが、その郡中の五木という山村に至っては、人吉《ひとよし》を距《さ》ること九里、ことに世に遠き山村であります。球磨郡より東に山を超えて日向の米良に行《ゆ》きますが、これもひどい山村であります。この地は肥後の菊池氏が最後に逃げ籠《こも》ったところと称せられております。その南隣の須木という山村も、地域広大にして民戸少なき山村で、極めて行《ゆ》きにくいところであります。最後に米良山村の北隣において、阿蘇外山の東南部の一角を成す山村は日向の奈須であります。西臼杵《にしうすき》郡の約三分の二を占め、一村の大さがほぼ隠岐《おき》の国ほどあります。これらの山村は、いずれも地域広く人口稀薄なる点において一致して居るのみでなく、平地との交通の少ない結果、種々なる点において平地では見られぬ昔の生活の俤《おもかげ》を止めて居ります。一寸《ちよいと》ついでに申したいのはこの阿蘇とか、奈須とか、矢部とかいうがごとき二綴《ふたつづり》の地名は、九州ばかりでなく、他国にもよくある地名でありまして、日本語としては意味がわかりませぬ。恐らくは古代において我邦《くに》の山地に住んだ別種族の命名にかかるものだろうと思います。

▲山民の土地保有に関する思想　私の行ってみたのは肥後球磨郡の五木と、日向の奈須（椎葉村）とでありますが、これらの村における生活状態の平地と異った点は、今一々に申し上げることは出来ぬが、学問上注意すべきこととして報告をしたいのは、山民の土地保有に関する思想でありまして、我々の書物によって学んだところとはなはだ相似て居ります。現行民法の土地に関する規定は、今や吾々《われわれ》日本人の常識となって居りますが、我国固有の思想少なくも中世までの思想とは大《おお》いなる懸隔のあるものであることは証明するに難くないのであります。右の山村においては、土地の保有は、決して個人所有を原則とは致して居りませぬ。一定の人が宅地及び田畠《でんばた》として土地を利用する期間に、もちろん排他的の支配権を認めますが、その以外の土地は共有であります。今の民法でいえば共有というよりはむしろ無主《ぬしなし》と申すが適当と思われます。明治十年の前後、全国の土地丈量をなしその所属を決定した際に、九州南部地方において土地丈量官吏のなしたる処分は、甚しく原則の貫徹を欠いて居る。ある村では土地の全部を村有または共有としたかと思えば、他の村では全部これを官有としたところもあります。これは不当であるが、実は従来の土地保有状態が一種新法学者の頭脳に入《い》りかねる特別のものなので、従って民有官有いずれと定むべきかについて、共に十分の根拠もなかったのであります。

ことにこの地方は、西南の役に兵禍に罹《かか》ったため、古記録等は大部分は毀損《きそん》せられたのでありますから、土地所属の決定のごときほとんど不可能であったことと思われます。須木の山村のごとき私有地というは、ただ宅地ばかりで軒から外は皆官有地だということであります。これに反して奈須は西臼杵郡の三分の二の面積を占め、方十里の大村でありますが、その官有地と申しては、わずかに十数箇《すうか》所《しょ》の旧御巣《きゅうみす》鷹山《たかやま》に過ぎませぬ、といっても個人の所有も至って少なく、あるいは村全体の所有に属するものがあり、あるいは村の種々なる一部分を所有するものもあって一定しませぬ。蓋《けだ》し維新の前までは、あたかも『村に属する公有地』ともいうべきものであったのを、近年わずかの間にかくのごとく所有権の主体を異にしたのであります。

▲奈須の山村における珍奇なる事実　次に珍しいことは、この広い奈須の山村において、山林または原野という地目はほとんど全くなく、最大部分の土地が地目は畑《はた》となって居る事実であります。しかしその畑《はた》の台帳地価は、普通の山林よりもかえって遥かに低く、一反歩平均三四十銭でしかも一村の総面積が台帳の上には四千町歩余《よ》とあります。あまり少ないから村長について聴いてみますと、実際の反別は約四万町歩すなわち十倍ある見込みだということであります。十倍の縄延《なわのび》は習慣法上公然認められてあるものと見えます。古い文書《ぶんしょ》を見ますと、中世には畑《はた》と畠《はた》とは区別が存して居ったようであります。畠は『ハク』とも申して居ります。九州の山地では、今日なお明らかに畑と畠とを区別して居ります。畠は字のごとく白田《はくでん》でありまして、常畠、熟田のことです。畑はすなわち火田《かでん》、焼畑《やきばた》であります。あるいは耕作し、あるいは耕作せざる林叢《りんそう》のことであります。これを正しとすれば、地租条例及び統計類に田畑とあるのは誤

りであります。九州南部には畑《はた》と書いて『コバ』と読む地名が沢山あります。『コバ』とは今日でも焼畑耕作のことであります。また木場《こば》という地名も沢山あります。山地野生の茶を『コバ』茶と称します。この焼畑は今日も九州諸国に非常に盛んに行われております。八代、人吉間の汽車からもこれを見ることが出来ます。私は坂本の停車場の乗降場から、まぢかく山の急傾斜面に麦の疎《まばら》に熟して居《お》るのを見ました。山奥に入《い》れば到るところ山腹に焼畑があります。ことに椎葉《しいば》村その他の山村にては、焼畑が農業の全部であります。焼畑を作る方法は、夏または秋、山の木を伐《き》って、夏に切った山は秋に焼き、秋に切った山は春に焼いて、その跡に種を蒔《ま》きます。この作業を名《な》づけて木場切《こばきり》と称え、他国ではまた『ヤブ』とも申します。椎葉村すなわち奈須では、広い山地は概《おおむ》ね大字より小さき区の所有となって居りますが、木場を作ろうと思うものは区長の家に行って、自分は何々の地に木場を作りたいと申し入るれば、ただそれだけで土地の使用権を獲得するというすこぶる簡易《かんたん》な手続であります。木場を作る権利を得《う》れば、一家挙《こぞ》って山に上り、小屋を結びてこれに住み、朝から晩まで木の切払《きりはらい》をやります。女も高い木に上って『コバ』切りに従事するのであります。山の上でありますから水が乏しい。彼らは自然に渇《かつ》に堪うる習慣を養い得て、わずかの水で克《よ》く一日を支え、木場を切り終るまでは、毎日毎日朝から晩まで山上で働くのであります。かくのごとくして『ヤブ』を作り、その秋または翌年の春これを焼いて畑《はた》とするのであります。初年には焼灰が十分に肥料となりますが、二年目からは雨水《うすい》のために肥土が流れて来ます。三年四年となると、もはや穀物は作れなくなるので、天然茶の発生に放任し、茶の採収を終わればすなわち荒地となるのであります。

▲社会主義の理想の実行さるる椎葉村　椎葉村で大字有または区有の土地を住民に割り当つる仕事は、組長というものがこれを行います。組長はこのことについては大《だい》なる権力を持って居りまして、その割当の方法には、不文の規則があります。すなわち常畠、常田を多く所有し、家族の少ない家には、最少額三反歩の面積を割り当て、家貧しくして家族多き家には、最多額三町歩までを割与えます。一体に人口の割合に土地が極めて広いために自家の得る土地の面積は、ただその所要を充《みた》せば足《た》るので、その多きを貪《むさぼ》るということは、この山村ではいっこうはやらぬのであります。大字松尾では、先年この共有地を分割しましたが、その方法も年々の割当と同一方針で、はなはだ理想的であります。すなわちまず一戸の分前を、一等三町歩、末等《ばっとう》は三反歩の間におて数等に分かちます。一等の分け前を得るものは、家貧にして人手多く、しかも耕すべき常田常畠を持たぬという様な者であります。この共有地分割の結果を見ますと、この山村には、富の均分というがごとき社会主義の理想が実行せられたのであります。『ユートピヤ』の実現で、一の奇《き》蹟《せき》であります。しかし実際住民は必ずしも高き理想に促されてこれを実施したのではありませぬ。全く彼らの土地に対する思想が、平地における我々の思想と異って居るため、何らの面倒もなく、かかる分割方法が行わるるのであります。

▲宅地及び開墾せる土地に対する山民の思想　ただこの山村の人民の土地に対する思想が平地人と趣を異にするのは、その共有地に対する場合のみであります。宅地及び開墾せる土地に対しては、吾々の土地所有の思想と毫《ごう》も異なることなく、排他的究竟的《きゅうきょうてき》支配権の思想を明白に有《も》って居ります。これに反して共有地となりますると、ある一人がその上にやや永き排他的占

有の権利を行うことを蛇蝎《だかつ》のごとく嫌って居ります。焼畑を作った跡地は、ただ雑草の生ずるに委《ま》かせて、その利用の道を講ずるものがないのはそのためであります。阿蘇地方などでも、あり余るこの共有の荒地に、ある一人が権利を得て植林などをすると、別段に一般の利益を侵害せぬ場合にても、暗夜に火を放つ者などがあって、いっこうに犯人が知れぬことがある。社会の制裁がかえって被害者に向かう。火山の周囲で到《いた》るところ数里にわたって茫漠《ぼうばく》なる草原を見ますするのは、全く焼畑の耕作と、共有地に対するこの思想との結果であります。しかるにこの共有地が一旦分割せられて、個人の私有となりますと、決して草原などにはしておかず、皆植林をなし、土地の利用が甚しく増進して居ります。元来共有地の分割ということは、あまり好ましくないが、この地方などでは、経済力開発のため例外として必要であると思われます。

▲中世思想の遺響　これらの山林には土地に関する慣習以外にも、古代思想の残存せる点が少なくありませぬ。五木地方にては、今でも長百姓《おさひやくしよう》を『地頭《じとう》』といいその小作人を『名子《なこ》』といいます。『地頭』『名子』の関係ははなはだ親密で、ほぼ主従の関係をなして居ります。また奈須にては、旧家を『サムライ』といい、五木村の名子に当たるものを『カマサシ』（鎌左《かまさし》）と申します。また下男を『デーカン』といいます。これは代官の意味であります。中世代官なる語は、はなはだ広い意義を有したもので、下男を代官というは、中世思想の遺響であります。

このついでに申しますが、鹿児島《かごしま》県下の村の構造、区劃《くかく》は、古代の荘園《しようえん》の有様をそのままに存して居ります。いわゆる一百二の都城なるものは、皆荘園すなわち郷《きよう》の中心でありまして、今日これがそのまま一村となって居ります。随って各村は皆全国に稀《まれ》な大村で、麓《ふもと》という昔の荘園の中心地は、今日においてもなお政治上経済上の中心となって居ります。

▲九州南部を旅行して感じたる点　九州の南部を旅行して私の深く感じましたことは、九州は一般に古く開けた地方と認められおるにもかかわらず、その南半分は、後代まであたかも東北、北海道と同じく、新開地、殖民地たる有様を持続して居ったということであります。その中《うち》で島津家領はやや趣を異にして居りますが、鹿児島より北の部分にも、中世以後に至って漸《よう》く開発せられた土地が沢山ある様に思われます。その理由の第一は、永く政治の中心から遠ざかって居ったことで、第二には久しく異人種が占拠して居たこと、第三には地形のしからしむるところであります。我邦政治の中心が畿内《きない》から鎌倉《かまくら》、江戸と次第に東に移って、九州が永く辺土たるの状態にあったことは説明の必要がありますまい。なお地形について一言申《げん》しますれば、肥前の佐賀から筑後の柳河《やながわ》、肥後の八代附近に至るまで、有明、不知火《しらぬい》の海岸地方は、皆近代の埋立地であります。その他の地方は、昔は耕地がはなはだ少なかった様に思われます。今日の平地は中世以後に改良して耕作に適せしめた新開地が多いので、九州では南北一円に到るところ、牟田《むた》という地名や、空閑《くが》と称する地名が沢山あります。牟田というのは今日でも湿地のことであります。これらの名称はその地の新開地であることを示して居るのです。

▲九州の名家旧家と新移住者　次に九州の名家旧家の大多数は、皆鎌倉時代前後に移住して来て開墾に従事した氏族であります。従前から住んで居ったのは肥後の阿蘇家、豊後《ぶんご》の大神《おおみわ》氏、いわゆる高千穂地方を根拠としたる日向の土持《つちもち》氏等三四に過ぎませぬ。菊池、内空閑《うちくが》、鍋島《なべしま》、島津、竜造寺、大友、城井等は皆移住者であります。而してこの移住民が来て土地を開墾する

という有様は、九州の一部においては今日に至るまでなお継続して居ります。肥後の球磨郡は今日もなお人口稀薄で、住民の半分は明治の移住者であります。多良木《たらき》村のごときはことに著しい例で、多良木の町分には、旧土着人は二三軒で、他の百余戸は皆移住人で、二十五府県の人民が寄留して居ります。その内にも筑後《ちくご》人《じん》ことに久留米附近の人が最も多い。この附近には筑後銀行の支店が三つある。この三銀行は多良木村最多額の納税者すなわち大地主であります。銀行は土地を担保に金を貸し、その土地は多く質流れとなるので、ついに大地主となって多額の納税をなすに至ったと申すことであります。一寸旅行をしてみても、この地方の一体の模様が殖民地であることは、北海道の石狩南部よりもかえって甚しいくらいである。ただ彼にありては旧土着人というのが異人種たる『アイヌ』で、ここにおいては先住民は同じく日本人であるので、殖民地移住とかいう感じが薄いというだけである。多良木の町分には、十間以上の道路が貫通して居って、その両側《りょうそく》に青い暖簾《のれん》に格子作りという怪しい大きな家が並んで居りまして、いかにも新開地然たる趣があります。日向に入《い》ってもかかる地方が少くない。都城《みやこのじょう》附近には、近頃大水路を開鑿《かいさく》して、広い水田を開いた原野があります。宮崎もまた純然たる新開地の町でありまして、土語方言というものがなく、諸国語の混合であります。この土地で最も勢力のあるのは、伊予の宇和地方の者であります。高鍋《たかなべ》の北なる河南《かわなみ》村の高原《たかはら》、美々津《みみつ》、細島《ほそじま》地方より、西臼杵郡の高千穂地方、すなわち三田井附近にも移住者がはなはだ多く、皆新開地の状態を呈して居るのであります。

九州の北部福岡《ふくおか》地方は鉄と石炭が跋扈《ばつこ》して近世的文明の淵叢《えんそう》となって居りますが、山一つ超えて南に入《い》ると全然面目を改めて、到るところかくのごとき新開地の光景を示し、最も古き思想慣習と新開地的生存競争とが雑然として併立《へいりつ》して居るのは一現象であります。

▲九州南部の山間部における水田耕作の隆昌　九州の山間部で注意すべき一事は、水田耕作の傾向が、目下全体に瀰漫《びまん》して居ることであります。奈須地方などは平地は少しもありませぬ、寸地といえども皆傾斜地である。しかるにこの傾斜地に所々《しょしょ》水田を作って居ります。なるべく傾斜の少ない地を選んで、一方に高き堤ようのものを作り、水田を築いて居ります。これは非常なる労力と資本とを要する仕事であります。彼らは山麓《さんろく》の平地から運賃とも一升弐拾銭で容易に米を得るの道があるにもかかわらず、水田の築造をするのであります。その収穫は明らかにこれがために費す労力資本を償わないのです。彼らもこれを知らないのではない、知って居ってもなおかつこれを敢《あ》えてするのである。その理由は抑《そもそ》も何にあるか、恐らくは米食の習慣の増進、自作米を食うという農民の誇《ほこ》りに感染したのもその原因の一部でありましょう。とにかく、山間の僻村《へきそん》が一般にかかる気運に向うて居ることは、経済上注目に値する現象でありましょう。ことの良否は今日俄《にわ》かに断ずることは出来ませぬが、一体我邦の農民が一般に米作を重んじ過ぎて居るということの一徴候ではあるまいか。中央の政府において、米産の増減をもって直ちに農業の盛衰を卜《ぼく》せんとする傾向と正に相反映するものではあるまいか。これらの地方には米以外に適当なる農作物がいくらもあるのであります。粟《あわ》、黍《きび》、芋、甘藷《さつまいも》、煙草《たばこ》、麻のごときは地味、気候、人口及び資本の稀少等の点から見て、最も適した作物でありまして、強いて多大の労資を投下して、水田を作り、米を食うのは、経済学以外の理法でなくては、これ

を説明することが出来ませぬ。

▲米食人種、水田人種の優勝　以上は私が九州旅行の見聞の一端を順序なく申し述べたのでありますが、要するに古き純日本の思想を有する人民は、次第に平地人のために山中に追い込まれて、日本《にほん》の旧思想は今日平地においてはもはやほとんどこれを窺《うかが》い知ることが出来なくなって居ります。従って山地人民の思想性情を観察しなければ、国民性というものを十分に知得することが出来まいと思います。日本《にっぽん》では、古代においても、中世においても、武士《さむらい》は山地に住んで平地を制御したのであります。古代には九州の山中にすこぶる獰悪《ねいあく》の人種が住んで居りました。歴史を見ると肥前の基肆《きし》郡、豊後の大野郡、肥後の菊池郡というような地方に、山地を囲んで所々に城がありまするのは、皆この山地の蛮民に対して備えたる隘勇線《あいゆうせん》であります。蛮民大敗北の後《のち》移住して来た豪族も、また概ね山中に住んで居りました。後年武士《さむらい》が平地に下り住むようになってからは、山地に残れる人民は、次第にその勢力を失い、平地人の圧迫を感ぜずには居られなかったのであります。いわば米食人種、水田人種が、粟食人種《ぞくしょくじんしゅ》、焼畑人種を馬鹿にする形であります。この点については深く弱者たる山民に同情を表します。

▲九州南部における製茶業　私は球磨地方に新たに開通した人吉の停車場から非常に沢山の粗製茶の搬出せらるるのを見ました。この地方を始め九州の脊髄山脈地方《せきずいさんみゃくちほう》には、一帯に天然の茶がはなはだ多い。山を焼けばどこからでも茶の木が現れて来ます。伊予、土佐の山中にも野生の茶が沢山あります。これらの茶は古来よりこの山地に存在したもので、決して海外から輸入したものではなく、我邦に固有の植物であることは疑う余地がないと思います。日向の山村で

は、椎茸《しいたけ》と茶とが主なる外国輸出品であります。一般に製法は極めて幼稚でありますが、近来おいおいこれを改良せんとする企《くわだ》てがあります。筑後の黒木町では、県農事試験場の力で紅茶を製し、見本として露国に送ったそうであります。熊本《くまもと》県においても天然茶製造輸出の事業が久しく行われて居りますが、方法の宜《よろ》しきを得ざるためか、今はやや衰えております。この地方を旅行すると、製茶業の将来に付き、東京に居て考えたとは別様の考えが起こります。

（「斯民」一九〇九年四月）

遠野物語　抄

この話はすべて遠野《とおの》の人佐々木鏡石《きょうせき》君より聞きたり。昨《さく》明治四十二年の二月頃より始めて夜分折々訪ね来たりこの話をせられしを筆記せしなり。鏡石君は話上手にはあらざれども誠実なる人なり。自分もまた一字一句をも加減せず感じたるままを書きたり。思うに遠野郷にはこの類の物語なお数百件あるならん。我々はより多くを聞かんことを切望す。国内の山村にして遠野よりさらに物深き所にはまた無数の山神山人《やまのかみやまびと》の伝説あるべし。願わくはこれを語りて平地人を戦慄せしめよ。この書のごときは陳勝呉広《ちんしょうごこう》のみ。

昨年八月の末自分は遠野郷に遊びたり。花巻《はなまき》より十余里の路上には町場三ヶ所あり。その他はただ青き山と原野なり。人煙の稀少《きしょう》なること北海道石狩の平野よりも甚だし。あるいは新道なるがゆえに民居の来たり就ける者少なきか。遠野の城下はすなわち煙花の街なり。馬を駅亭の主人に借りてひとり郊外の村々を巡りたり。その馬は黔《くろ》き海草をもって作りたる厚総《あつぶさ》を掛けたり。虻《あぶ》多きためなり。猿ヶ石《さるがいし》の渓谷は土肥えてよく拓《ひら》けたり。路傍に石塔の多きこと諸国その比を知らず。高処より展望すれば早稲《わせ》まさに熟し晩稲《おくて》は花盛りにて水はことごとく落ちて川にあり。稲の色合は種類によりてさまざまなり。三つ四つ五つの田を続けて稲の色の同じきはすなわち一家に属する田にしていわゆる名処《みょうしょ》の同じきなるべし。小字《こあざ》よりさらに小さき区域の地名は持主にあらざればこれを知らず。古き売買譲与の証文には常に見ゆるところなり。附馬《つく》牛《うし》の谷へ越ゆれば早池《はやち》峯《ね》の山は淡く霞み山の形は菅笠《すげがさ》のごとくまた片仮名のへの字に似たり。この谷は稲熟することさらに遅く満目一色に青し。細き田中の道を行けば名を知らぬ鳥ありて雛《ひな》を連れて横ぎりたり。雛の色は黒に白き羽まじりたり。始めは小さき鶏かと思いしが溝の草に隠れて見えざればすなわち野鳥なることを知れり。天神の山には祭ありて獅子《しし》踊あり。ここにのみは軽く塵《ちり》たち紅《あか》き物いささかひらめきて一村の緑に映じたり。獅子踊というは鹿の舞なり。鹿の角を附けたる面を被《かぶ》り童子五六人剣を抜きてこれとともに舞うなり。笛の調子高く歌は低くして側にあれども聞きがたし。日は傾きて風吹き酔いて人呼ぶ者の声も淋《さび》しく女は笑い児は走れどもなお旅愁をいかんともするあたわざりき。盂蘭盆《うらぼん》に新しき仏ある家は紅白の旗を高く揚げて魂を招く風あり。峠の馬上において東西を指点するにこの旗十数ヶ所あり。村人の永住の地を去らんとする者とかりそめに入り込みたる旅人とまたかの悠々たる霊山とを黄昏《たそがれ》はおもむろに来たりて包容し尽したり。遠野郷には八ヶ所の観音堂あり。一木をもって作りしなり。この日報賽《ほうさい》の徒多く岡の上に燈火見え伏鉦《ふせがね》の音聞えたり。道ちがえの叢《くさむら》の中には雨風祭《あめかぜまつり》の藁人形《わらにんぎょう》あり。あたかもくたびれたる人のごとく仰臥《ぎょうが》してありたり。以上は自分が遠野郷にて得たる印象なり。

思うにこの類の書物は少なくも現代の流行にあらず。いかに印刷が容易なればとてこんな本を出版し自己の狭隘《きょうあい》なる趣味をもって他人に強いんとするは無作法の仕業なりという人あらん。されどあえて答う。かかる話を聞きかかる処を見て来て後これを人に語りたがらざる者果してありや。そのような沈黙にしてかつ慎み深き人は少なくも自分の友人の中にはある事なし。いわんやわが九百年前の先輩『今昔物語』のごときはその当時にありてすでに今は昔の話なりしに反しこれはこれ目前の出来事なり。たとい敬虔の意と誠実の態度とにおいてはあえて彼を凌《しの》ぐことを得と言うあたわざらんも人の耳を経ること多からず人の口と筆とを倩《やと》いたることはなはだわずかなりし点においてはかの淡泊無邪気なる大納言殿かえって来たり聴くに値せり。近代の御伽《おとぎ》百物語の徒にいたりてはその志やすでに陋《ろう》かつ決してその談の妄誕《もうたん》にあらざることを誓い得ず。ひそかにもってこれと隣を比するを恥とせり。要するにこの書は現在の事実なり。単にこれのみをもってするも立派なる存在理由ありと信ず。ただ鏡石子は年わずかに二十四五自分もこれに十歳長ずるのみ。今の事業多き時代に生れながら問題の大小をも弁《わきま》えず、その力を用いるところ当を失えりと言う人あらばいかん。明神の山の木兎《みみずく》のごとくあまりにその耳を尖《とが》らしあまりにその眼を丸くし過ぎたりと責むる人あらばいかん。はて是非もなし。この責任のみは自分が負わねばならぬなり。

おきなさび飛ばず鳴かざるをちかたの森のふくろふ笑ふらんかも

*

一　遠野郷《とおのごう》は今の陸中上閉伊《かみへい》郡の西の半分、山々にて取り囲まれたる平地なり。新町村にては、遠野、土淵《つちぶち》、附馬牛《つくもうし》、松崎、青笹《あおざさ》、上郷《かみごう》、小友《おとも》、綾織《あやおり》、鱒沢《ますざわ》、宮守《みやもり》、達曾部《たっそべ》の一町十ヶ村に分つ。近代あるいは西閉伊郡とも称し、中古にはまた遠野保《とおのほ》とも呼べり。今日郡役所のある遠野町はすなわち一郷の町場にして、南部家《なんぶけ》一万石の城下なり。城を横田城ともいう。この地へ行くには花巻の停車場にて汽車を下り、北上川を渡り、その川の支流猿《さる》ヶ石川《いしがわ》の渓《たに》を伝いて、東の方へ入ること十三里、遠野の町に至る。山奥には珍しき繁華の地なり。伝え言う、遠野郷の地大昔はすべて一円の湖水なりしに、その水猿ヶ石川となりて人界に流れ出でしより、自然にかくのごとき邑落《ゆうらく》をなせしなりと。されば谷川のこの猿ヶ石に落ち合うものははなはだ多く、俗に七内八《ななないや》崎《さき》ありと称す。内《ない》は沢または谷のことにて、奥州の地名には多くあり。

○遠野郷の**トー**はもと**アイヌ**語の湖という語より出でたるなるべし、**ナイ**も**アイヌ**語なり。

二　遠野の町は南北の川の落合《おちあい》にあり。以前は七七十里《しちしちじゅうり》とて、七つの渓谷おのおの七十里の奥より売買の貨物を聚《あつ》め、その市《いち》の日は馬千匹、人千人の賑《にぎ》わしさなりき。四方の山々の中に最も秀でたるを早池峯《はやちね》という、北の方附馬牛の奥にあり。東の方には六角牛《ろっこうし》山立てり。石神《いしがみ》という山は附馬牛と達曾部との間にありて、その高さ前の二つよりも劣れり。大昔に女神あり、三人の娘を伴いてこの高原に来たり、今の来内《らいない》村の伊豆《いず》権現《ごんげん》の社ある処に宿りし夜、今夜よき夢を見たらん娘によき山を与うべしと母の神の語りて寝たりしに、夜深く天より霊華降りて姉の姫の胸の上に止りしを、末の姫眼覚《めざ》めてひそかにこれを取り、わが胸の上に載せたりしかば、ついに最も美しき早池峯の山を得、姉たちは六角牛と石神とを得たり。若き三人の女神おのおの三の山に住し今もこれを領したもうゆえに、遠野の女どもはその妬《ねた》みを畏《おそ》れて今もこの山には遊ばずといえり。

○この一里は小道すなわち坂東道なり、一里が五丁または六丁なり。

○**タッソベ**も**アイヌ**語なるべし。岩手郡玉山村にも同じ大字あり。

○上郷村大字来内、**ライナイ**も**アイヌ**語にて**ライ**は死のこと**ナイ**は沢なり、水の静かなるよりの名か。

三 山々の奥には山人住めり。栃内《とちない》村和野《わの》の佐々木嘉兵衛《かへえ》という人は今も七十余にて生存せり。この翁《おきな》若かりし頃猟をして山奥に入りしに、遥かなる岩の上に美しき女一人ありて、長き黒髪を梳《くしけず》りていたり。顔の色きわめて白し。不敵の男なれば直ちに銃《つつ》を差し向けて打ち放せしに弾《たま》に応じて倒れたり。そこに馳け付けて見れば、身のたけ高き女にて、解きたる黒髪はまたそのたけよりも長かりき。後の験《しるし》にせばやと思いてその髪をいささか切り取り、これを綰《わが》ねて懐に入れ、やがて家路に向いしに、道の程にて耐《た》えがたく睡眠を催しければ、しばらく物蔭に立ち寄りてまどろみたり。その間夢と現《うつつ》との境のようなる時に、これも丈の高き男一人近よりて懐中に手を差し入れ、かの綰ねたる黒髪を取り返し立ち去ると見ればたちまち睡《ねむ》りは覚めたり。山男なるべしといえり。

○土淵村大字栃内。

四 山口村の吉兵衛という家の主人、根子《ねっこ》立《だち》という山に入り、笹を苅《か》りて束となし担ぎて立ち上らんとする時、笹原の上を風の吹き渡るに心付きて見れば、奥の方なる林の中より若き女の穉児《おさなご》を負いたるが笹原の上を歩みてこちらへ来るなり。きわめてあでやかなる女にて、これも長き黒髪を垂れたり。児を結び付けたる紐《ひも》は藤の蔓《つる》にて、着たる衣類は世の常の縞物《しまもの》なれど、裾《すそ》のあたりぼろぼろに破れたるを、いろいろの木の葉などを添えて綴《つづ》りたり。足は地に着くとも覚えず。事もなげにこちらに近より、男のすぐ前を通りて何方《いずち》へか行き過ぎたり。この人はその折の怖《おそ》ろしさより煩い始めて、久しく病みてありしが、近き頃亡《う》せたり。

○土淵村大字山口、吉兵衛は代々の通称なればこの主人もまた吉兵衛ならん。

五　遠野郷より海岸の田ノ浜、吉利吉里《きりきり》などへ越ゆるには、昔より笛吹峠《ふえふきとうげ》という山路あり。山口村より六角牛の方へ入り路のりも近かりしかど、近年この峠を越ゆる者、山中にて必ず山男山女に出逢《であ》うより、誰も皆怖ろしがりて次第に往来も稀《まれ》になりしかば、ついに別の路を境木峠《さかいぎとうげ》という方に開き、和山《わやま》を馬次場《うまつぎば》として今はこの方ばかりを越ゆるようになれり。二里以上の迂路《うろ》なり。

○山口は六角牛に登る山口なれば村の名となれるなり。

六　遠野郷にては豪農のことを今でも長者という。青笹村大字糠前《ぬかのまえ》の長者の娘、ふと物に取り隠されて年久しくなりしに、同じ村の何某という猟師、ある日山に入りて一人の女に遭《あ》う。怖ろしくなりてこれを撃たんとせしに、何おじではないか、ぶつなという。驚きてよく見ればかの長者がまな娘なり。何ゆえにこんな処にはおるぞと問えば、ある物に取られて今はその妻となれり。子もあまた生みたれど、すべて夫が食い尽して一人かくのごとくあり。おのれはこの地に一生涯を送ることなるべし。人にも言うな。御身も危うければ疾《と》く帰れというままに、その在所をも問い明らめずして遁《に》げ還《かえ》れりという。

○糠の前は糠の森の前にある村なり、糠の森は諸国の糠塚と同じ。遠野郷にも糠森糠塚多くあり。

七 上郷村の民家の娘、栗を拾いに山に入りたるまま帰り来たらず。家の者は死したるならんと思い、女のしたる枕を形代《かたしろ》として葬式を執《と》り行い、さて二三年を過ぎたり。しかるにその村の者猟をして五葉山《ごようざん》の腰のあたりに入りしに、大なる岩の蔽《おお》いかかりて岩窟のようになれる所にて、はからずこの女に逢いたり。互いに打ち驚き、いかにしてかかる山にはおるかと問えば、女の曰《いわ》く、山に入りて恐ろしき人にさらわれ、こんな所に来たるなり。遁げて帰らんと思えど些《いささか》の隙《すき》もなしとのことなり。その人はいかなる人かと問うに、自分には並《なみ》の人間と見ゆれど、ただ丈きわめて高く眼の色少し凄《すご》しと思わる。子供も幾人か生みたれど、われに似ざればわが子にはあらずといいて食うにや殺すにや、皆いずれへか持ち去りてしまうなりという。まことに我々と同じ人間かと押し返して問えば、衣類なども世の常なれど、ただ眼の色少しちがえり。一市間《ひといちあい》に一度か二度、同じようなる人四五人集り来て、何事か話をなし、やがて何方《どちら》へか出て行くなり。食物など外より持ち来たるを見れば町へも出ることならん。かく言う中《うち》にも今にそこへ帰って来るかも知れずというゆえ、猟師も怖ろしくなりて帰りたりといえり。二十年ばかりも以前のことかと思わる。

○一市間は遠野の町の市の日と次の市の日の間なり。月六度の市なれば一市間はすなわち五日のことなり。

＊

五五　川には川童《かっぱ》多く住めり。猿ヶ石川ことに多し。松崎村の川端の家にて、二代まで続けて川童の子を孕《はら》みたる者あり。生れし子は斬り刻みて一升樽《いっしょうだる》に入れ、土中に埋めたり。その形きわめて醜怪なるものなりき。女の聟《むこ》の里は新張《にいばり》村の何某とて、これも川端の家なり。その主人人にその始終を語れり。かの家の者一同ある日畠《はたけ》に行きて夕方に帰らんとするに、女川の汀《みぎわ》に踞《うずくま》りてにこにこと笑いてあり。次の日は昼の休みにまたこの事あり。かくすること日を重ねたりしに、次第にその女の所へ村の何某という者夜々通うという噂立ちたり。始めには聟が浜の方へ駄賃附に行きたる留守をのみ窺《うかが》いたりしが、後には聟と寝たる夜さえ来るようになれり。川童なるべしという評判だんだん高くなりたれば、一族の者集りてこれを守れども何の甲斐《かい》もなく、聟の母も行きて娘の側に寝たりしに、深夜にその娘の笑う声を聞きて、さては来てありと知りながら身動きもかなわず、人々いかにともすべきようなかりき。その産はきわめて難産なりしが、ある者の言うには、馬槽《うまふね》に水をたたえその中にて産まば安く産まるべしとのことにて、これを試みたれば果してその通りなりき。その子は手に水掻《みずかき》あり。この娘の母もまたかつて川童の子を産みしことありという。二代や三代の因縁にはあらずと言う者もあり。この家も如法《にょほう》の豪家にて〇〇〇〇〇という士族なり。村会議員をしたることもあり。

＊

九〇　松崎村に天狗森《てんぐもり》という山あり。その麓なる桑畠にて村の若者何某という者、働きていたりしに、しきりに睡《ねむ》くなりたれば、しばらく畠の畔《くろ》に腰掛けて居眠りせんとせしに、きわめて大なる男の顔は真赤なるが出で来たれり。若者は気軽にて平生相撲《すもう》などの好きなる男なれば、この見馴れぬ大男が立ちはだかりて上より見下すようなるを面悪《つらにく》く思い、思わず立ち上りてお前はどこから来たかと問うに、何の答もせざれば、一つ突き飛ばしてやらんと思い、力自慢のまま飛びかかり手を掛けたりと思うや否や、かえりて自分の方が飛ばされて気を失いたり。夕方に正気づきて見ればむろんその大男はおらず。家に帰りて後人にこの事を話したり。その秋のことなり。早池峯の腰へ村人大勢とともに馬を曳《ひ》きて萩《はぎ》を苅りに行き、さて帰らんとする頃になりてこの男のみ姿見えず。一同驚きて尋ねたれば、深き谷の奥にて手も足も一つ一つ抜き取られて死していたりという。今より二三十年前のことにて、この時の事をよく知れる老人今も存在せり。天狗森には天狗多くいるということは昔より人の知るところなり。

＊

九九　土淵村の助役北川清という人の家は字火石《ひいし》にあり。代々の山臥《やまぶし》にて祖父は正福院といい、学者にて著作多く、村のために尽したる人なり。清の弟に福二という人は海岸の田の浜へ婿《むこ》に行きたるが、先年の大海嘯《おおつなみ》に遭いて妻と子とを失い、生き残りたる二人の子とともに元の屋敷の地に小屋を掛けて一年ばかりありき。夏の初めの月夜に便所に起き出でしが、遠く離れたる所にありて行く道も浪《なみ》の打つ渚《なぎさ》なり。霧の布《し》きたる夜なりしが、その霧の中より男女二人の者の近よるを見れば、女はまさしく亡くなりしわが妻なり。思わずその跡をつけて、はるばると船越村の方へ行く崎の洞《ほこら》ある所まで追い行き、名を呼びたるに、振り返りてにこと笑いたり。男はと見ればこれも同じ里の者にて海嘯の難に死せし者なり。自分が婿に入りし以前に互いに深く心を通わせたりと聞きし男なり。今はこの人と夫婦になりてありというに、子供は可愛《かわい》くはないのかといえば、女は少しく顔の色を変えて泣きたり。死したる人と物言うとは思われずして、悲しく情なくなりたれば足元を見てありし間に、男女は再び足早にそこを立ち退《の》きて、小浦《おうら》へ行く道の山陰を廻《めぐ》り見えずなりたり。追いかけてみたりしがふと死したる者なりしと心付き、夜明けまで道中に立ちて考え、朝になりて帰りたり。その後久しく煩いたりといえり。

（『遠野物語』一九一〇年）

山の人生　抄

一　山に埋もれたる人生ある事

今では記憶している者が、私のほかには一人もあるまい。三十年あまり前、世間のひどく不景気であった年に、西美濃《にしみの》の山の中で炭を焼く五十ばかりの男が、子供を二人まで、鉞《まさかり》で斫《き》り殺したことがあった。

女房はとくに死んで、あとには十三になる男の子が一人あった。そこへどうした事情であったか、同じ歳くらいの小娘を貰って来て、山の炭焼小屋で一緒に育てていた。その子たちの名前はもう私も忘れてしまった。何としても炭は売れず、何度里へ降りても、いつも一合の米も手に入らなかった。最後の日にも空手《からて》で戻って来て、飢えきっている小さい者の顔を見るのがつらさに、すっと小屋の奥へ入って昼寝をしてしまった。

眼がさめてみると、小屋の口いっぱいに夕日がさしていた。秋の末の事であったという。二人の子供がその日当りの処にしゃがんで、しきりに何かしているので、傍へ行ってみたら一生懸命に仕事に使う大きな斧《おの》を磨《みが》いていた。阿爺《おとう》、これでわしたちを殺してくれといったそうである。そうして入口の材木を枕にして、二人ながら仰向《あおむ》けに寝たそうである。それを見るとくらくらとして、前後の考えもなく二人の首を打ち落してしまった。それで自分は死ぬことができなくて、やがて捕えられて牢《ろう》に入れられた。

この親爺《おやじ》がもう六十近くなってから、特赦を受けて世の中へ出て来たのである。そうしてそれからどうなったか、すぐにまた分らなくなってしまった。私は仔細《しさい》あってただ一度、この一件書類を読んでみたことがあるが、今はすでにあの偉大なる人間苦の記録も、どこかの長持の底で蝕《むし》ばみ朽ちつつあるであろう。

また同じ頃、美濃とははるかに隔たった九州のある町の囚獄に、謀殺罪で十二年の刑に服していた三十余りの女性が、同じような悲しい運命の下《もと》に活《い》きていた。ある山奥の村に生れ、男を持ったが親たちが許さぬので逃げた。子供ができて後に生活が苦しくなり、恥を忍んで郷里に還《かえ》ってみると、身寄りの者は知らぬうちに死んでいて、笑い嘲《あざ》ける人ばかり多かった。すごすごと再び浮世に出て行こうとしたが、男の方は病身者で、とても働ける見込みはなかった。

大きな滝の上の小路を、親子三人で通るときに、もう死のうじゃないかと、三人の身体を、帯で一つに縛《しば》り附けて、高い樹の隙間《すきま》から、淵を目掛けて飛び込んだ。数時間の後に、女房が自然と正気に復《かえ》った時には、夫も死ねなかったものとみえて、濡《ぬ》れた衣服で岸に上って、傍の老樹の枝に首を吊《つ》って自ら縊《くび》れており、赤ん坊は滝壺《たきつぼ》の上の梢に引っ懸って死んでいたという話である。

こうして女一人だけが、意味もなしに生き残ってしまった。死ぬ考えもない子を殺したから謀殺で、それでも十二年までの宥恕《ゆうじょ》があったのである。このあわれな女も牢を出てから、すでに年久しく消息が絶えている。多分はどこかの村の隅に、まだ抜け殻のような存在を続けていることであろう。

我々が空想で描いてみる世界よりも、隠れた現実の方がはるかに物深い。また我々をして考えしめる。これは今自分の説こうとする問題と直接の関係はないのだが、こんな機会でないと思い出すこともなく、また何人《なんぴと》も耳を貸そうとはしまいから、序文の代りに書き残しておくのである。

二　人間必ずしも住家を持たざる事

黙って山へ入って還って来なかった人間の数も、なかなか少ないものではないようである。十二三年前に、尾張《おわり》瀬戸町にある感化院に、不思議な身元の少年が二人まで入っていた。その一人は例のサンカの児で、相州の足柄《あしがら》で親に棄てられ、甲州から木曾の山を通って、名古屋まで来て警察の保護を受けることになった。

今一人の少年はまる三年の間、父とただ二人で深山の中に住んでいた。どうして出て来たのかは、この話をした二宮徳君も知らなかったが、とにかくに三年の間は、火というものを用いなかったと語ったそうである。食物はことごとく生《なま》で食べた。小さな弓を造って鳥や魚を射て捕えることを、父から教えられた。

春が来ると、いろいろの樹の芽を摘んでそのまま食べ、冬は草の根を掘って食べたが、その中にはいたって味の佳《よ》いものもあり、年中食物にはいささかの不自由もしなかった。衣服は寒くなると小さな獣の皮に、木の葉などを綴《つづ》って着たという。

ただ一つ難儀であったのは、冬の雨雪の時であった。岩の窪《くぼ》みや大木のうつろの中に隠れていても、火がないために非常に辛《つら》かった。そこでこういう場合のために、川の岸にあるカワヤナギの類の、髯根《ひげね》のきわめて多い樹木を抜いて来て、その根をよく水で洗い、それを寄せ集めて蒲団《ふとん》の代りにしたそうである。

話が又聞きで、これ以上の事は何も分らない。この事を聞いた時には、すぐにも瀬戸へ出かけて、も少し前後の様子を尋ねたいと思ったが、何分にも暇がなかった。かの感化院には記録でも残ってはいないであろうか。この少年がいろいろの身の上話をしたということだが、何かよくよくの理由があって、彼の父も中年から、山に入ってこんな生活をした者と思われる。

サンカと称する者の生活については、永い間にいろいろな話を聴いている。我々平地の住民とのいちばん大きな相違は、穀物、果樹、家畜を当てにしておらぬ点、次には定まった場処に家のないという点であるかと思う。山野自然の産物を利用する技術が事のほか発達していたようであるが、その多くは話としても我々には伝わっておらぬ。

冬になると暖かい海辺の砂浜などに出て来るのから察すると、彼等の夏の住居は山の中らしい。伊豆《いず》へは奥州《おうしゅう》から、遠州へは信濃から、伊勢の海岸へは飛騨《ひだ》の奥から、寒い季節にばかり出て来るということも聴いたが、サンカの社会には特別の交通路があって、渓《たに》の中腹や林の片端、堤《つつみ》の外などの人に逢わぬ処を縫うているゆえに、移動の跡が明らかでないのである。

磐城《いわき》の相馬地方などでは、彼等をテンバと呼んでいる。山の中腹の南に面した処に、幾つかの岩屋がある。秋もやや末になって、里の人たちが朝起きて山の方を見ると、この岩屋から細々と煙が揚がっている。ああもうテンバが来ているなどという中《うち》に、子を負うた女がささらや竹籠《たけかご》を売りに来る。箕《み》などの損じたのを引き受けて、山の岩屋に持って帰って修繕して来る。土地の人とはまるまる疏遠でもなかった。若狭《わかさ》、越前などでは河原に風呂敷《ふろしき》油紙の小屋を掛けてしばらく住み、断りをいってその辺の竹や藤葛《ふじかずら》を伐《き》ってわずかの工作をした。河川改修が河原を整理してしまってからは、金を払って材料の竹を買う者さえあった。しかも土着する者はいたって稀《まれ》で、多くは程なくいずれへか去ってしまう。路の辻などに樹の枝または竹をさし、しるしを残して行く者は彼等であった。小枝によって先へ行った者の数や方角を、後から来る者に知らしめる符号があるらしい。

仲間から出て常人に交わる者、ことに素性と内情とを談《かた》ることをはなはだしく悪《にく》むが、外から紛れて来てサンカの群に投ずる常人は次第に多いようである。そうでなくとも人に問われると、遠い国郡を名乗るのが普通で、その身の上話から真の身元を知ることはむつかしい。だいたいにおいおい世間並みの衣食を愛好する風を生じ、中には町に入って混同してしまおうとする者も多くなった。それが正業を得にくいゆえに、折々は悪いこともするのだが、彼等の悪事は法外に荒いために、かえって容易にサンカの所業なることが知れるという。

しかも世の中とこれだけの妥協すらもあえてせぬ者が、まだ少しは残っているかと思われた。大正四年の京都の御大典《ごたいてん》の時は、諸国から出て来た拝観人で、街道も宿屋もいっぱいになった。十一月七日の車駕《しゃが》御到着の日などは、雲もない青空に日がよく照って、御苑《ぎょえん》も大通りも早天から、人をもって埋めてしまったのに、なお遠く若王子《にゃくおうじ》の山の松林の中腹を望むと、一筋二筋の白い煙が細々と立っていた。ははあサンカが話をしているなと思うようであった。もちろん彼等はわざとそうするのではなかった。

三　凡人遁世の事

かつて羽前の尾花沢《おばなざわ》附近において、一人の土木の工夫が、道を迷うて山の奥に入り人の住みそうにもない谷底に、はからず親子三人の一家族を見たことがある。これは粗末ながら小屋を建てて住んではいたが、三人ともに丸裸《まるはだか》であったという。

女房がひどく人を懐しがって、いろいろと工夫に向って里の話を尋ねた。何でもその亭主という者は、世の中に対してよほど大きな憤懣《ふんまん》があったらしく、再び平地へは下らぬという決心をして、こんな山の中へ入って来たのだといった。

工夫はいったんそこを立ち去った後、再び引き返して同じ小屋に行ってみると、女房が彼と話をしたのを責めるといって、縛《しば》り上げて折檻《せっかん》をしているところであったので、もう詳しい話も聞き得ずに、早々に帰って来て、その後の事はいっさい不明になっている。

この話は山方石之助《やまがたいしのすけ》君から十数年前に聴いた。山に住む者の無口になり、一見無愛想になってしまうことは、多くの人が知っている。必ずしも世を憤って去った者でなくとも、木曾の山奥の岩魚《いわな》を釣っている親爺でも、たまたま里の人に出くわしても何の好奇心もなく見向きもせずに路《みち》を横ぎって行くことがある。文字に現せない寂寞《せきばく》の威圧が、久しゅうして人の心理を変化せしめることは想像することができる。

そうしてこんな人にわずかな思索力、ないしはわずかな信心があれば、すなわち行者《ぎょうじゃ》であり、あるいは仙人であり得るかと思われる。また天狗《てんぐ》と称する山の霊が眼の色怖ろしくやや気むつかしくかつ意地悪いものと考えられているのも、一部分はこの種山中の人に逢った経験が、根をなしているのかも知れぬ。

近世の武人などは、主君長上に対して不満のある場合に、無謀に生命を軽んじ死を急ぎ、さらば討死をして殿様に御損を掛け申すべしと、いったような話が多かった。戦乱の打ち続いた時世としては、それも自然なる決意であり得たが、人間の死ぬ機会はそう常にあったわけでもない。死なずに世の中に背くという方法は必ずしも時節を待つという趣意でなくとも、やはり山寺にでも入って法師とともに生活するの他はなかった。後にはそれを出離の因縁とし、菩提《ぼだい》の種と名づけて悦喜《えつき》した者もあるが、古来の遁世者《とんせいしゃ》の全部をもって、仏道勝利の跡と見るのは当を得ないと思う。

その上に山に入り旅に出れば、必ずそこに頃合の御寺があるというわけでもなかった。旅僧の生活をしようと思えば、少しは学問なり智慧《ちえ》なりがなければならなかった。何の頼むところもない弱い人間の、ただいかにしても以前の群とともにおられぬ者には、死ぬか今一つは山に入るという方法しかなかった。従って生活のまったく単調であった前代の田舎《いなか》には、存外に跡の少しも残らぬ遁世が多かったはずで、後世の我々にこそこれは珍しいが、実は昔は普通の生存の一様式であったと思う。

それだけならよいが、人にはなおこれという理由がなくてふらふらと山に入って行く癖のようなものがあった。少なくとも今日の学問と推理だけでは説明することのできぬ人間の消滅、ことにはこの世の執着《しゆうじやく》の多そうな若い人たちが、突如として山野に紛れ込んでしまって、何をしているかも知れなくなることがあった。自分がこの小さな書物で説いてみたいと思うのは主としてこうした方面の出来事である。これが遠い近いいろいろの民族の中にも折々は経験せられる現象であるのか。はたまた日本人にばかり特に、かつ頻繁に繰り返されねばならぬ事情があったのか。それすらも現在はなお明瞭でないのである。しかも我々の間には言わず語らず、時代時代に行われていた解釈があった。それがある程度まで人の平常の行為と考え方とを、左右していたことは立証することができる。我々の親たちの信仰生活にも、これと交渉する部分が若干はあった。しかも結局は今なお不可思議である以上、将来いずれかの学問がこの問題を管轄すべきことは確かである。棄てて顧みられなかったのはむしろ不当であると思う。

四　稀に再び山より還る者ある事

これは以前新渡戸《にとべ》博士から聴いたことで、やはり少しも作り事らしくない話である。陸中二《にの》戸《へ》郡の深山で猟人《かりゆうど》が猟に入って野宿をしていると、不意に奥から出て来た人があった。よく見ると数年前に、行方不明になっていた村の小学教員であった。ふとした事から山へ入りたくなって家を飛び出し、まるきり平地の人とちがった生活をして、ほとんど仙人になりかけていたのだが、ある時この辺でマタギの者の昼弁当を見つけて喰ったところが急に穀物の味が恋しくなって、次第に山の中に住むことがいやになり、人が懐かしくてとうとう出て来たといったそうである。それから里に戻ってどうしたか。その後の様子は今ではもう何人《なんぴと》にも問うことができぬ。

マタギは東北人及びアイヌの語で、猟人のことであるが、奥羽の山村には別に小さな部落をなして、狩猟本位の古風な生活をしている者にこの名がある。たとえば十和田《とわだ》の湖水から南祖《なんそ》坊《ぼう》に逐《お》われて来て、秋田の八郎潟《はちろうがた》の主《ぬし》になっているという八郎おとこなども、大蛇になる前は国境の山の、マタギ村の住民であった。

マタギは冬分は山に入って、雪の中を幾日となく旅行し、熊《くま》を捕ればその肉を食い、皮と胆《のい》を附近の里へ持って出て、穀物に交易してまた山の小屋へ還る。時には峰づたいに上州、信州の辺まで、下りて来ることがあるという。

こんな連中でも用が済めばわが村へ戻り、また山の中でも火を焚《た》き米を煮て食うのに、教員までもしたという人が、友もなくして何年かの間、このような忍苦の生活をなし得たのは、少なくとも精神の異状であった。しかもそれが単なる偶発の事件でなく、遠く離れた国中の山村に、往々にして聞くところの不思議であったのである。


マタギの根原に関しては、現在まだ何人も説明を下し得た者はないが、岩手、秋田、青森の諸県において、平地に住む農民たちが、ややこれを異種族視していたことは確かである。津軽の人が百二三十年前に書いた『奥民図彙《おうみんずい》』には、一二彼等が奇習を記し、菅江真澄《すがえますみ》の『遊覧記』の中にも、北秋田の山村のマタギの言葉には、犬をセタ、水をワッカ、大きいをポロというの類、アイヌの単語のたくさんに用いられていることを説いてある。

もちろんこれによって彼等をアイヌの血筋と見ることは早計である。彼等の平地人との交通には、言語風習その他に何の障碍《しょうがい》もなかったのみならず、少なくとも近世においては、彼等も村にいる限りは附近の地を耕し、一方にはまた農民も山家に住む者は、傍ら狩猟によって生計を補うたゆえに、名称以外には明白に二者を差別すべきものはないのである。

ただ関東以西には猟を主業とする者が、一部落をなすほどに多く集まっておらぬに反して奥羽の果てに行くとマタギの村という者が折々ある。熊野、高野を始めとして霊山開基の口碑《こうひ》には猟師が案内をしたといい、または地を献上したという例少なからず、それを目して異人仙人と称していて、通例の農夫はかつてこの物語に参与しておらぬのをみると、彼等山民の土着が一期だけ早かったか、または土着の条件が後世普通の耕作者とは、別であったかということだけは察せられる。

しかも猟に関する彼等の儀式、また信仰には特殊なるものが多い。万次万三郎の兄弟が、山の神を助けて神敵を退治し、褒美《ほうび》に狩猟の作法を授けられたなどという古伝もその一例である。東北ではシナの木のことをマダといい、山民は多くその樹皮を利用する。マタギ村でも盛んにこれを採取しまた周囲にこれを栽培するが、そのマダとは関係がないといっている。あるいは二股の木の枝を杖にして、山中を行くような宗教上の習慣でもあって、こんな名称を生じたのではないかとも思うが、彼等自身は何と自ら呼ぶかを知らぬから、いまだこれを断定することができぬのである。

八郎という類の人が山中に入り、奇魚を食って身を蛇体に変じたという話は、広く分布しているいわゆる低級神話の類であるが、津軽、秋田で彼をマタギであったと伝えたのには、何か考うべき理由があったろうと思う。

（「アサヒグラフ」一九二五年一～八月、『山の人生』一九二六年）

山人考　『山の人生』より

大正六年日本歴史地理学会大会講演手稿

一

私が八九年以前から、内々山人《やまひと》の問題を考えているということを、喜田《きだ》博士が偶然に発見せられ、かかる晴れがましき会に出て、それを話しせよと仰せられる。いったいこれは物ずきに近い事業であって、もとより大正六年やそこいらに、成績を発表する所存をもって、取り掛かったものではありませぬゆえに、一時ははなはだ当惑しかつ躊躇《ちゅうちょ》をしました。しかし考えてみれば、これは同時に自分のごとき方法をもって進んで、果して結局の解決を得るに足るや否やを、諸先生から批評していただくのに、最も好い機会でもあるので、なまじいに罷《まか》り出でたる次第でございます。

二

現在の我々日本国民が、数多《あまた》の種族の混成だということは、実はまだ完全には立証せられたわけでもないようでありますが、私の研究はそれをすでに動かぬ通説となったものとして、すなわちこれを発足点と致します。

わが大御門《おおみかど》の御祖先が、始めてこの島へ御到着なされた時には、国内にはすでに幾多の先住民がいたと伝えられます。古代の記録においては、これ等を名づけて国つ神と申しているのでありります。その例は『日本書紀』の神代巻出雲の条に、吾《こ》は是れ国つ神、号は脚摩乳《あしなずち》、我《わが》妻号は手摩乳《てなずち》云々。また高皇産霊神《たかみむすびのかみ》は大物主神《おおものぬしのかみ》に向い、汝若《も》し国つ神を以《もつ》て妻とせば、吾は猶《なお》汝疏《うと》き心有りとおもわんと仰せられた。神武紀にはまた臣は是れ国つ神、名を珍彦《うずひこ》と曰《い》うとあり、また同紀吉野の条には、臣は是れ国つ神名を井光《いひか》と為《な》すとあります。『古事記』の方では御迎いに出た猿田彦《さるたひこ》をも、また国つ神と記しております。

令《りよう》の神祇令《じんぎりよう》には天神地祇という名を存し、地祇は『倭名鈔《わみようしよう》』の頃まで、クニツカミまたはクニツヤシロと訓《よ》みますが、この二つは等しく神祇官において、常典に依ってこれを祭ることになっていまして、奈良朝になりますと、新旧二種族の精神生活は、もはや名残なく融合したものと認められます。『延喜式』の神名帳《じんみようちよう》には、国魂郡魂《くにたまこおりたま》という類の、神名から明らかに国神に属すと知らるる神々を多く包容しておりながら、天神地祇の区別すらも、すでに存置してはいなかったのであります。

しかも同じ『延喜式』の、中臣《なかとみ》の祓詞《はらえことば》を見まするど、なお天津《あまつ》罪《つみ》と国津罪との区別を認めているのです。国津罪とはしからば何を意味するか。『古語拾遺』には国津罪は国中人民犯すところの罪とのみ申してあるが、それではこれに対する天津罪は、誰の犯すところなるかが不明となります。右二通りの犯罪を比較してみると、一方は串刺《くしざし》、重播《しきまき》、畔放《あはなち》というごとく、主として土地占有権の侵害であるに反して、他の一方は父と子犯すといい、獣犯すというような無茶なもので明白に犯罪の性質に文野の差あることが認められ、すなわち後者は原住民、国つ神の犯すところであることが解ります。『日本紀』景行天皇四十年の詔《みことのり》に、東夷《ひがしのひな》の中蝦夷《うちえみし》尤《もっと》も強《こわ》し。男女交《まじ》り居り父子別《わか》ち無し云々ともあります。いずれの時代にこの大祓の詞というものはできたか。とにかくにかかる後の世まで口伝えに残っていたのは、興味多き事実であります。

同じ祝詞《のりと》の中には、また次のような語も見えます。曰く、国中に荒振神《あらぶるかみたち》等を、神問はしに問はしたまひ神掃《かみはら》ひに掃ひたまひて云々。アラブルカミタチはまた暴神とも荒神とも書してあり、『古語拾遺』などには不順鬼神ともあります。これは多分右申す国つ神の中《うち》、ことに強硬に反抗せし部分を、古くからそういっていたものと自分は考えます。

三

前九年後三年の時代に至って、ようやく完結を告げたところの東征西伐は、要するに国つ神同化の事業を意味していたと思う。東夷《とうい》に比べると西国の先住民の方が、問題が小さかったように見えますが、豊後、肥前、日向等の『風土記』に、土蜘蛛《つちぐも》退治の記事の多いことは、常陸、陸奥等に譲りませず、さらに『続日本紀《しょくにほんぎ》』の文武天皇二年の条には太宰府《だざいふ》に勅《ちょく》して豊後の大野、肥後の鞠智《きくち》、肥前の基肄《きい》の三城を修繕せしめられた記事があります。これはもとより海寇《かいこう》の御備えでないことは、地形を一見なされたらすぐにわかります。土蜘蛛にはまた近畿地方に住した者もありました。『摂津風土記』の残篇にも記事があり、大和にはもとより国樔《くず》がおりました。国樔と土蜘蛛とは同じもののように、『常陸風土記』には記してあります。

北東日本の開拓史を見まするに、時代とともに次々に北に向って経営の歩を進め、しかも夷民の末と認むべき者が、今なお南部津軽の両半島の端の方だけに残っているために、通例世人の考えでは、すべての先住民は圧迫を受けて、北へ北へと引き上げたように見ていますが、これは単純にそんな心持がするというのみで、学問上証明を遂げたものではないのです。少なくとも京畿以西に居住した異人等は、今ではただ漠然と、絶滅したようにみなされているがこれももとより何らの根拠なき推測であります。

種族の絶滅ということは、血の混淆《こんこう》ないしは口碑《こうひ》の忘却というような意味でならば、これを想像することができるが、実際に殺され尽しまた死に絶えたということは景行天皇紀にいわゆる撃てばすなわち草に隠れ追えばすなわち山に入るというごとき状態にある人民には、とうていこれを想像することができないのです。『播磨風土記』を見ると、神前《かみさき》郡大川内、同じく湯川の二処に、異俗人三十許口《みそたりばかり》ありとあって、地名辞書にはこれを今日の寺前・長谷二村の辺に考定しています。すなわち汽車が姫路に近づこうとして渡る所の、今日市川と称する川の上流であって、実はかく申す私などもそのいたって近くの村に生れました。和銅・養老の交まで、この通り風俗を異にする人民が、その辺にはいたのであります。

右にいう異俗人は、果していかなる種類に属するかは不明であるが、『新撰姓氏録《しんせんしょうじろく》』巻の五、右京皇別佐伯直《さえきのあたい》の条を見ると、この家の祖先とする御諸別命《みもろわけのみこと》、成務《せいむ》天皇の御宇《ぎょう》に播磨のこの地方において、川上より菜の葉の流れ下るを見て民住むと知り、求め出しこれを領して部民となす云々とあって、あるいはその御世から引き続いて、同じ者の末であったかも知れませぬ。

この佐伯部は、自ら蝦夷の俘《ふ》の神宮に献ぜられ、後に播磨、安芸、伊予、讃岐及び阿波の五国に配置せられた者の子孫なりと称したということで、すなわち景行天皇紀五十一年の記事とは符合しますが、これと『姓氏録』と二つの記録は、ともに佐伯氏の録進に拠られたものと見えますから、この一致をもって強い証拠とするのは当りませぬ。おそらくは『釈日本紀』に引用する暦録の、佐祈毘（叫び）が佐伯と訛《なま》ったという言い伝えとともに、一箇の古い説明伝説と見るべきものでありましょう。

サエキの名称は、多分は障碍《しょうがい》という意味で、日本語だろうと思います。佐伯の住したのは、もちろん上に掲げた五箇国には止りませぬが、果して彼等の言の通り、蝦夷と種を同じくするか否かは、これ等の書物以外の材料を集めて後に、平静に論証する必要があるのであります。

四

国郡の境を定めたもうという事は、古くは成務天皇の条、また允恭《いんぎょう》天皇の御時にもありました。これもまた『姓氏録』に阪合部《さかいべ》朝臣、仰せを受けて境を定めたともあります。阪合は境のことで、阪戸・阪手・阪梨《さかなし》（阪足）などとともに、中古以前からの郷の名里の名にありますが、今日の境の村と村との堺を劃するに反して、昔は山地と平野との境、すなわち国つ神の領土と、天つ神の領土との、境を定めることを意味したかと思います。高野山の弘法大師などが、猟人の手から霊山の地を乞《こ》い受けたなどという昔話は、おそらくはこの事情を反映するものであろうと考えます。古い伽藍《がらん》の地主神が、猟人の形で案内をせられ、また留まって守護したもうという縁起は、高野だけでは決してないのであります。

天武天皇紀の吉野行幸の条に、獦者《かつしゃ》二十余人云々、または獦者之首などとあるのは、国樔《くず》のことでありましょう。国樔は応神紀に、其為人甚淳朴也《そのひととなりはなはだじゅんぼくなり》などともありまして、佐伯とは本来同じ種族でないように思われます。『北山抄《ほくざんしょう》』『江次第《ごうしだい》』の時代を経て、それよりもまたはるか後代まで名目を存していた、新春朝廷の国栖《くず》の奏は、最初には実際この者が山を出でて来たり仕え、御贄《みにえ》を献じたのに始まるのであります。『延喜式』の宮内式には、諸《もろもろ》の節会《せちえ》の時、国栖十二人笛工五人、合せて十七人を定としたとあります。古注には笛工の中の二人のみが、山城綴喜《つづき》郡にありとありますゆえに、他の十五人は年々現実に、もとは吉野の奥から召されたものでありましょう。『延喜式』の頃まではいかがかと思いますが、現に神亀三年には、召し出されたという記録が残っているのであります。

また平野神社の四座御祭、園神三座などに、出でて仕えた山人という者も、元は同じく大和の国栖であったろうと思います。山人が庭火の役を勤めたことは、『江次第』にも見えている。祭の折に賢木《さかき》を執って神人に渡す役を、元は山人が仕え申したということは、もっとも注意を要する点かと心得ます。


ワキモコガアナシノ山ノ山人ト人モ見ルカニ山カツラセヨ

これは後代の神楽歌《かぐらうた》で、衛士《えじ》が昔の山人の役を勤めるようになってから、用いられたものと思います。ワキモコガはマキムクノの訛《なま》り、纏向穴師《まきむくのあなし》は三輪の東に峙《そばだ》つ高山で、大和北部の平野に近く、多分は朝家の思召《おぼしめし》に基いて、この山にも一時国樔人の住んでいたのは、御式典に出仕する便宜のためかと察しられます。

しからば何がゆえに右のごとき厳重の御祭に、山人ごときが出て仕えることであったか。これはむつかしい問題で、同時にまた山人史の研究の、重要なる鍵でもあるように自分のみは感じている。山人の参列はただの朝廷の体裁装飾でなく、あるいは山から神霊を御降し申すために、欠くべからざる方式ではなかったか。神楽歌の穴師の山は、もちろん後に普通の人を代用してから、山かずらをさせて山人と見ようという点に、新たな興味を生じたものですが、『古今集』にはまた大歌所の執り物の歌としてあって、山人の手に持つ榊《さかき》の枝に、何か信仰上の意味がありそうに見えるのであります。

五

山人という語は、この通り起原の年久しいものであります。自分の推測としては、上古史上の国津神が末二つに分れ、大半は里に下って常民に混同し、残りは山に入りまたは山に留まって、山人と呼ばれたと見るのですが、後世に至っては次第にこの名称を、用いる者がなくなって、かえって仙という字をヤマビトと訓《よ》ませているのであります。

自分が近世いうところの山男山女・山童山姫・山丈山姥などを総括して、かりに山人と申しているのは必ずしも無理な断定からではありませぬ。単に便宜上この古語を復活して使ってみたまでであります。昔の山人の中で、威力に強《し》いられないしは下され物を慕うて、遥かに京へ出て来た者は、もちろん少数であったでしょう。しからばその残りの旧弊な多数は、行く行くいかに成り行いたであろうか。これからが実は私一人の、考えてみようとした問題でありました。

自分はまず第一に、中世の鬼の話に注意をしてみました。オニに鬼の漢字を充てたのはずいぶん古いことであります。その結果支那《そな》から入った陰陽道《おんみようどう》の思想がこれと合体して、『今昔物語』の中の多くの鬼などは、人の形を具えたり具えなかったり、孤立独往して種々の奇怪を演じ、時としては板戸に化けたり、油壺になったりして人を害するを本業としたかの観がありますが、終始この鬼とは併行して、別に一派の山中の鬼があって、往々にして勇将猛士に退治せられております。斉明天皇の七年八月に、筑前朝倉山の崖の上に踞《うずく》まって、大きな笠を着て顋《あご》を手で支えて、天子の御葬儀を俯瞰《ふかん》していたという鬼などは、この系統の鬼の中の最も古い一つである。酒顛童子《しゅてんどうじ》にせよ、鈴鹿山の鬼にせよ、悪路王《あくろおう》、大竹丸、赤頭《あかがしら》にせよいずれも武力の討伐を必要としております。その他吉備津《きびつ》の塵輪《じんりん》も三穂太郎《さんぼ》も、鬼とはいいながら実は人間の最も獰猛《どうもう》なるものに近く、護符や修験者《しゅげんじゃ》の呪文《じゅもん》だけでは、煙のごとく消えてしまいそうにもない鬼でありました。

また鬼という者がことごとく、人を食い殺すを常習とするような兇悪な者のみならば、決して発生しなかったろうと思う言い伝えは、自ら鬼の子孫と称する者の、諸国に居住したことである。その一例は九州の日田附近にいた大蔵氏、系図を見ると代々鬼太夫などと名乗り、しばしば公の相撲の最手《ほて》に召されました。この家は帰化人の末と申しております。次には京都に近い八瀬《やせ》の里の住民、俗にゲラなどと呼ばれた人々です。この事については前に小さな論文を公表しておきました。二三の顕著なる異俗があって、誇りとして近年までこれを保持しておりました、黒川道祐などはこれを山鬼《さんき》の末と書いています。山鬼は地方によって山爺のことをそうもいい眼一つ足一つだなどといった者もあります。一方ではまた山鬼護法と連称して、霊山の守護に任ずる活神《いきがみ》のごとくにも信じました。安芸の宮島の山鬼は、おおよそ我々のよくいう天狗と、する事が似ていました。秋田太平山の三吉《さんきち》権現も、また奥山の半僧坊《はんぞうぼう》や秋葉山の三尺坊の類で、地方に多くの敬信者を持っているが、やはりまた山鬼という語の音から出た名だろうという説があります。

それよりも今一段と顕著なる実例は、大和吉野の大峯山下の五鬼であります。洞川《どろかわ》という谷底の村に、今では五鬼何という苗字の家が五軒あり、いわゆる山上参りの先達職《せんだつしょく》を世襲し聖護院の法親王御登山の案内役をもって、一代の眉目《びもく》としておりました。吉野の下市《しもいち》の町近くには、善鬼垣内《ぜんきかいと》という地名もあって、この地に限らず五鬼の出張が方々にありました。諸国の山伏の家の口碑には、五流併立を説くことがほとんど普通になっています。すなわち五鬼は五人の山伏の家であろうと思うにかかわらず、前鬼後鬼とも書いて役《えん》の行者《ぎょうじゃ》の二人の侍者の子孫といい、従ってまた御善鬼様などと称して、これを崇敬した地方もありました。

善鬼は五鬼の始祖のことで、五鬼の他に別に団体があったわけではないらしく、古くは今の五鬼の家を前鬼というのが普通でありました。その前鬼が下界と交際を始めたのは、戦国の頃からだと申します。その時代までは彼等にも通力があったのを、浮世の少女と縁組をしたばかりに、後にはただの人間になったという者もありますが、実際にはごく近代になるまで、一夜の中《うち》に二十里三十里の山を往復したり、くれると言ったら一畠《ひとはた》の茄子《なす》を皆持って行ったり、なお普通人を威服するに十分なる、力を持つ者のごとく評判せられておりました。

とにかくに彼等が平地の村から、移住した者の末ではないことは、自他ともに認めているのです。これと大昔の山人との関係は不明ながら、山の信仰には深い根を持っています。そこでこの意味において、今一応考えてみる必要があると思うのは、相州箱根・三州鳳来寺《ほうらいじ》、近江の伊吹山・上州の榛名山《はるなさん》、出羽の羽黒・紀州の熊野、さては加賀の白山等に伝わる開山の仙人の事蹟であります。白山の泰澄大師《たいちょうだいし》などは、奈良の仏法とは系統が別であるそうで、近頃前田慧雲師はこれを南洋系の仏教と申されましたが、自分はいまだその根拠のいずれにあるかを知らぬのであります。とにかくに今ある山伏道も、遡《さかのぼ》って聖宝僧正《しょうぼうそうじょう》以前になりますと、教義も作法もともに甚だしく不明になり、ことに始祖という役小角《えんのおづぬ》にいたっては、これを仏教の教徒と認めることすら決して容易ではないのです。仙術すなわち山人の道と名づくるものが、別に存在していたという推測も、なお同様に成り立つだけの余地があるのであります。

六

土佐では寛永の十九年に、高知の城内に異人が出現したのを、これ山みことという者だといって、山中に送り還した話があります。ミコは神に仕える女性もしくは童子の名で、山人をそう呼んだことの当否は別として、少なくとも当時なおこの地方には、彼等と山神との何等かの関係を、認めていた者のあったという証拠にはなります。山の神の信仰も維新以後の神祇官系統の学説に基き、名目と解釈の上に大なる変化を受けたことは、あたかも陰陽道《おんみょうどう》が入ってオニが漢土の鬼になったのと似ております。今日では山神社の祭神は、大山祇命《おおやまつみのみこと》かその御娘の木花開耶姫《このはなさくやひめ》と、報告せられておらぬものがないというありさまですが、これを各地の実際の信仰に照して見ると、何としてもそれを古来の言い伝えとは見られぬのであります。

村に住む者が山神を祀り始めた動機は、近世には鉱山の繁栄を願うもの、あるいはまた狩猟のためというのもありますが、大多数は採樵《さいしょう》と開墾の障碍《しょうがい》なきを禱《いの》るもので、すなわち山の神に木を乞《こ》う祭、地を乞う祭を行うのが、これ等の社の最初の目的でありました。そうしてその祭を怠った制裁は何かと言うと、怪我《けが》をしたり発狂したり死んだり、かなり怖ろしい神罰があります。東北地方には往々にして路の畔《くろ》に、山神と刻んだ大きな石塔が立っている。建立の年月日人の名なども彫ってありますが、どうして立てたかと聴くと、必ずその場処に何か不思議があって、臨時の祭をした記念なること、あたかも馬が急死するとその場処において供養を営み、馬頭《ばとう》観音もしくは庚申塔《こうしんとう》などを立てるのと同じく、しかも何の不思議かと問えば、たいていは山の神に不意に行き逢うた、怖ろしいので気絶をしたという類で、その姿はまぼろしにもせよ、常に裸の背の高い、色の赭《あか》い眼の光の鋭い、ほぼ我々が想像する山人に近く、また一方ではこれを山男ともいっているのであります。

天狗を山人と称したことは、近世二三の書物に見えます。あるいは山人を天狗と思ったという方が正しいのかも知れぬ。天狗の鼻を必ず高く、手には必ず羽扇を持たせることにしたのは、近世のしかも画道の約束みたようなもので、『太平記』以前のいろいろの物語には、ずいぶん盛んにこれを説いてありますが、さほど鼻のことを注意しませぬ。仏法の解説ではこれを魔障とし善悪二元の対立を認めた古宗教の面影を伝えているにもかかわらず、一方には天狗の容貌服装のみならず、その習性感情から行動の末までが、仏法の一派と認めている修験山伏とよく類似し、後者もまたこれを承認して、時としてはその道の祖師であり守護神でもあるかのごとく、崇敬しかつ依頼する風のあったことは、何か隠れたる仔細《しさい》のあることでなければなりませぬ。おそらくは近世まったく変化してしまった山の神の信仰に、元は山人も山伏も、ともにある程度までは参与していたのを、平地の宗教がだんだんにこれを無視しまたは忘却して行ったものと思っております。

今となってはわずかに残る民間下層のいわゆる迷信によって、切れ切れの事実の中から昔の実情を尋ねてみるの他はないのであります。一つの例を挙げてみますれば、山中には往々魔所と名づくる場処があります。京都近くにも幾つかありました。入って行くといろいろの奇怪があるように伝えられ、従って天狗の住家か、集会所のごとく人が考えました。その奇怪というのは何かというと、第一には天狗礫《てんぐつぶて》、どこからともなく石が飛んで来る。ただし通例は中《あた》って人を傷つけることがない。第二には天狗倒し、非常な大木をゴッシンゴッシンと挽《ひ》き斫《き》る音が聴え、程なくえらい響きを立てて地に倒れる。しかも後にその方角に行って見ても、一本も新たに伐《き》った株などはなく、もちろん倒れた木などもない。第三には天狗笑い、人数ならば十人十五人が一度に大笑いをする声が、不意に閑寂の林の中から聴える。害意はなくとも人の胆を寒くする力は、かえって前二者よりも強かった。その他にやや遠くから実験したものには笛太鼓の囃《はや》しの音があり、また喬木の梢の燈の影などもあって、実はその作者を天狗とする根拠は確実でないのですが、天狗でなければ誰がするかという年来の速断と、天狗ならばしかねないという遺伝的類推法をもって、別に有力なる反対者もなしに、後にはこうして名称にさえなったのであります。

しかも必ずしも魔所といわず、また有名な老木などのない地にも、やはり同様の奇怪は折々あって、ある者は天狗以外の力としてこれを説明しようとしました。たとえば不思議の石打ちは、久しく江戸の市中にさえこれを伝え、市外池袋の村民を雇い入れると、氏神が惜しんでこの変を示すなどともいいました。また伐木坊《きりきぼう》という怪物が山中に住み、毎々大木を伐り倒す音をさせて、人を驚かすという地方もあり、狸が化けてこの悪戯《いたずら》をするという者もありました。深夜にいろいろの物音がきこえて、所在を尋ねると転々するというのは、広島で昔評判したバタバタの怪、または東京でも七不思議の一つに算《かぞ》えた本所《ほんじょ》の馬鹿囃子《ばかばやし》の類です。単に一人が聴いたというのなら、おまえはどうかしていると笑うところですが、現に二人三人の者が一所にいて、あれ聴けと言って顔を見合せる類のいわゆるアリュシナシオン・コレクチーブであるために、迷信もまた社会化したのであります。

私の住む牛込の高台にも、やはりひんぴんと深夜の囃子の音があると申しました。東京のはテケテンという太鼓だけですが、加賀の金沢では笛が入ると、泉鏡花君は申されました。遠州の秋葉街道で聴きましたのは、この天狗のお膝元《ひざもと》にいながらこれを狸の神楽と称し現に狸の演奏しているのを見たとさえいう人がありました。近世いい始めたことと思いますが狸は最も物真似に長ずと信じられ、ひとり古風な腹鼓《はらつづみ》のみにあらず、汽車が開通すれば汽車の音、小学校のできた当座は学校の騒ぎ、酒屋が建てば杜氏《とうじ》の歌の声などを、真夜中に再現させて我々の耳を驚かしています。しかもそれを狸のわざとする論拠は、皆がそう信ずるという事実より以上に、一つも有力なものはなかったのです。

これ等の現象の心理学的説明はおそらくさして困難なものでありますまい。常は聴かれぬ非常に印象の深い音響の組合せが、時過ぎて一定の条件の下に鮮明に再現するのを、その時また聴いたように感じたものかも知れず、社会が単純で人の素養に定まった型があり、外から攪乱する力の加わらぬ場合には、多数が一度に同じ感動を受けたとしても少しも差支えはないのでありますが、問題はただその幻覚の種類、これを実験し始めた時と場処、また名づけて天狗の何々と称するに至った事情であります。山に入ればしばしば脅かされ、そうでないまでもあらかじめ打合せをせずして、山の人の境を侵すときに、我と感ずる不安のごときものと、山にいる人の方が山の神に親しく、農民はいつまでも外客だという考えとが、永く真価以上に山人を買い被《かぶ》っていた、結果ではないかと思います。

七

そこで最終に自分の意見を申しますと、山人すなわち日本の先住民は、もはや絶滅したという通説には、私もたいていは同意してよいと思っておりますが、彼等を我々のいう絶滅に導いた道筋についてのみ、若干の異なる見解を抱くのであります。私の想像する道筋は六筋、その一は帰順朝貢に伴う編貫《へんかん》であります。最も堂々たる同化であります。その二は討死《うちじに》、その三は自然の子孫断絶であります。その四は信仰界を通って、かえって新来の百姓を征服し、好条件をもって行く行く彼等と併合したもの、第五は永い歳月の間に、人知れず土着しかつ混淆《こんこう》したもの、数においてはこれがいちばんに多いかと思います。

こういう風に列記してみると、以上の五つのいずれにも入らない差引残、すなわち第六種の旧状保持者、というよりも次第に退化して、今なお山中を漂泊しつつあった者が、少なくともある時代までは、必ずいたわけだということが、推定せられるのであります。ところがこの第六種の状態にある山人の消息は、きわめて不確実であるとは申せ、つい最近になるまで各地独立して、ずいぶん数多く伝えられておりました。それは隠者か仙人かであろう。いや妖怪か狒々《ひひ》かまたは駄法螺《だぼら》かであろうと、勝手な批評をしても済むかも知れぬが、事例は今少しく実着でかつ数多く、またそのようにまでして否認をする必要もなかったのであります。

山中ことに漂泊の生存が最も不可能に思われるのは火食の一点であります。いったんその便益を解していた者が、これを抛棄《ほうき》したということはあり得ぬように思われますがとにかくに孤独なる山人には火を利用した形跡なく、しかも山中には虫魚鳥小獣のほかに草木の実と若葉と根、または菌類などが多く、生で食っていたという話はたくさんに伝えられます。木挽・炭焼の小屋に尋ねて来て、黙って火にあたっていたという話もあれば、川蟹《かわがに》を持って来て焼いて食ったなどとも伝えます。塩はどうするかという疑いのごときは疑いにはなりませぬ。平地の人のごとく多量に消費してはおられぬが、日本では山中に塩分を含む泉いたって多く、また食物の中にも塩気の不足を補うべきものがある。また永年の習性でその需要は著しく制限することができました。吉野の奥で山に遁《に》げ込んだ平地人が、山小屋に塩を乞《こ》いに来た。一握《ひとつか》みの塩を悦《よろこ》んで受けてこれだけあれば何年とかは大丈夫といった話が、『羇旅漫録《きりよまんろく》』かに見えておりました。

それから衣服でありますが、これも獣皮でも樹の皮でも、用は足りたろうと思うにかかわらず多くの山人は裸であったといわれております。おそらくは裸体であるために人が注意することになったのでしょうが、わが国の温度には古今の変は少なかろうと思うのに、国民の衣服の近世甚だしく厚くるしくなったのを考えますと、馴《な》らせばなしにも起臥《きが》し得られてこの点はあまり顧慮しなかったものとみえます。不思議なことには山人の草鞋《わらじ》と称して、非常に大形のものを山中で見かけるという話がありますが、それは実用よりも何か第二の目的、すなわち南日本のある海岸の村で、今でも大草履を魔除けとするごとく、彼等独特の畏嚇法《いかくほう》をもってなるべく平地人を廻避した手段であったかも知れませぬ。

　交通の問題についても少々考えてみました。日本は山国で北は津軽の半島の果てから南は長《なが》門《と》の小串《こくし》の尖《さき》まで少しも平野に下り立たずして往来することができるのでありますが、彼等は必要以上に遠くへ走るような余裕も空想もなかったとみえて、いるという地方にのみいつでもおりました。全国の山地で山人の話の特に多い処が、近世では十数箇処あって、互いに隔絶してその間の聯絡は絶えていたかと思われ、気をつけてみると少しずつ、気風習性のごときものが違っていました。今日知れている限りの山人生息地は、北では陸羽の境の山であります。ことに日本海へ近よった山群であります。それから北上川左岸の連山、次には只見川の上流から越後秋山へかけての一帯、東海岸は大井川の奥、次は例の吉野から熊野の山、中国では大山《だいせん》山彙《い》などが列挙し得られます。飛騨《ひだ》は山国でありながら、不思議に今日はこの話が少なく、青年の愛好する北アルプスから立山方面、黒部川の入《いり》なども今はもう安全地帯のようであります。これに反して小さな離島でも、屋久島《やくしま》は今なお痕跡があり、四国にも九州にももちろん住むと伝えられます。四国では剣山の周囲ごとに土佐の側には無数の話があり、九州は東岸にやや偏して、九重山《くじゆうさん》以南霧島山以北一帯に、最も無邪気なる山人が住むといわれております。海が彼等の交通を遮断するのは当然ですが、なお少しは水を泳ぐこともできました。山中にはもとより東西の通路があって、老功なる木樵、猟師は容易にこれを認めて遭遇を避けました。夜分には彼等もずいぶん里近くを通りました。その方が路が楽であったことは、彼等とても変りはないはずです。鉄道の始めて通じた時はさぞ驚いたろうと思いますが、今では隧道《トンネル》なども利用しているかも知れませぬ。火と物音にさえ警戒しておれば、平地人の方から気が付く虞《おそ》れはないからであります。

山男、山姥が町の市日《いちび》に、買物に出るという話が方々にありました。果してそんな事があったら、衣服風体なども目に立たぬように、すましてただの田舎者の顔をするのだから、山人としては最も進んだ、すぐにも百姓に同化し得る部類で、言わば一種の土着見習生のごときものであります。それ以外には力《つと》めて人を避けるのがむしろ通例で、自分の方から来るというはよくよくの場合、すなわち単なる見物や食物のためではなかったらしいのです。しかも人類としてはいちばん強い内からの衝動、すなわち配偶者の欲しいという情は、往々にして異常の勇敢を促したかと思う事実があります。

もっとも山人の中にも女はあって、族内の縁組も絶対に不可能ではなかったが、人が少なく年が違い、久しい孤独を忍ばねばならぬ際に、堪えかねて里に降って若い男女を誘うたことも、稀《まれ》ではなかったように考えます。神隠しと称する日本の社会の奇現象は、あまりにも数が多く、その中には明白に自身の気の狂いから、何となく山に飛び込んだ者も少なくないのですが、原因の明瞭になったものはかつてないので、しかも多くは還《かえ》って来ず、一方には年を隔てて山中で行き逢うたという話が、決して珍しくはないから、こういう推測が成り立つのであります。世の中が開けてからは、かりに著しくその場合が減じたにしても、物憑《ものつ》き物狂《ものぐる》いがいつも引き寄せられるように、山へ山へと入って行く暗示には、千年以前からの潜んだ威圧が、なお働いているものと見ることができます。

それをまた他の方面から立証するものは、山人の言語であります。彼等が物を言ったという例は、ほとんどないといってよいのであるが、平地人のいわゆる日本語は、たいていの場合には山人に理解せられます。ずいぶんと込み入った事柄でも、呑み込んでその通りにしたというのは、すなわち片親の方からその知識が、だんだんに注入せられている結果かと思います。それでなければ米の飯をひどく欲しがりまた焚火を悦《よろこ》び、しばしば常人に対して好意とまではなくとも、じっと目送したりするほどの、平和な態度を執《と》ったという話が解せられず、ことに頼まれて人を助け、市に出て物を交易するというだけの変化の原因が想像し得られませぬ。多分は前代にあっても最初は同じ事情から、耕作の趣味を学んで一地に土着し、わずかずつ下流の人里と交通を試みているうちに、自他ともに差別の観念を忘失して、すなわち武陵桃源《ぶりょうとうげん》の発見とはなったのであろうと思います。

これを要するに山人の絶滅とは、主としては在来の生活の特色のなくなることでありました。そうして山人の特色とは何であったかというと、一つには肌膚の色の赤いこと、二つには丈高く、ことに手足の長いことなどが、昔話の中に今も伝説せられます。諸国に数多き大人の足跡の話は、話となって極端まで誇張せられ、加賀ではあの国を三足であるいたという大足跡もありますが、もとは長髄彦《ながすねひこ》もしくは上州の八掬脛《やつかはぎ》ぐらいの、やや我々より大きいという話ではなかったかと思われます。北欧羅巴《ヨーロッパ》では昔話の小人というのが、先住異民族の記憶の断片と解せられていますが、日本はちょうどその反対で、現に東部の弘い地域にわたり、今もって山人のことを大人と呼んでいる例があるのです。

私は他日この問題が今少し綿密に学界から注意せられて、単に人類学上の新資料を供与するに止らず、日本人の文明史において、まだいかにしても説明し得ない多くの事蹟がこの方面から次第に分ってくることを切望いたします。ことに我々の血の中に、若干の荒い山人の血を混じているかも知れぬということは、我々にとっては実に無限の興味であります。

（一九一七年日本歴史地理学会大会講演、『山の人生』一九二六年）

山民の生活

こんぐうち侍りける時、畑焼き侍りけるを見てよみ侍りける　　藤原長能

片山に畑やくをのこかの見ゆるみ山桜はよきてはた焼け（拾遺和歌集巻十六）

名山の頂上を窮《きわ》めようという諸君ばかりの中で、少しく調子の合わん話ではありますが、自分はおよそ山の中腹以下の生活という低いことをお話しします。日本はご承知の通りの山国でありますが、その山国ぶりがよほど西洋の国々とは違うように思われます。とりわけ北米合衆国のごとき土地広く人の少ない国は正反対のよき例であります。十五度とか二十度とかの傾斜度を境にして、それより険岨《けんそ》な部分は山地としてその範囲内にはほとんど人が住みません。なるほど木樵《きこり》、炭焼、牛飼、羊飼が入り猟師、薬草採りも入り、または登山の客、避暑の客も来れば、これを相手の宿屋の類もありますが、その数は知れたもので、だいたいから申せば平野は人間の住処山岳は野獣の住所というように、自然に区劃せられているかと思います。日本などでこんな区劃をしたらとても五千万の大人数はおりきれるはずがない。ゆえにいろいろと都合

をして二十度はおろか三十度四十度の山腹にもずんずん村を作って早くから定住しております。いずれの深山に入っても五里七里と続いて人家を見ない所のないのはまったくお国柄でありまして、つまり傾斜地を人間の住居に適応させる技術にかけては、日本は万国に優れておるかと思います。

今日ではだんだん山から里へ下って来る傾向が顕われて来まして、この先どうなるか少々気がかりでありますが、昔山奥を開いた人々は、十分な用意と計画とがありまして、おそらくは自然の発達ではありますまいが、山村には一定の型ができております。一例を申せば日本の民家は自由に建てさせればおよそ三と二くらいの割合の長方形でありますのを、山腹の村では四と一くらいの長方形にして地均《じなら》しの労費を省いたのもありますし、飛騨白川の山中などでは三階四階の藁屋を作ってできる限り屋敷の地面を倹約しております。これと申すのも四面は海、内は人口増殖の圧迫のためで、いやしくも谷川の流れがあれば、これを溯って奥へ奥へと開いて往って、新しい学問で海抜何千尺というような高地に、いつとなく寒い生活を始めております。「山口」とか「川上」とかいう村は、次の時代にはすでに川下になってその奥にまた村ができる。たとえば若狭の南河の谷などはほとんど源頭まで民家がありまして、「奥坂本」という村の奥になお数箇の部落があります。我々の祖先はかくのごとき地形を河内《かわち》と名づけまた入《いり》野《の》とも呼びました。「わが恋はまさかも悲し草まくら多胡《たこ》の入野の奥もかなし」という万葉の歌などは、入野が盛んに開かれた時代には人を感ぜしめた歌でありましょう。

入野では三方の山から水が流れますから、もちろん開けば稲を作ることができますが、昔の人は米が食えぬから村を作らぬというような贅沢《ぜいたく》は申しません。水田にするほどの平地がなくても気候が寒くても、なおずんずんと谷の奥へ上りました。うそのような話ではあるが、山国では兵役に出て始めて米というものを口にした人がいくらもあります。冬中の糧には栗、ハシバミ、トチの類もやりますが、多くは山畑に粟、稗《ひえ》、大麦、小麦の類を作って食料にしておるのです。今日全国の府県は年々おのおの五万三万の金を使い、立派な技師技手を何人も置いて、稲はこうして植えるがよい、虫はこうして取れ、肥料には何がよいと綿密に世話を焼くのが一般の風でありますけれども、これらのいわゆる農事改良とはまるまる没交渉で二千年来の勝手放題な食物の得方をしているのが焼畑、切替畑であります。焼畑、切替畑の行われている区域は存じのほか広うございます。その方法は全国到る処ほぼ同様で、焼畑と申すのは山腹の樹林地を片端から伐り払って、秋切れば翌年の春、春切ればその年の夏、一時に火を付けてこれを灰にし、その灰分を肥料にして、粟なり馬鈴薯なり麻なりを蒔きます。作付する作物にも地方により一定の順序があります。たいていの山地では三年もすれば表土が流れてしまいますから、これを打ち棄てて他の樹林地に向うので、いったん荒した地方はよほどの年数が立たねば再び焼畑にすることができませぬ。ちょっと考えてみれば乱暴至極の話で、よく農学の方では掠奪農法ということを申しますが、これなどは手もなく強盗であります。近年植林の奨励が盛んになりまするし、かつ水源涵養《かんよう》の問題がやかましいところから、たとえば傾斜何十度以上の山地には焼畑をするなというような府県令がよく出ておりますけれども、ほかに食物を得る道のない間は実際禁止することが不能です。山の人とても物ずきに焼畑を作るわけではない。里近い所はとくの昔に焼き尽し、今は家からまた二里も三里も離れた山中に、仮小屋を設けて宿泊し野獣の害が多い地方では蒔くから刈るまで番をする。引札や鳴子では間に合わず、男は昼寝て夜は起明しましてホーイホーイと夜通し怒鳴るのだそうです。

焼畑地の山水は特色があります。夏の頃旅行すると山の中腹に貧乏人の股引《ももひき》のごとく、所々四角に色のかわった部分の見えるのが、焼畑の麦が熟したありさまで、ひどく深山を求めんでも汽車から見える処さえあります。また以前焼畑をした場所は地貌でわかります。また地名でもわかります。焼畑といっても通じますが、地方によっては切畑、切山といい薙《なぎ》といい、カシキといい、アラクといい、コバといい、ヤブとも申しまして、それらがその土地の字《あざ》となって残っているのです。『新編武蔵風土記稿』には秩父では春切る山を「応《おう》」といい秋切る山を「差《さす》」というとありまして、武蔵から甲州へかけ大ザス、黒ザス、天目《てんもく》ザスなどという地名がたくさんあります。小石川区指ヶ谷《さしや》町などもその一例であります。『甲斐国志』を見るとあの国では焼畑を刈生畑《かりふばた》ともまたソリとも申したそうで、東西河内領の山中には何々草里という地名がたくさんにあります。ソリは、アイヌ語かと思いますが証拠が見出せません。奥州にもあれば駿河・美濃などにも山中に何々草履という地名があり、伊豆には大沢里《おおそうり》、高噌蜊《こうそうり》などの地名があります。三河の段度山《だんどさん》の麓には、大蔵蓮《おおぞうれ》、金蔵連等、木曾には柿其《かきぞれ》、赤ゾレなど皆これであります。今日人の苗字に佐分利、佐分と書いてサブリと申しますのも、元は居住地の地名で、若狭の佐分郷のごときは『倭名鈔《わみょうしょう》』時代から今日までありますが、疑いもなく同一語であります。また諸国の山地の地名で何の草というのがたくさんにあります。

今日のように材木の高い時代にわずかばかりの物を作るためむざむざと大木を焼き倒すなどとは無智も甚しいという人があるかも知れませぬが、それは山に行かぬ人の考えで、いかに山の人が単純でも山中の材木が運賃に引合い多少の得分があるものなら、決して松や檜《ひのき》を立枯しにしていわゆる白珊瑚《しろさんご》を作りはしませぬ。買手のある限り入用のある限りは木材を採取して残物のみを焼きます。薪炭用の雑木までが運んで金になる場所では、たといそのために土地の肥力が不足で外から補うまでもまず木を取ります。畑を焼くのは肥料を作ると同時に作物に対する障碍物《しょうがいぶつ》を除くのですが、焼いて灰にするよりは生のまま腐熟するのを待つ方が、肥力の足らぬ土地には好都合でありますゆえ、木を取る畑では焼くことをせぬ所も段々ありまして、これを切替畑と申します。焼畑のことをカシキという処もあるが、カシキはおそらくは苅敷《かりしき》でありまして切替畑に当っております。切替畑はつまり焼畑の一段進歩したものです。焼畑と切替畑との中間に位する農法、たとえば伊予の上浮穴《かみうけな》郡などの三椏《みつまた》畑のごとく、雑木の麁朶《そだ》を採取して跡地を焼くものもありますが、少しも火を掛けず純然たる切替畑を作る実例は、まず伊豆の大島などであります。かの島では薪を通貨とするくらい薪のたくさんできる所で、島マキと称し昔から小船で東京へ運びます。火山の周囲の山地はその薪山であって、十八年二十年の大島桜や、ヤシャノ木を伐り出して薪に売った後は、三年ないし五年ほどこれを畑として利用します。これは一つには造林前の整地の目的でありまして、たくさんの地面を持つ者は分家や出入りの者に畑を作ってもらわねば廻りませぬところから、あの島には小作料というものがありません。また相州の高座郡いわゆる相模野の大部分武蔵から下総《しもうさ》へかけての高台は、到る処非常な雑木林で、汽車などで通過してなぜに開墾をせぬかと訝《いぶか》る人もありますが、これがまた大都会のために欠くべからざる燃料の供給地で、多くは大島と同じく切替畑の農法を行うのです。それというのが地租が低く手が掛らぬために下手な雑穀を作るより引き合うので、ハンノ木の株を掘り起し土釜炭《どがまずみ》に焼いても開墾費を償って余りがあると申します。薩摩の南部の丘陵地でも切替畑が行われ、かの地方の一風景をなしている松林は皆以前の畑に松を植えたものだということです。

焼畑、切替畑の行われますのは一には所有権の関係すなわち村持、字持で個人に属せぬためもありますが、主たる原因は労力の問題であります。土地はいくらもあるがそうは食物も不要なり一戸で二町も三町も作るだけの手がないから、自分に宛てられた土地の五十分の三ないし二十分の三だけしか耕作をしませぬが、いよいよ人数が多くなりまたは桑や小麦の類がいくらあっても金になるとわかれば、矮林仕立《わいりんじたて》などの微弱な利用をせずに、手の及ぶ限り地形の許す限り土地を改良して常畠《じょうばた》にします。信州などはずいぶん急傾斜の山が桑畠になっておりまして、ここでも明治になってから焼畑、切替畑のよほどの面積が常畠になったのです。地名にばかり残っている焼畑というのは、再び造林せられた処ももちろんありますが、多くは切替畑に進みそれからまた常畠に改良せられたものです。この常畠というものが農業経済の発達に伴ってよくみると二通りに区別があります。この前まで四年目に林に戻したけれど今度からは肥料を施して続けて畑を作るというような処では、以前の焼畑のままの山の斜面に沿うた高低のある畑です。表土がどうしても流れまして上の方から土地が瘠《や》せてまいり、よほど土留めと肥培とに注意せぬと切替畑同様十数年の後は見棄てねばなりません。第二種の畠は最初に余分の労力がかかりますが、この心配だけはありません。すなわち山腹を横に切り込んで平らな耕地を作るのです。もちろんこれには表土の厚さその他地質上の条件もありましょうし、また物理学上の理由もありましょうが、まず経済の方から説明しますれば第二種の常畠はさらに一段進んだものと言わねばなりません。甲州から信濃へかけてはよく第一種の山畠を見受けます。切株のような台を水平に畠の端に作らねば肥桶《こえおけ》も置けぬというありさまです。

土佐の西海岸の蜜柑畠《みかんばたけ》などは第二の例で、船の上から見ますとまるで山が皮をむいた筍《たけのこ》のようにに見えます。瀬戸内海の島々は二種の山畠が雑然と併存しておりまして、研究の方からはなかなか趣味がありますが、若干あの海の風景を害しております。さてその次が水田はさらに一進境とも申しましょうか、第一種の常畠ではいかんともはや仕方がありませぬが、水平式の山畠ならばもしこれに灌漑すべき水さえあれば、すなわち更級《さらしな》や田毎《たごと》の月となります。とにかく米が作りたい米が作りたいと思う山民の希望を満足させ得るのです。しかし田にする以上は畠とちがい単純な土留めだけでは不十分です。あまり水が漏らぬようまた崩れぬように工事を加えねばなりません。浅間山の麓を汽車から見ますと、上の田の下の境は石垣で築き上げてある。肥後の阿蘇の西麓などは石が得にくいか、これが土でぬり付けてあります。年々田植時に改修するらしく中には高さの八尺も一丈もある処があります。同じ国でも天草下島などはまた石垣で、その石垣が粗末なる、石の間にたくさんの蟹が住んでいまして、夜出ては下の田の稲を荒します。これを蟹噛《かにがみ》と申しかの地方の害虫の一であります。

我々の同胞が久しい間かくのごとく深山の奥のその奥まで入り込みまして、何んでもかでもその土地から生活の材料を得ようとした努力は、とうてい地貌の上に若干の影響を及ぼさぬわけには行きませぬ。地貌学では天然の地表に及ぼす影響を主として研究しまして、人間の力の方はもちろん一段軽く見られておりますが、日本のような旧国では道路とか海川に対する築堤などのほかに、山地に対する人間の痕跡もかなり重大であったことを考えねばなりません。昔は瑞穂《みずほ》の国といって非常に肥沃な国であった話ですが、今はさほどでもないと同様、素盞鳴《すさのおの》尊《みこと》が韓国から造船用の樹木を持って来られたという伝で、全国の山々は一面の樹林であったと思われます。ことに邑落として最も愉快な所は青垣山を四方に取り繞《めぐ》らした盆地であったのです。しかるにその青垣山がだんだん木がなくなり土が流れて岩ばかりでこぼこした黒垣山となり、あるいは禿山《はげやま》の赤垣山となりましたのも、その原因は数千年来の焼畑、切替畑であります。焼畑跡は草ばかりよく茂り樹木はわずかな雑木くらいで、それも繰り返している間にはだんだん山の肌が隠れなくなります。いわゆる坊主山は決して最初からの坊主ではなく、かかれとてしもぬば玉のという歌のように、以前は真黒に樹が生えて必ず北海道の未開地以上であったにちがいありません。普通の焼畑跡は忘れるほど棄てておかねばならぬところから、再び立派な林に復《かえ》った所もあるでしょうが、地層に燐礦《りんこう》があったりまたは石灰の層が頭を出していたりして、焼畑として人望のある所はほとんど山骨を暴露せねば止まぬために、ついに寄ってたかって坊主にしたのです。信州などは山国のくせに木山が乏しいのは今は絶えているけれども昔盛んな焼畑国であったからでしょう。それから諸国の山相をかくのごとく変じたのにはさらに一の有力な手伝いがあります。ついでに申しますがそれはほかでもない塩です。西洋の諸国ではどうして来ましたか、日本では甲斐の信玄が塩を留められて苦しんだというごとく、各地方ごとに塩の地方的供給を確保せねばならぬために、越後の糸魚川《いといがわ》でも出羽の鼠《ねず》ヶ関《せき》でも奥州の宮古鍬《くわ》ヶ崎《さき》でも甚しきは津軽の三厩《みんまや》まで塩浜を開き塩を煮ました。山国ではまたうすい塩泉を汲み上げて皆ほとんど全部火力で蒸発させたのであります。家々の温室法も不経済至極のものではありましたが、中国沿海の山々のことに荒れたのを見ると、塩の燃料として烈《はげ》しい山の伐採をしたことが想像せられるのであります。

焼畑の話に関聯して、自分ばかりかも知らんが面白い研究題目だと思いますのは、かくのごとき土地利用法は果してわが大和民族の渡来に始まるか否かということです。この国の前の主がアイヌかコロボックルか、国巣《くず》は何人種か出雲族は同族か異族か。これらは別の問題として、いわゆる天孫種の土着まで日本の山野は原始のままであったかどうかと申しますと、自分はどうもそうでなかろうと思いますが今のところ証拠を得ることができません。しかし前に申したソリとかサスとかいう語は、本来の日本語ではないようでありますから、この方から論究するのも一方法であります。ただしかりに前の居住者も焼畑を作っておったとしても、これを我々の祖先が学んだとは申しません。疑いなく祖先はどこかの山国から来た人でありますから、夙《はや》くから山地の利用法には長じていたのでしょう。ただ焼畑を作って衣食を営むということが決して大和民族の特性とは言われぬばかりです。しからばその新参の我々祖先が生活の痕跡はいずれの点に求めるかと申しますと、自分はそれは稲の栽培耕作だと答えたいのであります。これも一種の仮定説で他日反証が出ぬとも限りませんが、今はまずその仮定の下に山民の生活の他の方面を説明してみようと思います。

ここに注意すべき一の現象はわが邦《くに》に田代という地名の多いことであります。田代は田の代《しろ》すなわち水田候補地という意味でありましょうが、古くから荒地の意味にも用いられております。この田代を旧村名、すなわち大字とする地が市町村一覧に四五十個所あります。南は大隅《おおすみ》の肝属《きもつき》半島から、北は陸奥《むつ》まで二十五国に分布している。小字の田代は現に五万分一図に見えるだけでもまた数十ありまして、つまり全国到る処にあるのです。しかるにわずかの例外をもって田代という土地にはほぼ共通の地形があります。それは例の河内の川上入野の奥で両山の谷間のわずかの平地であります。東京近くでその適当な例は、相模の田代は馬入川《ばにゅうがわ》の支流中津川の上流にあります。駿河の大井川左岸を溯っても三つの田代が皆ほぼ同じような地形の処にあります。信濃の上高地はもちろん、上河内でありまして、そこの田代池も村ではないが一例であります。さて水田の予定地というくらいなら平衍《へいえん》な水沢の地にでもあるべきのに、特にかくのごとき山中の小盆地に名づけられたのは変なようですが実はすこぶる面白い見どころであります。我々の祖先の植民力は非常に強盛でありましたがそれにも明白に一つの制限がありました。いかなる山腹にも住む気はある。食物としては粟でも稗でも食うが、ただ神を祭るには是非とも米がなくてはならぬ。今日の考えでは解しにくいが昔の人の敬神の念はなかなか生活上重要なものでありました。そこで神には粢《しとぎ》なり神酒《みき》なり必ず米で製したものを供えねばならぬゆえに、たとい一反歩でも五畝歩でも田に作る土地のあるということが新村を作るに欠くべからざる条件であったのです。物恐ろしい山間へ始めて入り込むのですからことに産土《うぶすな》の神の力に依頼する必要のあった上に、海岸などの平地ではとりわけてここを水田にときめておく必要はなくても、山中では田代の地が非常に肝要であったために、自然地名となって今日に残っているのでありましょう。

かくのごとき次第で田代という大字小字があれば、その谷は日本人によって始めて開発せられたことがわかり、かつほぼその時代もわかります。ことに考えてみねばならぬのは川除《かわよけ》、潮除の土工の関係であります。なるほど川の流末の水付いた所は稲を作るに適してはいるけれども、その代り水害も恐ろしい。堤防を丈夫に築く知識というものは京都附近はともかくも、田舎には存外いつまでも開けなかったのです。ゆえに今日ならば遠く海上に向けて埋立の新田を開くに適した所でも、中世まではただ危険にしてかつ困難な場所で、住居のできぬはもちろん、遠くから往来して田を作ることもまず断念しておりました。しかも田の用水なり飲料水なり水の必要はなかなかあったのですから、村としてはまず水の害をできるだけ避けて水の利益をできるだけ多く得らるる所を択《えら》ばねばなりませぬ。海に面し川口に面して開けた平野を控えている丘陵の中腹は申分なくこの条件に合しておりますが、日本にはそんな誂向《あつらえむ》きな地が少ない。拠《よんどころ》なく川上へ川上へと村の適地を捜索して行き、ついに深山に田代を見出しました。エンバンクメントの技術が進んで後始めて海辺の平野に村を開き、井を掘る技術が発達して始めて高原の平地に住むようになったのです。馬入川の上流田名の辺で川の西の高地から東の方を見渡しますると、いわゆる相模野が明らかに三段の段地に区分せられていることがよくわかります。

この第一段すなわち最も川に近い台が最も古い村であるのです。

地名の方面から見た山地の生活には今まで人の注意をせぬ多くの問題がある。大字小字に何沢という地名は何原何野などという地名と同じく、単に地貌を言い表わした語ではなく、同時に人の生活と大なる関係があるために特にこれに名を附ける必要が生じたのです。沢は関西では谷といいます。地方によっては洞《ほら》ともいい、また何久保ともいいますが、だいたい皆民居に適する小さい入野のことで従って今は多くは民居となっているのです。これと類似の地形にまたサコ、またはセコという名があって、九州ではよく迫の字が宛ててあります。サコは東国の方へ来るとだんだん少なくなりその代りにハザマという地名が用いられます。陸中の大迫町は、オハザマと呼びます。しかるに自分の信ずるところではハザマはアイヌ語のハサマ（底）でかくのごとき低地の行留りをいう名詞であります。岱《ぬた》または仁田《にた》という地名は今日でも水のじくじくした所すなわち田代として適当な谷間を申すようでありますが、これもアイヌ語のニタ（湿地）であります。道満《どうまん》、当間《とうま》などという地名が処々にありますのはまた同じ語のトーマン（湿地）であります。ことに谷と書いてヤといい、ヤツといいまたはヤトといいますのは明らかにアイヌ語のヤチ（湿地）でありまして、関東諸国にむやみに多くある地名です。現に奥羽には、ヤチという固有名詞も普通名詞も所々にあります。さてこの事実はいかなることを意味するかと申しますと、我々の祖先は現にアイヌの祖先が居住している所へ後から入って来て、アイヌの経済生活にはあまり大関係のない谷合の卑湿《ひしゅう》の地を占有して田を開きその附近に住居を構えたということを想像させるのです。ちょっと人は蝦夷《えぞ》を追いこくってその空地へ日本人を入れたかのように想像しておりますが、彼等と雑居することやや久しくなければ決してこれらの名詞を受け伝えるはずがありません。従って全国の蝦夷がことごとく北海道へ立ち退いたことあたかも台湾の隘勇線《あいゆうせん》の前進が生蕃《せいばん》を押し出すと同じかったとは思われません。奥羽の辺《へん》柵《さく》で田村将軍が武威を耀《かがやか》してから後も、ずっと内地の関八州の山地などには蝦夷と日本人とが境を接しておって、長い間平和なるまたは武装的の交渉が絶えなかったかと思われます。

わが邦ではいわゆる神代の歴史にも見えず『延喜式』その他中古の記録にも見えず、また後世の勧請《かんじょう》でもない小さき神社が非常にたくさんあります。ことにホコラと称する小さき社または単に神ありというのみで社も何もない場所が、いずれの地方でもたくさんあります。関東ではネノ神、十二ソウ、テンパクなどいう神々もありますが、全国を通じて最も単純でかつ最も由緒を知りにくいのは、荒神《こうじん》、サイノ神、山ノ神であります。仏教でも神道でも相応に理由を付けてわが領分へ引き入れようとしますが、いまだ十分なる根拠はありませぬ。それだけにまたこの神々の起原の新しくないことが想像せられます。山ノ神は今日でも猟夫が猟に入り木樵が伐木に入り石工が新たに山道を開く際に必ずまず祭る神で、村によってはその持山内に数十の祠がある。思うにこれは山口の神であって、祖先の日本人が自分の占有する土地といまだ占有せぬ土地との境に立てて祀ったものでありましょう。元来神の社に注連《しめ》を延《は》えるのは人の田や屋敷に牓示《ほうじ》を打つのも同じことで、その境内を侵さぬことは大和民族の厳重なる慣習でありました。奈良の春日山や信濃の諏訪の社が草原の真中に鬱然たる杜《もり》をなしておりますのはすなわちこの結果であります。サイノ神や荒神は今日のありさまでは社を立てた趣旨の不明になった所もありますが、つまり皆日本人の植民地と蕃界《ばんかい》との中間に立てた一種の標識であって、しかもその神々は先方の所属であったがゆえにその名称からも伝説からも由来を説明することが困難なのではなかろうかと思います。山の神は人の形をして丈高く色赭《あか》く眼の恐ろしく耀《かがや》いている神で、折々山中でこれに逢った者があるという口碑は今も各地方に存しております。

またシャグジという神がある。東海道の諸国では古来各村に祀っております。あるいは三狐神と書いて御食神《みけつのかみ》だという説があります。あるいは赤口神《しやつくじん》で陰陽道から出たものとも申します。近年はまた人類学会の先生たちが二三の地方でシャグジを石神と書きまたはイシガミという神もあるところから、先住民の遺物なる石器を祭る者だときめておられますが、ともに安心して承伏することができません。ことに第三の説はすぐに反証が挙げられます。多くのシャグジは現に石器を神体にしてはおりませずシャグジ、サグジという地方は多くて、シャクジンという所は少ないのです。つまりこの神も蕃神でありましょうが、そのサイの神、荒神、山ノ神、天白《てんぱく》などとの関係異同は今日となってよくわかりません。しかし駿河などにはシャグジは土地を守る神だとかまたは土地丈量に用いた器具を埋めた場所だという伝説があります。荒神も三宝荒神などといって今は竈《かまど》の神のように思われておりますが、地方では山神と同じく山野の神で、神道の盛んな出雲国などにも村々にたくさんあります。荒神の荒は荒野の荒でありましょう。シャグジという地名は西は肥前の海上にもあって全国に普及した地名であります。精進という地名もきっとシャグジと関係があるだろうと思います。

（「山岳」一九〇九年一一月）

第三章　島の人生

解題

柳田は戦後『海上の道』で、稲作の起源を沖縄に求めたことで知られている。しかし、彼が沖縄に日本文化の起源を見ようとしたのは、戦後沖縄が米軍の占領下に置かれ、日本人に見棄てられていたからである。戦前の柳田にとって、沖縄は特別の意味をもっていなかった。彼が沖縄に行ったのはただ一度であり、しかも、東北に旅したあとであった。事実、『遠野物語』は東北の話である。つまり、沖縄と東北は、柳田にとって同等の価値をもつものであった。柳田の考えでは、南北の両極で一致する現象がある場合、それが古層を示すことになる。したがって、両方が不可欠なのである。

ただ、東北が柳田に「山人」とつながる世界を考えさせたのに対して、沖縄は、それまでとは異なる視点を与えた。それは、いわば「島の人生」という条件を考えることである。島は海に面して開かれているように見えるけれども、実は、海が大きな障壁となっている。大陸のように陸続きなら簡単に移動することができるのに、海はそれを許さない。そのため、ひとは互いに無用に争い、差別しあうことになる。そのような世界の苦痛を、柳田は「孤島苦」と呼んだ。しかし、それは沖縄諸島だけではない。ふりかえってみれば、日本列島は中央であろうと島なのであり、そこにも「孤島苦」がある。「山の人生」を考えていた時期、柳田は自身が大きな島にいるということを無視していた。たとえば、日本が陸続きの大陸国であったならば、追いつめられた先住民は外に去っただろう。が、孤島にあったがゆえに、彼らは強制的に同化されるか、「山人」となったわけである。その意味では、山人は孤島が生み出した者である。のちに、柳田は山人説を放棄し、稲作日本人のアイデンティティを南島に求めたと非難されるようになった。しかし、彼はむしろ南島で、山人の問題を別の角度から考えたのである。たとえば、沖縄諸島の間に階級的対立を見たように、柳田は東北に関しても、先住民と移住民の間に「目に見えぬ階級」があることを見いだしている。なお、『雪国の春』には、明治三陸沖地震（一八九六年）から二五年後の世界が記述されている。『遠野物語』（八二、八三頁）に記された幽霊の話も、同じ地震に関連している。

日本郷土の特色　『民間伝承論』より

日本で郷土研究の必要な一つの点は、日本が元来諸外国と異った国であって、飜訳の概念をもって我々の国土の研究を推断することができないことである。地理学の上から見ても、この細長い列島国は実に複雑であって、南と北とを同日に語ることのできないことは明白であるが、また一つの山を隔てて雨量が非常にちがい、あるいは川筋・盆地・平野・岬・島という風に地形の違いも実に多く、従うてこれが人間生活に交渉する点も多種多様である。かくも複雑な日本人の生活と社会を一様に見ようとすることは、実際できぬ相談であることは明らかである。しかもこの国土の中に一つの種族が行きわたっていることは、国としては非凡であるといわざるを得ない。仏蘭西《フランス》でも、スラヴの諸国でも、決してこんな例は見当らないのである。同じ日本人が異った環境にいるがために、異った相や様式を持っているのである。統一というか、単一というかユニティーの問題などを研究するにはもってこいの国といえるのである。相違している点はあまりに多い。同じ日本という国が、よくもこうまで雑多な外貌を持っているものだと感ぜざるを得ないほどである。しかもまたその間に距離を置いて近似・類似があるのである。

村の歴史なども、その古さ、年齢を考えると、隣村・近村よりもかえって遠い距《へだた》った土地にある村同士がかえって似ている場合が多い。すなわち隣同士の間に相違があって遠方に一致があるのだ。これはあらゆる方面に著しく眼につくところで、自分が『蝸牛考《かぎゆうこう》』を書いた時からいっていることであるが、言葉にしても遠隔の土地同士の一致の例はあまりにも多い。玉蜀黍《とうもろこし》の方言は全国を通覧すると十に近い系統に分れているが、それはただ中央部の一地方のみに著しい特別な現象であって、だいたいにおいては三つか四つの系統になっており、中にもトウキビ（唐黍）の系統が全国の大半の地域を占めているのである。言葉を裏づけしている民間の信仰にしても同じであるといえる。

水の妖怪であるカッパ（河童）の例などを見ても、この間の現象はよくわかる。河童の古語は「みずち」であるが、この語の訛《なま》ったのが各地に存して一致している。加賀・能登・近江《おうみ》ではこれをミズシという。東北は青森辺でもメドチ・ミンドシといい、また鹿児島ではミズシンという。しかもこのミズシンに対する信仰でも、かく遠隔の地同士で不思議なほどよく一致している。地面の土のことを諸地方でジベタというが、これを沖縄ではンチャあるいはミザといい、佐渡、八丈島でもミザという。遠くて関係もありそうに思えぬ島々でこの一致があるのである。かかる残留は偶然の結果のもので、僻陬《へきすう》の地に古いものが長く残るということが考えられるのである。各地方の人々が寄り集った場合など、話し合って互いに驚くことも実際には多い。一つの土地を詳しく調べれば調べるほどどこの驚きは多くなる。何事に限らず孤立の不可なる大きな理由が存するのではないだろうか。郷土を自分の住んでいたところという風に取らず、学問上の一つの単位と考えると、郷土郷土で差異があり、その調査の上に価値の相違があることは否まれなくなるのは当然である。

一般に平原で見ると我々のいう郷土の個性は消え失せる一方である。ことに鉄道などが敷設せられるとその変化は急激である。しかし鉄道の沿線から少し奥に入ると、まったくその感化を受けないで旧風は依然として存している。要するに郷土には、我々の学問的調査の対象としては、階級があり段階があるともいえるのである。特に注意して早く調査しなければならぬ土地と、そう急がなくともよい土地とがある。地方の中学や師範の学生のいわゆる郷土調査の結果を見ると、この点の考慮の不足から、不必要な重複した材料のみ多く、表を作ったり地図を塗ったりしてみると、空隙《くうげき》の多い不備なる調査であることがすぐにわかる。カルトグラフィックはそういう調査上の不備を示してくれるからよい。採集者によってもその成績が異ることがある。よい採集者がよい地にいればこれに越したことはないが、粗悪な採集家がその土地にいたんでは話にならない。今日の方言調査はこの弊に陥っている。有形文化の調査にしてもそうである。同じ郷土研究といっても、その資料の採集者に資格の甲乙のあるごとく、土地柄にもそれがあって、早く調査を必要とするところと、そう急を要せないところとがあるから、採集家はその選択に心する必要がある。

自分が大正九年に沖縄へ行ったことは、今から考えると大変に意義のあることであった。今日ではおかしいほどであるが、その以前は日本と琉球《りゆうきゆう》との関係、たとえば日琉同祖論のごときも種々証明をしてかからねばならない状態であったのである。琉球の郷土研究によって我々の舞台は確かに拡大され、信仰の問題にしても、社会組織の問題にしても、方言研究にしても、まったく面目を改めた。内地ではきわめて古いものが琉球では眼前に厳存しているのであった。たとえば神を祭る者が女であることは、文献上の斎宮《さいぐう》・斎院のことと一致している。内地では祭神に関しては男の勢力が発展したのだということはこれによっても知られる。沖縄の実情によって内地にもこんなものがひそんではいないかと計画的観測ができるのである。家々が分立する以前の、家を労働単位とせぬ労働組織の概念なども、琉球のウェーカの観念によって考えられる。今日の親子なるものが、産みの親子などより前は、労働組織の単位であったこともこれによって知られるのである。琉球と同じく郷土研究の上に珍しい材料を提供したのは東北地方であって、岩手県の一部に残っているナゴの制度のごときも、日本の古い時代の姿を髣髴《ほうふつ》させる。信仰問題にしても同じである。郷土研究の一般的興味もこの辺にあるのであって、自分が『島』を刊行する理由なども、同じ点にあるのである。できるならばなお僻陬の山村や特殊な小部落や、岬の村々なども問題にせねばならぬ。

要するに我々の調査は郷土研究はどこをやってもよいというわけには行かない。今日は我々の研究も第二次的に進んでいるというべきである。郷土調査において伝承者の性質を考える必要はいわずもがなの時代である。（採集家の資質いかんはもちろんのことであるが。）全然調査をやる必要のないという土地は少なく、横浜・神戸のごとき新開地でも、集って来た人々は皆故郷の民間伝承を背負って来ているのであるから、それがどういう風であるかは必要な調査事項の一つである。材料の絶無なところはないわけであるが、郷土郷土でその価値に差等のあることだけは明らかである。この点は一国民俗学と同じで、郷土郷土の調査研究がすべて同じでないわけである。全国を最初から統一してやるということは無理のあることである。文部省が郷土研究に力を注いでいるが、もとよりこの統一のために文部省が適任であるというわけには行かない。やらぬにまさるというくらいにしか考えられない。

（『民間伝承論』一九三四年）

島の話　抄　『青年と学問』より

海島民族の成長

　これを要するにわが島は佳《よ》き島なりという考えが夙《はや》くより存在したならば、多くの海上遷移は起り得なかったのである。こういう心持の少なくとも上層の人々に抱かれたのは、おそらくは永い苦しい海上漂泊と、異種民族征服の戦闘が終って後のことで、いわゆる妣《はは》の国の信仰は、その間において少しずつ、色彩に灰色を加えて来たのである。別の説き方をするならば、これら海上の勇士が、やや大なる好《よ》き島を見つけてそこに落ち付く頃になると、自然に宗教は変形して、土地と住民との因縁の最初から定まっていたことを信じようとするが、他の一方にはまた神に導かれて、始めて理想の地を発見した絶大の悦《よろこ》びが、いつまでも神話となって記憶せられざるを得なかったのである。

　南太平洋の多くの島々の神代史が、往々にしてこの二《ふた》流れの言い伝えを共に存していることは、人種異同の問題とは独立して、別にこういう事情の共通なものがあったためである。あるいは各島の創世記の全部を挙げて、後の伝承者の幻想なりとする人もあって、議論をしてみたところが結局は水掛論になるかも知れぬが、とにかくに海上の移動にはこれを支配した法則があった。明白に時代の影響と目すべき条件、たとえば航海機関の改良、地理知識の増加などを抜きにして見れば、昔も今も島と島との関係は相同じく、しかも天然から来る制限に対しては、古人は我々よりもなおいっそう反抗の力が弱かったわけである。すなわち島では幾つかの事由が具備しまた成熟しなければ容易に次の島には移って行かれなかったゆえに、出てもいい状態が来てもしばらくはやや無理をして、辛抱してなお止《とど》まっていたかと思う。島の人口が往々にして溢《あふ》れやすく、従って同族闘争の激しくなりやすいことは今日のように政治国境のやかましい時代になっても、なお陸続きの大陸国では経験し得ないものがあるのである。これを要するに海は自由であるとともに、また特殊の拘束でもあった。

秦《しん》の始皇《しこう》は今の山東角に近い東萊《とうらい》の海辺に来て長歎したと伝えられる。地図で見ればこそ朝鮮海峡を隔てて、東に扶桑《ふそう》の島あることを知るのだが、昔の人にはただ茫洋《ぼうよう》たる水の無窮であって、弱水泥海の説はまた早くから行われていた。これを渡るという決心には準備がなければならぬ。まず沖に出てほぼ双方の陸地の見える距離、これが最初の交通の条件であったが、それだけでは甲から乙の地に、移って住む動機には十分でない。モーゼが埃及《エジプト》を出て来た場合は、故地に復《かえ》るのであったが、あれより今一段と純にして強烈なる空想の、これを導くべき必要があったのである。

島の政治の特徴

ところがわが島を悦びかつ満足せんとする農民気風と、夙《つと》に養われたる伝統的信仰とが、未知未経験に対する不安と合体して、人を不必要に永く一つの島に縛り付けたことは、まったく大陸国の住民等の思い及ばざる境涯であって、それがまた多くの島において、驚くべき一致を示している。たとえば近代米国の領に帰したバラワン列島のあるものには、清水の出ない島があって、水というものは塩気のあるものと考えている人民が住んでいる。モロとはいっているが馬来《マレー》人、支那人の血を多量に混じている人種である。それがもう今ではたまたま他の島に往って、純なる淡水を飲むとからだの調子を悪くするという程度にまで、こんな風土に馴染《なじ》んでしまったのである。

もちろんこのような状態の下には、とうてい大海を横ぎって新らしい島に赴くことはむつかしい。すなわち私どもが遠き祖先の精神生活に、前後二期の階段があって、ある期間の最も活潑なる国覓《くにま》ぎ時代と、次に出現した安住時代との間に、著しい信仰の変化があったものと、推断する所以《ゆえん》である。物悲しい歴史には相違ないが、我々の島研究は自然にこういう仮定説を発生せしめるのである。大小スンダ諸島の住民のごときも、東はポリネシヤ・パプアから、西は馬来・印度《インド》からのいろいろの種族の湊合《そうごう》であることは痕跡《こんせき》があるが、現在の哀れな満足、強烈なる愛島心を見ると、これがかつて万里の波濤《はとう》を越えて、はるばる入って来た者の末であることすら想像し得られぬ。いわんや再び徐福《じよふく》の船を艤《ぎ》して、遠く第二の蓬萊《ほうらい》を求めに行くなどは、絶対に望むことのできぬ姿である。今の執着と昔の大胆な思い切り、この二つの特性を兼ね備えたことが、島の歴史の省みられなかった不思議である。

眼近き日本の例を引くならば、奥州海岸の都島《みやこ》はすでに『古今集』の歌に詠《よ》まれている。今の松島の宮戸島のこと存在するか。沖縄群島のさらに南の果てに、宮古《みやこ》と呼ばるる島がどうしてとだともいえば、いやそれよりもはるか北にあるともいう。島ではないがとにかく陸中の閉伊《へい》にも、古くからの宮古という港がある。九州では豊前《ぶぜん》の京都《みやこ》郡なども、いろいろな伝説はあるが皇居とは関係がなさそうだから、同じ系統の一例には相違ない。何でまたこんな地名ができたか不思議のようであるが、やはり今日の都と元は一つの日本語であったと思う。沖縄県の宮古島にはアヤゴと名づけて、古い歴史が多く韻文となって、口伝えに伝わっているが、その中には島をミヤコと呼んだ理由の窺《うかが》われる文句が残っている。すなわち、

ワーミヤクヌ（わがみやこの）

ウフミヤクヌ（大みやこの）

云々という対句をもって、あの周囲わずか八九里の、珊瑚礁《さんごしよう》粉末の瘠土《せきど》の島を讃美しているのである。今日の国語では、ミヤには宮という漢字を宛《あ》て、これを宮廷か神社のみに使用することとなっているが、元はこの語の用途は弘く、領主もしくは部落長の住宅もミヤすなわち御家であり、従ってその所在地がミヤコであったものと思われる。内地にも宮原・宮城という類の地名は多いが、沖縄本島でも所々に幾つかの宮城（ナーグスク）があり、八重山《やえやま》では最初の主《しゆ》

邑《ゆう》が宮良（ミヤラ）であった。少なくとも漢語の宮よりは意味が広かったが、しかもこれに基づいてミヤビとヒナビを区分し、そのミヤコに住む者はすでにわが土地に自得して、遠く神話時代から住み続けて来たのである。

悲しむべき社会観

この小さな満足優越感が、どのくらい孤島の一宮古のための大なる煩累《はんるい》であったかは、諸君の想像以上である。この島の人は今でこそ盛んに島外に出て行って、最も辛抱強くかつ精悍《せいかん》なる勤労をしているが、以前は少しでも出て行こうとせず、またそのような機会もなかった。そうして目と鼻との間でそれはそれは烈しい戦闘をしていた。生き残った勇士の家の功名談の裏から、滅ぼされた他系統の勇士の悲壮なる終焉《しゅうえん》がよくわかる。つまりは両雄並び立たなかったのである。それ以外になお天災も多かった。シガリナミというのは海嘯《つなみ》のことで、島の記録には四海波という文字が宛ててあるが、我々の使うような四海波《しかいなみ》静かではなく、幾つともなき邑《ゆう》里《り》を荒跡とし、すなわち古き都はそちこちに畠となっている。井戸なども今は涸《か》れたものが多い。何しろ人の増加が怖ろしい割合で、ある時多く減じてもまたいっぱいになる。しかも天然に対してはこの通り無抵抗で、人同士は常に相争ったのである。そうして最後の勝利者の一群のみが栄えている。これがいわゆるヨカルビト（上流）となり、彼等の記録を保存しているのである。

その記録を読んでみると、支配階級の家を保全した手段は二つ、その一つは主島への朝貢、ことに租税納付の約束である。第二には次の島の征服、これにも十分に中山《ちゅうざん》王廷の背景勢力を利用している。これによって政治上にもはや抗争する者なき優越の一団ができて、大切なる島の統一はなし遂げたが、他の多数は争い得なかったというのみで、その生活は非常に悪かった。宮古島から征服せられた八重山の方でも、同じ結果に帰着している。古くからの酋長《しゅうちょう》の後裔《こうえい》は、今百姓となってひどい圧抑に苦しんだが、それも今は三分二以上の村々が、今から百五十年前の大海嘯に滅亡して、その跡は歴史を少しも知らぬ他の小島の移民をもって補充せられ、外部から見た歴史は要するに士族のみの歴史である。

この関係は沖縄の本島でも同じことであった。人が島内に充《み》ち溢《あふ》れて争奪が起ったとき、まず外国と交通を開いてその後援を得た者が、よく統一の大業を完成し、島の平和を維持し、いわゆる武器を知らぬ王国を作り上げてしまったが、その前後には惨酷《ざんこく》なる生存競争があって、そのために人が多く死んだのである。これももちろん整理方法の一つで土地の養力に比例せぬ人口を盛って、利害が両立しなければ不断に殺し合うか、またはこうして始末するかの他はなかったのである。言わばこれが人間の考えの進まぬ以前の、島の適応性とも名づくべきものであった。日本のごとき大なる島でも、やはりこの傾向は免れなかったことと思う。ただ関係が複雑し方面が弘くなると、こんな模型的な実験から、類推してみて始めてわかるというまでである。巧みに外援を利用して内を制するの策略は、武器以外の経済戦にもやはり行われ、また近頃のような思想戦においても、相変らず同じ手段で勝を収めようとする者が現れて来る。骨肉を犠牲《ぎせい》とする悪癖は、一朝一夕には改められそうにもないのである。考えなければならぬ問題である。

島の歴史の共通点

これが一箇単独の歴史でなくて、諸君のいわゆる人文地理の現象であったことは、南太平洋の多くの大島が、次第に近代化した路筋を比べてみればよく解《わ》かる。沃野《よくや》千里という大陸であったならば、こんなに事情の切迫する前に、住民は必ずもっと分布したであろう。また国覓《もと》めの宗教が我々の祖先を興奮させていた時代ならば、人は小舟に乗って未知の海に飛び出したであろう。奈何《いかん》せん最初この島に入って来た時の悦ばしい安逸と幸福とが、個々の家には記憶となって伝わり、どうしてもわが島を愛せずにはいられなくなってしまったのである。従って人を押し除《の》けなければ住まれぬ時世が来ると、従弟《いとこ》でも叔姪《おじめい》でもまたその末々でも、同じ血筋の間にも争いが起るのである。

日本の歴史にもその証跡が少しはある。南北朝以降足利期を通じて、所領は一族繁栄とともに分割し得られるだけは分割したが、やはり本家には格式があって、それまで失えば本家ではなくなる。従ってどの家もどの家も必ず二組以上の中心ができて、骨肉が殺し合うまでに闘争したのである。応仁の大乱はその一つの行詰まりであったが、わずかな年代を過ぎると再び同じことが繰り返された。これを民族性などと名づけたら、それこそ大まちがいである。要するに島は隣が騒々しくなくて落ち付きやすい。従って繁栄する。人口増加の弾力性がある。外へ出て行くことはそう容易でなく、鎖国政策は自然である。従って内争が起りやすく、これを平和の裡《うち》に処理しようとすれば、陰謀ともなれば虚偽ともなるのである。そこへ外部の勢力が参加する段になると、そこにまた新種の痛苦が出現する結果を見るのである。

（一九二六年一〇月一一日東京高等師範学校地理学会講演、『青年と学問』一九二八年）

南島研究の現状　抄　『青年と学問』より

学問と希望

ついてはまず承認を得なければならぬことは、自分は本日は南島談話会と称する小さい団体を代表して、最近までの南島研究の大略を申し述べるのであるが、この会は主としていわゆる内地人、ことに都市居住者によって組織せられているけれども、我々は一人として閑暇に苦しんで沖縄の学問に、参加を申し込むような気楽な人間ではなかったということである。それに我々が覚えてからでも、沖縄の学問は非常に進んだ。ことに尊敬すべきは伊波普猷《いはふゆう》君の、二十年間の倦《う》まざる勤労であって、今やその感化は群島の内にも外にも弘く及んでいる。我々どもの声援、ないしは競争の刺戟がないならば、島の学問の完成が期し得られないかのごとく、考えている者などは決してないのである。

ただ我々同志の徒が深く感じ、また自分一箇としては前年かの地に旅行した際にも、しみじみと島の諸君と話したことは、いかにしたならば沖縄今日の学問が、弘く日本全国民の幸福となり、否進んでは世界全体の、人の生活の改良となり得るであろうかということを、まだ諸君等が十分に考えてくれられぬという点であった。これがために文化の研究を目的とする学問にとって、最も大切なる比較と思いやりとが、まだ足らないということを遺憾《いかん》としたのであった。沖縄の有識階級に属する人々は、いかなる瞬間も中央の文化の恩恵が、孤島の端々に及ぶこと遍《あまね》からずして、時運が彼等を後に取り残して進みつつあるのではないかを、気遣わざる時とてはないのである。しかも他の一方には、沖縄の中部日本に対する関係と、いたってよく似た外様《とざま》関係をもって、沖縄自身に従属するさらに小なる孤島あることを忘れんとし、また往々にしてこれを取り残してひとり進もうとしたのである。沖縄本島を取り囲んでいる若干の小島だけは、あるいは小舟に乗って朝晩に往来することもできるが、いわゆる先島《さきしま》の二群島、すなわち宮古・八重山の二郡の島々に至っては、悠々たる五百年の間、今の沖縄県が中央集権制の下に統治せられるよりも、さらにはるかに心細くかつ苦しい孤存状態におかれたのであった。そのまた先島の八重山の主島にも、さらに税を納めるだけともいうべき関係で、結び附けられていた属島があった。旧日本の南の端、西の端はどこかという地理の問題が出る場合だけに、わずかに人の記憶に上った波照間《はてるま》島、与那国《よなぐに》島などがすなわちそれである。宮古群島の方にもはるかの海を隔てて多良間《たらま》の島が従属し、多良間自身に対してはまた水納《みんな》の島が隷していた。島に大小がある以上は、棄てておいても大は小を軽んずる傾きがあるのに、中央ではさらに統治を簡便にするために、一方の優越を承認したのみならず、なおその個々の島内においても、従来はわざとその住民の中から、上に従順にして才智便巧なる少数者のみに権力を付与して、いわゆる統一を図らしめた。そのために同じ一つの島の住民の間に、辛苦と安逸との甚しき不均衡があったことは、申すまでもないのである。

埃及《エジプト》や希臘《ギリシア》の古い文明を見ても、国が盛んに開けたということは、思いのほか少数の、表面に立つ人だけの誇りであった。貧困者と多数の奴隷とは、下に隠れてその労苦のみを負担せしめられたのである。しかし彼等駆役に供せられた奴隷なり小民なりは、もっぱら異民族でありまた捕虜であり買われた者の末であった。これに反して我々の社会において、蚕のごとくまた鵜《う》のごとく働かされた人々は、疑いもなき同胞の血族である。言語を同じくし神を同じくした古来の日本民族の仲間同士であったのである。それが境遇の差によって、追い使われる百姓と追い使う士とに分れて、著しい幸福の階段を生じたのである。島々の文化を興隆せしむるためには、他にはこれぞという手段も別になかったゆえに、できるだけ彼等を利用したのである。

しこうしてこの大小の島と島の関係は、さらに眼を転ずれば同時にまた、今の日本という国の世界の文明国団に対する、笑止千万なる関係ともよく似ていた。五大国の一などという空な語をもって物を知らぬ人をおだてて、なんら模倣以上の努力をせずして半世紀はすでに過ぎてしまった。しかも外交は誤解をもって終始し、言語は満足に通ぜず、頭数票数をもってその主張を貫こうとすれば、いわゆる特殊の利害はいつの世にも少数でなかったことはない。土地は懸け離れて電報は遠く、運賃は莫大《ばくだい》で時ばかり多くかかる。得るところのものは常に取り残されはせぬかという不安と、邪推に傾かざるを得ぬ継子《ままこ》根性の淋《さび》しさである。それればかりか国に相応せぬ消費増加のために、内に産する何物をもってしても支払いに追い付かず、結局は小弱なる生産者の取前を余分に殺《そ》いで、これに宛てるの他なき状態に陥ったことは、言わばやや大規模なる世界の沖縄島であったのである。

ゆえに今もし沖縄の学者たちが、一たびこの大小孤島の比較に徹底して、一方には目下自分たちの知友親族等の悩み患《うれ》うるところのものは、以前年久しく微小なる諸属島が、痛烈に味っていたところの不幸と同じものであったことを知り、さらに他の一方にはそれがまた、この日本という島帝国全体の、行く行くまさに陥らんとするところの惨状であるべきを覚《さと》って、自ら憐むとともに同種国民のためにも悲しみかつ患い、よく病源を探り治術の要点を見出すことに率先したならば、彼等の学問の光は一朝にして国の光となり、ついには人間界の最も大なる希望も、これに伴うて成長するにちがいない。これが私の沖縄人に向って、力説した意見の大要であった。

しかも従来の沖縄の学問が、いささか偏《かたよ》っていたことは事実であるが、これもまた日本全体の通弊というべきものであった。日本には近年のごとき莫大の著述言論あるにかかわらず、海の果てや山の奥に住む平民たちの歴史の暗いことは、俗に暗黒時代と称する中世も同じである。これまったく本といえば都府の産物で、本に基づく知識のみが学問の全部と看做《みな》されていた結果であって、いわゆる中央集権の文化の苦き果実である。これあるがために今やカフェや百貨店の米国式生活をもって、一国の文化を推断せられんとしているのである。かくのごとくんば普通選挙のごときも、単なる虚名に帰するのおそれありと言わねばならぬ。我々は国のこの大きな欠点を覚らんがために、あるいは沖縄人にとっては迷惑な話かとも思うが、地域に限りあり変化が単純であって、勢いのたちまち窮《きわ》まりやすく従って病症の診断せられやすい一例としてこれを選定し、細心にまた深い同情をもって、既往の沖縄の生活を研究しようとしたのである。必ずしもひとりこの一地方のために、尽そうという志からではないのであった。

（一九二五年九月五日啓明会琉球講演会講演、『青年と学問』一九二八年）

島々の話　その四　抄『島の人生』より

一

昨年の夏、瑞西《スイス》などでもっぱら人の噂になっていたことは、南太平洋の東南端に、最も美しい離れ小島としてまた神秘の国として、世に聞えていたイースターの島が沈んでしまって見えなくなったと言う話であった。南島今日の造船技術では、とても通われぬような遠い境に、歌と物語に富んだ静かな民が住んでいて、島には住民の全部が働いても、とても完成することのできぬほどの大きな石のいろいろの工作物があった。その不思議の島が、ある船長の報告によると、もとあった海上に、どうしても見えぬと言うことであった。西洋人はローマンスを喜び、またある意味においては島の生活を愛惜するが、それはただ燈の光で花を見るような、はるかなる咏歎《えいたん》であった。そうして後の智利《チリィ》からの電報で、島は依然として元のごとしと伝えられると、なんの事だと舌を打つような人ばかり多かった。

大正八年の八月九月には怖しい流行感冒がタヒチ・サモアその他の島々を非常に荒した。ゴーガンの画を賞し、スティブンソンの書翰集《しょかんしゅう》を読んで、多くの文明人が南の海の椰子《やし》の蔭をゆかしがっている間に、病に馴れぬ若い土人等が無数に死んだ。島を恵んだ神々と勇士との事業は、今はその若干を異国語の文書に伝えるだけで自らその美しさと尊さを感じ得る者は、もう絶えざること縷《いと》のごとくなっている。そうして島人たちも自らこれを知らず、保護者同情者をもって任ずる人々も、それほどまでには深く物を考えず、是非なきことと歎息して、ただ力を記録の散佚《さんいつ》を防ぐことに費している。ちょうどこう言う時節に東洋の島国の、事件のまことに煩わしい世の中へ、我々は生れ合せているのである。

二

自分はいかなる因縁があって、かつては名を聞かなかった遥かの島の住民のために、このように心を動かされることになったのか、それを明瞭に考えてみることができぬ。日本は古くから大きな国であった。これらの島々に住む土人とは、単に白人でないという点より他に、何かの続き合いがあろうとも思われぬ。かりに民族の生活力には、素質から来た優劣はないものとしても、少くとも我々の群は大きかった。歴史を変化せしめる外部の偶然に対して、いつでも臨機の応接をするだけの力があった。彼等と比べてみて運勢に相異のあるのも、その由来するところは夙《つと》に知られている。今さら取立ててわが身の幸福を喜ぶ必要すらないような気がする。

しかもそう思う中にもどうしても感ぜずにいられぬことは、我々の同胞が西洋人との間に立てている精神上の国境が、いつになってもなかなか踏み越えにくいこと、これに反してろくに交通もしなかった島々の住民が、かりに心おきなくその身の上を語ることができたとしたら、すぐにも打ち解けて互いの心持ちを知り、十分な推察と諒解《りようかい》を与え得られそうだと言うことである。これは必しも忘れられたる血の親みではないかも知れぬ。島に住む者でなければ味わえない孤独さと、そこで経験して来た特殊なる艱苦《かんく》とが、久しく内陸の人になった後も、なお我々の性情を支配して、こうした人種以上の差別観を、暗々裡《あんあんり》に作り上げたのかも知れぬ。

三

かつて沖縄の青年のためにこんな話をしたことがある。諸君のいわゆる世界苦は、よく注意してみたまえ、半分は孤島苦だ。自分等ばかり大きな群から隔絶して、遠くからこれを批判し、情感の共通が少ないために何かと言うと立場が対立する。しかも衝突が起れば衆寡《しゆうか》敵せぬゆえに雌伏《しふく》せんとする。その上に遠いための誤解がある。政治でも文化でも、中心に近い者に遮られて、恩恵の均分を望みがたい。この境遇におる者の鬱屈は、多数の凡人を神経質にし皮肉にし、不平ずきにするには十分だ。以前渡海の船に磁石もなく機関もなかった時のように、問わず問われずおのおのの島を鎖《とざ》して、むしろ小さな天地に眠りおることを幸とすべきかも知れぬ。しかも自ら指導して一箇の人を完成せんとする者には、おのずからまた別箇の観方《みかた》がある。沖縄は決して最後の沖の小島ではない。宮古《みやこ》、八重山の島人等が、永い歳月の間中山《ちゅうざん》の首都に対して、感じている不便と不満とも同じものなれば、さらにまた宮古にあっては多良間《たらま》の島、その多良間に対しては水納《みんな》の島の青年が、やはりこれを経験しているはずである。八重山の主島に対する与那国《よなぐに》の波照間《はてるま》も、事情は沖縄に均《ひと》しくしてなおいっそうの不幸は、彼等が最後でありまた訴えても聴く人のなかったことである。諸君の不平には限界があってはならぬ。翻ってまた諸君の「中央」と名づけているものも、こんな小さな地球においてすら、決して真の中央ではないのだ。講和会議はヴェルサイユに開かれ、国際聯盟はジュネブに置かれる。二月《ふたつき》も前から旅装を整えさせて、議論も十分にはできぬ代表者をはるばると送り出さねばならぬ。高い通信料を払いつつ相互の誤解をくりかえさねばならぬ。外交論といえば蔭弁慶で、正論と身勝手の差別がわからぬ。これが我々の日本の今の悩みで、同時に沖縄人の孤島苦をただ鏡餅の上下ぐらいに差等づけたに過ぎぬものだ。論理が徹底しないと反抗にも価値がない。もう国の戸は開けたのに、ひとりで自分を縦から看《み》たり、横から看たり、いたずらに憫《あわ》れんでいても仕方がない。弘い共同の不満を攷究《こうきゅう》して見ようでないかと論じてみたことがあった。

（「太陽」一九二四年八月、『島の人生』一九五一年）

豆手帖から　抄　『雪国の春』より

二十五箇年後

唐桑浜の宿という部落では、家の数が四十戸足らずの中《うち》、ただの一戸だけ残って他はことごとくあの海嘯《つなみ》で潰《つぶ》れた。その残ったという家でも床の上に四尺あがり、時の間にさっと引いて、浮くほどの物は総《すべ》て持って行ってしまった。その上に男の児を一人亡くした。八つになるまことにおとなしい子だったそうである。道の傍に店を出している婆さんの処へ泊りに往って、明日はどことかへ御参りに行くのだから、戻っているようにと迎えにやったが、おら詣《まい》りとうなござんすと言って遂に永遠に還って来なかった。

この話をした婦人はその折十四歳であった。高潮の力に押し廻され、中の間の柱と蚕棚との間に挟まって、動かれなくている中に水が引き去り、後の岡の上で父がしきりに名を呼ぶので、登って往ったそうである。その晩はそれから家の薪を三百束ほども焚いたという。海上からこ緒にいて助かったことを、その時はまるで知らなかったそうである。母親が自分と同じ中の間に、乳呑児と一緒にいて助かったことを、その時はまるで知らなかったそうである。母はどんな事があってもこの子は放すまいと思って、左の手で精一杯に抱えていた。乳房を含ませていたために、潮水は少しも飲まなかったが山に上がって夜通し焚火の傍にじっとしていたので、翌朝見ると赤子の顔から頭へかけて、煤《すす》の埃《ほこり》で胡麻《ごま》あえのようになっていたそうである。その赤子が歩兵に出て、今年はもう還って来ている。よっぽど孝行をして貰わにゃと、よく老母はいうそうである。

時刻はちょうど旧五月五日の、月がおはいりやったばかりだった。怖ろしい大雨ではあったが、それでも節句の晩なので、人の家に往って飲む者が多く、酔い倒れて還られぬために助かったのもあれば、そのために助からなかった者もあった。総体に何を不幸の原因とも決めてしまうことができなかった。たとえば山の麓に押し潰されていた家で、馬まで無事であったのもある。二階に子供を寝させておいて湯に入っていた母親が、風呂桶のまま海に流されて裸で命を全うし、三日目に屋根を破って入ってみると、その児が疵《きず》もなく活《い》きていたというような珍らしい話もある。死ぬまじくして死んだ例ももとより多かろうが、この方はかえって親身の者のほかは、忘れて行くことが早いらしい。

しかしだいたいにおいて、話になるような話だけが、繰り返されて濃厚に語り伝えられ、不《ふ》立文字《りゅうもんじ》の記録は年々にその冊数を減じつつあるかと思われる。この点は五十年前の維新史も同じである。自分は処々の荒浜に立ち止って、故老たちの無細工なる海嘯史論を聴かされた。これまた利害関係がなお多いために、十分適切とは認められぬが、一般の空気はやはり明治の新政と等しく、人の境遇に善悪二様の変化のあったことを感じさせているようであった。

もっと手短かに言えば金持は貧乏した。貧乏人は亡くした者を探すと称して、毎日毎日浦から崎《みさき》を歩き廻り、自分の物でもないものをたくさんに拾い集めて蔵《しま》っておいた。元の主の手に復《かえ》る場合ははなはだ少かったそうである。恢復と名づくべき事業は行われがたかった。智慧のある人は臆病になってしまったという。元の屋敷を見棄てて高みへ上った者は、それゆえにもうよほど以前から後悔をしている。これに反して夙《つと》に経験を忘れ、またはそれよりも食うが大事だと、ずんずん浜辺近く出た者は、漁業にも商売にも大きな便宜を得ている。あるいはまた他処からやって来て、委細構わず勝手な処に住む者もあって、結局村落の形は元のごとく、人の数も海嘯の前よりはずっと多い。一人一人の不幸を度外に置けば、疵はすでにまったく癒えている。

三陸一帯によくいう文明年間の大高潮は、今ではもう完全なる伝説である。峯のばらばら松を指さして、あれが昔の街道跡という類の話が多く、金石文などの遺物は一つもない。明治二十九年の記念塔はこれに反して村ごとにあるが、恨み綿々などと書いた碑文も漢語で、もはやその前に立つ人もない。村の人はただ専念に鰹節《かつおぶし》を削りまたは鯣《するめ》を干している。歴史にもやはり烏賊《いか》のなま干、または鰹のなまり節のような階段があるように感じられた。

（「東京朝日新聞」一九二〇年八～九月、『雪国の春』一九二八年）

第四章　「大正デモクラシー」を担う

解題

沖縄に旅行したあと、まもなく、柳田はジュネーブに行き、国際連盟による南洋諸島の信託統治の委員となった。第一次大戦後にできた国際連盟は、帝国主義を批判しながら、それを無難に存続させる仕組みであった。「委任統治」もその一つである。その統治がそれ以前の植民地支配と根本的に違わないということは、柳田にとって明らかであったが、国際連盟という機関が、それまであった露骨な帝国主義を制限するものであったことも確かである。柳田は国際連盟のもとで何が可能かを考えた。植民地支配が先住民の社会を破壊していることを見届けながら、同時に彼は、それをたんに糾弾するだけではすまない、と考えていた。植民地支配があろうとなかろうと、近代資本主義経済の浸透は、旧来の社会を解体させずにはいない、つまり、先住民が没落していくことは避けがたい、と彼は考えていた。彼らを保護する政策をとっても、それがかえって、没落をますます促進することになってしまう。柳田はそのような絶望的な状況認識に立って、先住民の問題を考えた。彼に可能なのは、先住民らの文化を記録することである。彼ら自身が将来その資料を役立てる時期が来るということを期待して。

これは柳田が日本でやってきたことを普遍化することであった。特に、彼が担当した太平洋諸島の信託統治は、沖縄での経験、つまり、日本での「島」の経験を普遍化することであった。またジュネーブでの経験から、柳田は、将来の普遍言語として、エスペラントに望みを託するようになった。帰国後は、朝日新聞の論説委員として、政治経済の問題を論じた。たとえば、米国の排日移民法に対して、それを人種差別として憤激する世論の中で、柳田は、日本は近隣民族に対して同じことをやっているではないか、と批判している。また、吉野作造とともに、普通選挙を実現する運動の先頭に立った。さらに、選挙の応援演説にまで出向いた。また、エスペラントの普及運動を始めた。このように、柳田が「大正ヒューマニズム」あるいは「大正デモクラシー」と呼ばれる活動の一翼をになったことを見落としてはならない。

ジュネーブの思い出

初期の委任統治領

日記を散乱させたために、順序だった話をすることができない。ただあの時代の印象のまだ消えずにいたものを、少しなりとも書き留めておこうとするだけである。これが二十数年後の今日に、何ぞの役に立つかどうかも自分にはきめることができない。

大正八年の終りに、私は急に自由なからだになったので、かねての望みであった太平洋諸島の巡歴を思い立ち、旅費と日記の掲載とを朝日新聞に約束してもらった。まず手始めに国内のあまり知られない区域をあるいておこうと思って、九年の六月に佐渡に行き、八月から東北の長い旅を試み、次いで内海の多くの島、九州南部の沿岸を経て沖縄に渡り、八重山群島までを見てあるいて、十年の二月に一ぺん引き上げて来る途中で不意に東京からの電報によって、ジュネーブの委任統治委員会に行ってくれぬかとの交渉を受けた。予定の計画が狂うのでちょっと迷ったけれども、西洋も見たかったのと、仕事が新しくて珍しかったのと、父も朝日社長も共々に勧められたのとで、ついその気になった。そうして慌《あわ》だしく支度《したく》をして東廻りの船に乗り、アメリカを通り抜けてフランスへ、それからスイスへ入って行ったのが、六月十日頃のことであった。

本国において山出しとか、赤毛布《ゲット》とかいっていた言葉の意味を、ここへ来て始めて内側から体験した。それはお仲間が多いので格別苦にもしなかったが、何しろ新しい任務がすぐに始まるのだから骨が折れた。太平洋の旧独領の事だけは、ごく大まかな概念ぐらいは持っていたが、アフリカの諸植民地と来ては地名もろくに知らない。近東の問題なども非常に込み入った行掛りがあることを聴いているのみで、大戦中の経過すら十分に記憶していると言えない。最初にまず大急ぎで、一通りの予備知識を貯えておかなければならぬので、本を捜し出すのに苦労をした。今まであまり気が付かずにいたが、私たちの横文字を読む速力ははなはだのろい。少し念入りに呑み込もうとすると時間ばかりかかってすぐに疲れる。それに一方にはちっとはまわりの事も知っていなければならぬので、新聞の二つも読もうとすると、もう半日はつぶれてしまう。とんでもない仕事を引き受けたものだと思ったが、もともと日本にいた時のように、何にでも口を出すということはとうていできない。幸いにして我々とは直接の交渉がなく、独自の見解というのを立てるには及ばぬ場合が多そうなので、人に言わせて聴いてから左右を決するという、日頃は軽蔑していたいわゆる伴食主義を採ることにしたら、それだけでずっと心が落ち着いて来た。そうしてそろそろと同僚委員の人柄を、見定めようとする気になった。

○

妙なところで私が感心したのは、委員を各所属国の政府とは関係のない人、ことに外交官以外から任命しようとすると、日本などではすぐに私のような、言葉に不得手な者でも引っ張り出さなければならぬが、欧羅巴《ヨーロッパ》の方ではさすがに適任者が多く、人を見立てるのにそう苦労をしていない。委員長に推された伊太利《イタリア》の某貴族だけは、若い頃しばらく外交官をしていたそうで、ごく平凡なシャレの言えるほどフランス語を知っていた。その他の委員たちも人を笑わせることまではできないが、それでも場数《ばかず》を踏んでいるので、隣席どうし英語なりフランス語なりで、こそこそ話をすることがよくあった。何でも言えるという自信だけは、持っているらしく見えて羨《うらや》ましかった。

それでも私が馴れないでこまるというたびに、決して辞令ではなしに、自分等も御同様だと答えた。そうして実際にまたかなり緊張し早く疲れてしまう様子であった。私が心を許して交わっていたのは和蘭《オランダ》と諾威《ノルウエー》の二国から来た委員で、前者は東印度《インド》の行政長官をしたことのある老人、こわい顔はしているが善人であった。今一人は日本でもよく見るような顔の老婦人で、職業は弁護士の法学博士であるが、やはり折々は孫の話をし出すような、しおらしい女性であった。むろん腹はしっかりとしており、またそれぞれ一票であるゆえにみんなから大事にせられたが、言葉ではやはり相応に苦労をしていたようである。

そういう中で目に立たずにいなかったのは、英国から選任せられて来た委員で、年はまだ四十まえ、たしか後に大臣にもなったオームスビー・ゴァ君で、これは自分の英文学の概念などで、かねて胸に描いていた英国人気質と、おおよそ懸け離れた無造作なまた軽快な男であった。

何か問題が起って一同が渋い顔をしている時にも、平気で内情をすっぱ抜いて、あれでも締《し》め括《くく》りがあるのだろうかと、思うような事までしゃべってしまう。そのお蔭で南亜政府との衝突が起った際にも、自分たちは早く態度がきめられて、深く彼の率直を徳とした。しかし考えてみると、それも言葉が自分のものだからで、家で物いうのと同じような気持で、加減をしいしい同僚を導いて行けるのも、要するに英語が国際聯盟の用語だったゆえであった。言葉が根本の問題だということを、痛切に考えずにはいられなかった。

○

もう事情を忘れてしまったが、この委員会には出なければならぬはずのフランスの委員は、三年とも顔を出さなかった。西班牙《スペイン》の委員は一ぺんだけ出席したが、これは病身だということでずっとなまけ通していたので、どういう人物であったか知らない。出ていたところで、こちらはそう活躍もしなかったろうと思うが、一方フランスの委員の来ずにしまったことは、何か政治上の理由があったにちがいない。それがぼんやりして、まだ自分には問題にならなかったのである。受託国から出ている委員とても、純理から言えば立場は一つであるわけだが、これは本国の同胞の対異人種観を改良して行くために、準備としてまず自分を教育して行くという、余分の任務が実はあるので、それも考えぬことはなかったのだが、事情が甲乙丙の委任領ごとにあまりにも違い過ぎて一貫したものがないので、よその施設については冷淡になりやすく、またあら捜しに傾きやすく、一方自国の問題においては、あまりにほかの人の知らないのがもどかしさに、つい説明役にも弁護役にもなることがあって、いやな気持を仲間の人にもたせる。これはやっぱり英国委員の、あの態度がよいのだったと、後になっては考えることが折々はあった。

しかし結局は委任統治という組織が、妙な理窟倒れの人工的なものなので、こういう結果にもなるのだ、と思わずにはいられなかった。二年間の経験で私に役に立ったのは、島というものの文化史上の意義が、本には書いた人があっても、まだ常人の常識にはなり切っていないことを、しみじみと心附いた点であった。いわゆる裏南洋の陸地は、寄せ集めて滋賀県ほどしかないのに、島の数が大小三千、うち七百まではたしかに人が住んでいる。それでは巡査だけでも七百人はいるわけだと、冗談を言った委員もあったが、その島々が互いにくいちがっためいめいの歴史を持って、ある程度、別々の生活をしていることまでは、陸つづきで交際する大陸の連中には呑み込めない。茶碗の水も池の水も、水は水だというような考えは、西洋で物を覚えたわが邦の外交官までが皆もっていて、第一に本国の周辺に、大小数百の孤立生活体のあることをさえ考えない。数を超脱した「人」というものの発達を、せめては歴史の側からなりとも考えてみることのできるのが、日本の恵まれた一つの機会だったということを、気付かぬ者だけが政治をしている。だからまだまだ我々は、公平を談ずる資格がないと、思うようになって還ったのはお蔭である。

小さい頃から日本人の物の考え方が、ひどく欧米の流儀とちがっていることを、毎度私などは語り聴かされた。これは一つには学問がやや職業化しすぎ、表現のそれに専属するものができた中世風の残留で、民族性などというほどに不変なものでもなく、またこれを突き破って合流しなければ、世界人にはなれぬこともよく判っていたが、もう自分のように骨の髄まで、日本式になり切った者は、今さらそういう模様替えはできない。やはりいくらかでもある特徴を活かして、向うの不得手な部分を補充するようにしなければならぬのだが、それには相変らず言葉のちがいということが、人を悩ます最大の問題であった。

ちょうどその頃聯盟の中に起っていたエスペラント公認案に、私が並以上の関心を寄せた動機は単純なものだった。これなら自分でも思ったことが言える。そうして小国は大事にせられ、外交官でない代表連は皆苦しんでいるのだから、たとえ仏英語と肩を並べられぬまでも、もう少し自由な使用が認められるかも知れぬと思った。新渡戸先生の同情に充ちた報告文なども出て、形勢はちょっとよさそうにも見えたのであったが、万国エス語協会を率いているプリバ君という猶太《ユダヤ》人の博士が、一挙に勝負を決しようとして少し暗躍が過ぎたために、かえって反感を買い反対派に利用せられ、小国の代表が先に立って、丸潰《まるつぶ》しにこの案を葬ってしまった。そのあと総会でペルシャかどこかの代表の、年齢も風格も堂々としたのが、文章としては格別おかしくもないフランス語の演説を、一種お国風《くにぶり》らしい調子でやってのけ、満堂一人としてくすくすとせぬ者のなかったのを見ていて、ここはとうてい我々の来て働く場処でないということを、しみじみと感じてしまったのである。

○

そんならどうしようかということになって、また少しばかり私は迷った。他の委員たちは委員会がすむと、総会も傍聴せずにたいていは還《かえ》って行くが、自分だけはどうもそういう気にならない。船もきらいでなく旅行は結構だけれども、ここを去ってしまうとまるで仕事と縁が切れ、いよいよもう一度来ることがおっくうになりそうに思われた。今まで気が付かなかったが日本人の群居性は、外国に来るとことによく現われる。誰彼の見境いもなく国の人にさえ逢えば、やれなつかしやと互いに近よって、日頃のうさ晴しに綿々と語ろうとする。これでは半年や八月は何もしないで過ぎてしまい、相変らず新米の飛入りで、来年もここへ来てまごつかねばならぬ。これはどうしてもわざと孤独になって、辛抱のつづく限りこのあたりにいることにしようと思って、後日田中館《たなかだて》先生や姉崎《あねさき》教授の実行せられたような、毎年来往という快活な計画は私は立てなかった。

そうしてできることならこの期間を利用して、近東とアフリカの委任統治領を見ておきたいものだと思って、それとなく事務局の意向を尋ねてみると、きっと有益であろう、またあちらでも快く面倒を見てくれるであろうとのことであった。旅費は何とかなるが手続きが自分ではむつかしいので、巴里《パリ》の日本大使館にまず手近のパレスチーンに行きたいという相談をしたところが、大分日数が立ってから、見合せてくれという返事があった。それはどこからの故障か知らずにしまったが、多分は東京へ念のために聴いてやった結果で、当時あの方面の政情が込み入っていてよく判らぬので、もしか事件でも起してはうるさいからという、ただ一般的の用心であったろうと思われる。タンガニイカの方などだったらよかったのかも知れず、また一人でも計画はできたわけだが、すっかり出鼻をくじかれてしまって、もうそういった元気もなくなり、まだ格別帰りたくもないのに、本や荷物を残して立帰りに日本へ還って来た。そうすると果して船の中からまるで気分が変って、何の事はない往復五月ほどの間、ただおしゃべりに費したようなもので、仕事に対する興味は淡くしてしまった。

○

今から考えるとそんな遠い旅行をしなくとも、どこかジュネーブ以外の土地に往って、静かに本でも読み、言葉でも馴らしておればよかったのだが、その時は何分そういう気になれなかった。いちばんすまぬと思うのは委員会の人たち、そういう中でも特にラッパールという書記長などが、できるだけこの会を威望のあるものにしようとした、心持はよく知っておりながら、ついにその努力に協同し得なかったことである。このラッパールは国際法か何かの少壮教授で、個人的野心も強い人だったが、ともかくも瑞西《スイス》一国の立場から言っても、この委員会の判定を有力なものにすることは、平和外交の一つの成功に帰するし、それが同時にまた聯盟そのものの政治力を高め、かつ日本にとっても利益が多いのだから、この計画は支持してよいものであった。それができなかったのは自分の不勉強、それも主として表現の困難のためであった。あるいは幾分熱心がさめかかっていたと言えるかも知れぬ。第二年目の会期後は日本へも帰らず、アフリカ行きも考えず、ただジュネーブに居残って総会を傍聴し、その他あるだけの会合に顔を出して、人からはまだ御滞在ですかと言われた。そうして季節が過ぎてしまうと、山の手に借家を見つけて、一人で淋しい交際のない生活に入った。それでも最初のように委任統治の研究だけを、続けていればまだよいのだが、だんだんと興味は散漫になり、帰ってからでもできるような読書をする。五日七日の近国の旅行をする。そのあいまにはやたらに通りがかりの日本人を引き留めて、幾夜か語り更《ふ》かすようなことで、たわいもなく半年余りを送ってしまった。

第三回の委員会の終った後であったか、石井大使に面会して、もうやめるつもりということを言い出した。言葉が達者になる見込みもないのに、いつまでもくっついているのは相すまぬからというと、誰でも皆同じことだよ、それだけの理由ならもう一ぺん考え直してはどうかということで、未定のままで引き上げて来た。そうしてロンドンまで出たところで、九月一日のあの大地震の報道に出くわし、急いで日本に戻って来たままで、ついにジュネーブとの因縁は切れてしまったのである。

あの当時はこちらに国際聯盟協会という有力な団体があって大きな熱意をもってこの新しい

機関を声援していた。私はある日の集会に招かれて、自分の不成功談を隠さずに話をした。もちろん少しは自分よりもましな人を、選んで送ることもできるかも知らぬが、外交官以外にはそんないつ来るかも知れぬ役目のために、準備しておく余裕などは我々にはない。どんな事柄でも即座の応酬ができ、怒りも喜びも自分の言葉と同様に、隠れた隈《くま》もなく表出し得るようにならぬ限り、結局は「彼をしてわが語を用いしめんのみ」、わが語を用語とした国に一籌《いっちゅう》を輸《ゆ》することになる。負けに行くようなものだというようなことを言って、阪谷会長以下の機嫌を悪くしたことがある。私の場合などは負けも勝ちもなく、言わば協力の素志を持ちながら、それをなし遂げ得なかったというまでであるが、これから新たな国際の友誼《ゆうぎ》が世界を導くようになると、同じ歎きをする者が我々の中にも必ず多くなると思う。これにはもちろん通訳方式の精微なる組織替えと、その技術の錬磨とも考えられるが、人が直接に互いの親しみを伝えるのに、目つきとか身のこなしとか、まだ幾つかの補助になっていたものを、残しておかねばならぬ憾《うら》みがある。エスペラントなどは人造の、まだ短所の指摘しやすいものだろうが、努めてこれを他に手段のない区域に応用しようとしたら、末にはおいおいとこの世界の悩みを、救う力ともなるかと思われるので、一時は熱心にこれをその方面に働く人たちに説いたものだったが、あいにくと私のような経験をした者が少ないために、その意見は行われず、ついにいったんは国民を今のような塗炭《とたん》の苦痛に、陥らしむる結果にもなったのである。最近にはいっそ英語を用語にしてしまおうなどという者が、ごく少数ではあるが私の旧友の中にさえできて来た。実現し得べきことでないから、私は少しも心配してはおらぬが、かりにそういうことになったとしたらいかなる階級制が新たに生れて来るか。一度は想像してみるがよいと思う。ともかくもこういう愚かな説が起るまでに、我々は未来に対して思い悩んでいるのである。いたずらに返らぬ過去を悲しむようなことは、私等のような者でも、もうあまりしたくはない。

（「国際聯合」一九四六年一一月）

青年と学問　抄　『青年と学問』より

異人種観の改良

歴史の学問も現在の研究程度に止《とど》まっているということは、無用なるのみかまた有害でもあり得る。いわゆる軍事教育が日本人を「戦う国民」とするという懸念は、おそらく絶対にないこととは思うが、少なくとも民族間の真の平和を、積極的に求めようとするには、これだけでは足りないことも確かである。我々はなおこれ以上に、公けに国際の正義を論じ得るだけの、力と自信とを養っておかねばならぬ。

申すまでもなく国防の第一線は、毒瓦斯《ガス》でもなければ潜水艇《せんすいてい》でもない。まず国と国との紛争を解決すべきものは、討論であり主張であり、不当なる相手方の反省であり屈伏であるわけだが、現在各国の持っている国際道徳は、不幸にしてまだ我々の個人道徳と、同列にまでも進んでは来ていない。省察もなければ悔悟もなく、またしばしば曲解があり我執がある。今往古来これがために無用の殺戮《さつりく》が行われ、亡《ほろ》びずともよい多くの国が滅んだ。しこうして敵を滅ぼしてこれによって栄えようとした国が、往々にして成功している。その結果戦争必要論は今もって有力なる政治家等のひそかにこれを信ずる者が多いのである。しかし世界一般から言うならば、もうたくさんだと考え出したものがはるかに多数を占めている。遅々たる歩みには相違ないが、今や何かこれに代るべき手段を発見しようということに、世の中がなって来たのである。代るべき方法はそう多くあるべき理由がない。結局は自ら知り、互いに今までよりも一段と精確に、争いの原因と結末とを考えてみることのできるようにするより以上、別に新奇なる発明があるべきはずはないのである。ところがいわゆる治乱興亡の跡を詳《つまび》らかにすという一つの学問が、いかなる理由があってか今日までは、まだ本当によく働いてはいなかったのである。どのくらい完全に今ある史学の智識を消化しても、それのみではまだ平和本位の国際主義を、成立せしめるには足らなかった形がある。

過去の日本がこの島々の中において、静かに仲よく一国限りの平和を楽しんでいた時代にも、外から来る者は皆敵なりと認め、日本国民でないものは皆一つに固まってあたかも舌切雀《したきりすずめ》の葛籠《つづら》の中から飛び出す者のように、いつかは寄ってたかって我々を犯すであろうと考えることは、無益にしてかつ結局は損失であったが、いよいよ同胞がこの小さい島々におりあまり、もうこれから外へ出て何か仕事を見つける他はないという段になると、ことにそのような大ざっぱな異人種観は邪魔ものである。異人の中にもいろいろあって、顔でも言語でも服装でもする事でも千差万別である。傲慢《ごうまん》で調子づいている者もおれば、遠慮ばかりしてなおいじめられているのもいる。それが同じ国の者でも時と境遇によって、また一様ではないのである。国と国との利害は錯綜《さくそう》しており、彼等どうしでもやはり争いまたは和している。その間の交渉が日を逐《お》うて面倒になり込み入って来る上に、こちらの立場も人によって統一がないわけで、こうなるともはや出先の外交官や、時の武人団の意向などに、和戦の判断の鍵を委《ゆだ》ねておくわけには行かぬ。国民自身が直接に、この重要なる根本問題を考えてみなければならぬ。すなわち普選は言わばそのための普選であったのである。

それには何よりもまず国と国との関係、ことに肝要なる一通りだけは、誰にでも知らせておかねばならぬのであるが、これまではその方法と順序が当を得ず、我々の普通教育の外国地理などは、いたずらに遠方の国の首府や人口などを暗記させて、かえって目と鼻との間にある隣の島に、いかなる人間が住みいかなる政治が支配しているかをさえ説明しなかった。ことに面倒とは言いながら大切な知識が、あまりに専門の人に独占せられていたのみか、他の部分にはとんだ誤解さえ正さずに打ち棄ててあったのである。国民はまず最も平凡通俗なる方法をもって、すでに知っているべきはずの知識から、改訂をしてもらう必要があるのである。

極端な一例をいうと、支那《シナ》では古来の蛮夷《ばんい》思想がつい半世紀の前まで民間に横溢《おういつ》していた。三千年近くも前からあった職貢図《しょっこうず》などの智識が、有職階級の一部をさえ支配していた。飛頭蛮《ひとうばん》といって首だけで飛びあるく民族があると考えたり、あるいはいわゆる手長足長《てながあしなが》、腹に穴があって棒を通して担いであるくなどと、妖怪《ようかい》に近いもののように想像して何百代を経たのである。日本でも二百年前の『和漢三才図会《さんさいずえ》』は、ことごとく皆その画の受売りで、それが一般国民の常識を構成した。碧眼紅毛《へきがんこうもう》の人が長崎に来ていて、折々江戸との間を往復した時代にも、なお見ぬ人々はありとあらゆる空想を逞《たくま》しくしていたのである。それが時代の変化で少し船来を珍重し過ぎる今日となるまでの間に、だんだんに彼と我との相近いということだけは分って来た。尖《とが》ってはいるが鼻はやはり顔の真中にある。彼等も人であったということは、実は近世の一大発見であったのである。すなわち打ち棄てておくと人間の実験は、往々にしてかくのごとく遅鈍なものであるが、しかもこれによって養い得た国際観念が、千百の鎖国攘夷《じょうい》論よりもより有効に、日本の立場を世界的に支持してくれたのである。

*

学問進出の新方向

諸君と別れてからの三年間の進歩について、自分の心づいた二三の点を申すならば、第一には太平洋研究の学問が、著しく進んだことである。阿弗利加《アフリカ》もスタンレイの時代を堺として、大分に智識が具体化したようだけれども、学者の興味はおいおいに東の方へ引かれている。太平洋研究の学問としての面白味は、一言で言うならば何でもかでも、欧羅巴《ヨーロッパ》と夏冬の相異の通りに裏がえしであることである。それも遠方から見ているだけでは、十分の調査もしにくいのであるが、一方には濠洲《ごうしゅう》・ニウジーランドの土着した移民の子孫が、時を経てようやく文化の価値を知り、教育や研究の方にも次第に国らしくなって来た結果、彼等の大学にもだんだん独立してよい学者を出すようになったので、今ではもう北半球の他国の人にばかり、太平洋の学問を委《ゆだ》ねてはおかれなくなったのである。

しかし将来のこの方面の学問に対しては、何と言っても北米合衆国の力は大いに働くことだろうと思う。この国とは我々日本人は、近年何度も不愉快なる感情衝突をした。彼の新たに採用した移民政策は確かに無理なものであった。しかし考えてみると、今さらこのような無理をあえてしなければならぬほど、従来の態度はまだ鷹揚《おうよう》であったのである。その隣国のカナダのごときは、最も早くから日本を警戒し、また南阿弗利加《アフリカ》共和国でも、濠洲やニウジーランドでも、いずれも最初から最近の北米がやったような事を、我々に対してやり続けていたのである。米国が遅蒔《おそま》きにこれらの因業《いんごう》なる白人国を模倣するまでには、日本国民の悪感や報復に対する懸念とは独立して、米国彼自身もまた大いに煩悶したのである。煩悶すべき理由が十分にあったのである。米国が独立以来の一世紀の間に、国内に入れてしまった異民族の、最多数を占めているのは黒人である。その以外にも少数の亜細亜《アジア》人、また東欧羅巴《ヨーロッパ》の気持ちのちがった白人があって、これらはまだ融合して一体の国民とはなっておらぬ。すなわち彼にあっては人種問題は国際の問題にあらずして、眼前の国内問題である。いかにしてこの間の和親関係を保ち、怖るべき分裂または闘争を避けようか。いかにして英国出身の白人の因習感情または利己心と、この新しい国家理論や人道観との、抵触を免がれしめようかということに苦心した結果、今頃になって少しでもその原因となるべきものを除いてみたいと考え始めたのだ。が実は必ずしもそれが有力なる手段とも認められていない。問題はなお次々に発生し、学問は多分行く行く最も賢明にこれを解決するであろう。面白いことにはこれを考えている学者には猶太人《ユダヤ》が多く、しかも猶太人は今後の米国において、いちばん困難なるべき人種問題の種である。

それから今一つの米国の特殊事情は、太平洋諸島に対する地理上の関係から来ている。貿易上また国防上、太平洋の交通は彼にとっていちばん大切であるにもかかわらず、おくれて世界に出て来たために、米国の属地というものがこの方面においてははなはだ少ない。日本の近くではフィリッピン諸島、その東方にグワム島、それからずっと離れて布哇《ハワイ》の一群島があるが、赤道以南に行くとわずかにサモアの東二島を持つだけである。サモアは大きな島が四つあるのを、今から四十何年前に独逸《ドイツ》が西の二島を押し取りした際、大急ぎで米国も残りの二つを手に入れた。あの広大な版図を持つ米国としては、別に土地などの入用はないのだが、属領が少しもなくては肩身が狭いとでも考えたためであろう。その後太平洋岸の繁栄はいよいよ加わり、濠洲との交通も密接になって来たから、おいおいにはサモアも布哇以上の重要さを持つかも知れぬが、現在においてはわずかばかり英領の間に介在しているので、かえって管理が厄介なくらいで、まだこれぞという経営も試みてはいないのである。

実際また欧羅巴《ヨーロッパ》の旧国のように、植民地経営をする必要は米国にはないのであった。従って今日多くの米人の太平洋上に出て働いている者は、その目的は他にあるのである。その中でも伝道事業の盛んなことは米国がまずいちばんで、日本の委任統治領にも来ていると同様に、他の大小の島々にも強固なる本国の後援の下に、熱心で真面目《まじめ》な宣教師が送られている。阿弗利《アフリ》加《カ》大陸にも亜細亜《アジア》にも入り込んではいるが、やはり最も力を入れているのは太平洋方面であって、土人の生活に関するいろいろの消息が、これら宗教家の手によって本国に伝えられている。これ以外にはまた多くの元気のいい旅客の往来もある。英仏属領諸島に関する智識は、英仏人自身に次いでは米人が最も豊富なものを持っていて、なかなか日本人などの及ぶところではない。彼等の旅行記・見聞録、またはこれを基礎とした批評論議の類は、我々にとっては興味ある読み物である。ことに英人の植民政策に対しては、不満と軽蔑《けいべつ》の感を抱いている者が米国には多く、一般に欧羅巴《ヨーロッパ》旧国の形式主義と偽善とに対して、遠慮のない評論をした人がいくらでもあった。その言う通りを信用するわけにも行かぬが、率直な記述の中には参考となる点が少なくないのである。

白人植民家の何よりも煙たがるものは、前には土人を愛する宣教師あり、近年には米国からやって来る新聞記者があった。こういう人たちの紀行や報告が世に出ぬようだったら、太平洋住民の幸福は、あるいは永遠に改良する見込みはなかったかも知れず、資本主義の盲目的な活動は、何をしたか分ったものでないのだが、出しゃばりの正直者なる米合衆国が、幸いにして太平洋上においては大した植民国でなかったお蔭に、社会は早くからこの問題に留意しまた警戒することができたのである。植民国自身の永年の経験、これに対する外国の公平な批評を参酌《しゃく》して、現在多くの研究者の抱いている見解を概括してみれば、要するに白人はとうてい熱帯諸島の植民には向かなかった。来て住むことはできても来て働くことはできない人民であった。白濠洲主義などと称えて、あれほど我々に惜しんでいるオーストラリヤでも、現にその北部の三分の一だけは、支那人を頼んでやっと少しずつ開いている状態である。その他の多くの島々でも、官吏か会社員かのしかも年若く屈強なる者が一時的に在勤するのほか、永く住み着こうという白人はほとんとない。半分西洋化した合の子か、早く渡航した印度《インド》人・馬来《マレー》人・支那人などの子孫だけが、今では真剣に土地に根をはやそうとしているのである。もっとも還《かえ》るに家なき堕落した白人の、うろうろしている者は少しあるが、これは無恥無慚《むざん》の死んだ方がよいような奴ばかりで、白人にとってはむしろ心細い生存である。

しかも一方にはこんな白人の支配の下に、土人の衰亡は月に日に甚だしいのである。悪病・悪習慣の船で遠方から運ばれたものが算《かぞ》え切れぬほどある上に、せっかく善意をもって試みたる生活改良が、たいていはかえって原住民の生活力を妨碍《ぼうがい》している。戦争が絶え危難が減じたということさえ、土人をして生活の興味を失わしめる原因となった。彼等の敬慕の標的であった土酋《どしゅう》名門の勇士は、多くは世を憤って悲壮なる終りをとり、嗣《つ》いで起るものはもうなかった。優柔無気力なる改宗者だけが白人から保護せられ、彼等には積極的な生活上の興味刺戟がないために、努力というものは少しもその必要を見ず、その結果であったかどうか、とにかくに人の生れ方が少なくなって、人口は減少する一方である。かつて繁栄した島々の、再び草木をもって閉されたものも多く、数年前の流行感冒で一時に減じた人間の数が、どうしても元に戻る見込みがない。このまま自然の成行《なりゆき》に放任しておくことは罪悪のごとく感ぜられるにもかかわらず、もうだめだろうという悲観説がすこぶる有力なのである。しかも皮肉な事にはこのごろになって、島の生活の特性がだんだんに研究せられ、今まで一通りの観察では見現わすことのできなかったほど、土人の歴史は意味深いものであり、また白人文明と対立した全然別種の文明が、成長せんとして中途で挫折《ざせつ》したのであったことを、心付く者が出て来るようになった。この大切な社会学上の問題が、まだ一通り明らかにならぬうちに、不幸にして悲観論者の予言が適中し、今残っているだけの資料すら消滅してしまうようなことがあったら、おそらくは白人自身の中にも、過去の白人の植民政策の拙劣と失敗とを、悔恨し痛罵《つうば》してやまざる者を出すことであろうと思う。

（一九二五年五月三〇日長野県東筑摩郡教育会講演、『青年と学問』一九二八年）

政党と階級意識

いわゆる無産政党創設の計画が、次第に実際化しようとする傾向は、今回の労働総同盟の臨時大会において、余程著るしくなったように思われる。吾人は素より彼等の新しい態度が、その統一の為に有利なりや否やを知らず、又何等の反動を見ること無くして、永久に持続し得べきものなりや否やを予測することは出来ぬが、少くとも最近に行わるべき第一次の普通選挙に際し、堂々と既成の諸政党に対陣して、一脈の新味を我国の議院政治に運び入れるだけの可能性は、之に依って生じたと断言することが出来る。

けだし健全不健全の批評は、多くの場合において評する者の立場の差に過ぎなかった。が少くとも現在の社会秩序、現行法制の下に在っては、多数新選挙人の団体が、かくの如き方法を以て成長することを、妨害すべき何物も無いことは事実であって、仮に一部の左傾分子の不満冷笑は制し得なかったにしても、彼等に取っては是は決して無意味なる迂回では無く、彼等が今になって無産階級の実力の多少を説くのも、偶々以てその実力の漸く備わらんとして居ることを、暗示するものとも解し得られる。

吾人はこの趣旨において、今後の政治研究の成果に向って、多大の期待を抱く者である。正直のところ彼等の内部にも、自身の拘束が多かった。先ずその拘束から解放せられて来る必要はあった。例えばこの頃始めて問題と為って居る無産という文字なども、以前は印象の豊かな好標語ではあったが、いよいよ実際の政治行動に着手しようとすると、尚不必要に前面を狭くして、勢力の成長を妨げんとする形である。理論の上からは資本家に非ざる者、地主に非ざる者は皆この中に包容せられるであろうが、実際は国民の大多数は、未だ斯くの如き称号を共通にすべきことを覚悟せず、種々なる経済上の利害も一致して居るにも拘らず、常に運動の外に在って客観しようとして居たので、幸か不幸か今尚彼等の間に、地域的にも職業的にも彼等の組織も無いが為に、分散して中間の地帯にうろうろとして居るのみである。しこうしてその投票の総数は最も大きい。次の総選挙はほとんどその争奪を以て終始しようとして居る。故にいわゆる無産政党が相変らず古き旗印を守って、甘んじて一方の小陣営に立こもって居る限りは、議会主義の効果は永く挙がらず、従って無責任にして元気のよい連中に、幾度も統一を揺がされる懸念があるのである。

折角穏健なる多くの政綱を掲げ若干の旧同志と決裂して、憲政の大道を前進せんとする人々の為には、かくの如き無造作なる天王山の放棄は、拙なる戦略と言わねばならぬ。仮に年来の沿革によって完全に合同することが不可能であるとすれば、少くともこの目下混乱したる中間の勤労階級の為に自覚の機会を与え、かつ一方の翼を開いて相提携する丈の、方法を講ずるのが適当では無かったか。

労働総同盟の論理には今以て輸入品が甚だ多い。彼等の大なる弱点は、国の特殊事情に対する考察の不足であった。今回の大会決議は歴史的のものであったとしても、若し尚従前の方針を踏襲して、部外大多数の意向を軽視しようとするならば、この計画も恐らくは失敗に終るであろうと思う。彼等のいわゆる階級の自覚が、行く行くこれ等の分散せる中立者の自然に来り付くことを予期するに在るとせば、先ず今までの階級観念のすこぶる自国の現実に遠い、孤立空ばくのものであったことを覚るべきである。しこうして最近何とかして改造を企てようとする旧政党の行動に注意し、之に対応した方策を新たに案出するの必要があるのである。

但し公平に批判して、既成政党の戦略もまた決して巧妙では無かった。与党も野党も言い合せた如く、近頃発表した政見はすべて退守的であった。如何なる政策も金の光を専らとし、結局のところ有産階級の階級意識を表現せざるものは無い。是いわゆる張儀を秦に遣るの案である。国内全部の非有産者を離背せしめ、結合せしめざれば止まざるものばかりである。斯の如くにして普選の時代に入る。新興政党の出現はほとんど当然の機運である。ただ問題は今の総同盟その他の団体が、果して能くその任に当るか否かである。

▽わが国最大の労働組合であった日本労働総同盟は十月六日臨時大会で大会宣言を採択したが、その中に「無産政党の組織、組合総連合の達成に努力する」むね述べられていた。大正十四年六月日本農民組合は無産政党組織準備委員会組織の提唱を行い、八月に至ってその第一回会合が行われ、綱領規約の準備に入った。しかし左右両翼の抗争は激しく、総同盟は十一月二十九

日準備委員会を脱退した。日本最初の無産政党として農民労働党の結党式を挙げたのは十二月一日のことであったが、即日結社禁止を命ぜられた（注は、東京大学新聞研究所所長［当時］殿木圭一氏による：編集部注）。

（「東京朝日新聞」一九二五年一〇月七日）

七月一日から愈々《いよいよ》排日法の実施につき

米国の排日立法事件については、もう我々は十分に考えて見た。又我々の感情に於て、此際動くべかりしものはもう悉く動いて居る。只国民として至って朴直なる新日本人に向っては、如何にも経験以上の複雑さであるが故に、この不愉快な感情を分析して、一々に名づけることも六つかしく、又種々の意見を順序立てて、結局何れの点に落着くかを見定めしめることは難かったが、兎に角に是だけ大なる多数が期せず約せず、是だけの永い期間同じ程の緊張を以てじっと一つの問題を見詰て居たことは、たしかに移り気なる近代の公社会に在っては稀有の現象であって、殊に其解決の難事業が、手も附けずに次の代の努力に引継がれたことを考えると、必ずしも或年代を経て後回顧をして見る迄も無く、是が我邦歴史上の大事件であり、延いては又万国交通史上に一時期を劃するものであることがよく分る。

我々は実に斯う云う心持ちを以て、時代の歩みを眺めて居る。然るにも拘らず、七月一日は終に来た。常の年の七月一日と同じく、平然として歩み到ったのである。この何物をも過去にせずんば止まざる力に面して、未だ自ら処するの途を決せざる者が立って居るのである。懊悩は自然である。否我々は懊悩を超越した最も込入ったる感じを抱いて居る。之を表現する差当っての方法として、先ず二三の旧慣行の、之に似て事の稍々《やや》小さい場合に許されたものを採用することは、亦自然であろう。而も我々の憂憤は尚底深く潜んで居る。或種の示威運動に由って、速かに放散するような小鬱抑では無いことを思わねばならぬ。此日を国恥日と名づけて永く記念せんとする企ての如きは、独り発明か模倣かの問題では無い。遥に未来を望んで居る国民を指導して、将来の大努力に準備せしむる策としては、欠くる所が多いのである。成長の途上に在る我々の青年は、必ずしも常に過去に低徊せず、時としては隣邦の兄弟たちよりも、更に健忘であるかも知れぬ。七月一日を仮に忘れても、尚進んでゆくことの出来る方向を、示して遣る必要が大いにあると思う。

　我々は斯んな屈辱と失意の中に於ても、やはり大切なる経験を拾うことが出来た。其多くは悲しい新知識ではあったが、先ず第一に今日迄の人道には、太い国境線の有ったこと、第二には辞令で彩色をした文明国の親交には、政治家の気儘と云う、たわいも無い制限の附いて居たこと、更に又労働階級の国際的相助なるものが、存外に名前ばかりの景気づけであって、一方の不運は高みの見物どころか、却て他方の警戒と排斥とを招くと云うことである。而して此から得らるる推論は、少くとも現代に在っては国内の相助、愛国心に基く援護が、我々を幸福にする為めに必要だと云うことになるかと思う。

　今一つうんと経験をしたことは、旧式政治家の無力であった。此点に於ては歴史を読むのも真に張合いが無い。此二十年程の間、当路の人々は何をして居たか。一言で尽せば自分達の短い時代に、今度のような行詰りが来ぬように、延ばし延して居る内に、何か新しい事情が外から現れて、都合のよい局面を展開するように、企てると云うよりは寧《むし》ろ祈って居たのである。辞し去った前内閣の如きには、国民は破綻の責任を負うことすらも許さなかった。永年日米の和熟を商売にして居るような顔をする老人等も、腹の底では其献策の容れられなかったのを、口実にし得ることを喜んで居るだろう。所謂《いわゆる》面目を立てられた泣き寝入りで、年百四十八人とかの条件が解決ならば、我々は寧ろ欣々として、この刺戟ある未解決に面して立ちたいと思う。人種差別の論の如く、深刻に我々を反省せしむるものは他にあるまい。生国を算《かぞ》えれば三十四十、黒から白まで色々の肌膚を包容し、血の雑糅《ざつじゅう》と混合とを極めて居る米国で、仮に民種の点から日人排擠《はいせい》の論を立てたとしたら、それが辞柄《じへい》であるとは三つ児にも分る。それを真に受けて闘争は永久の運命の如くに解するならば、結果は却てずるい言訳を認めることになる。現に今度の事件などは、亜細亜の諸民族に糾合の機運を与えたでは無いか。我々は此の如き差別の既に存せざることを知らねばならぬ。而して自ら先ず周囲の異民族に寛大になり、之に由って偏狭なる徒を憫《あわれ》まねばならぬ。此の如くにして此七月一日を幸いの日としたいと思う。

▽日本人のアメリカ移民は明治のはじめから始まるが、中国人が排斥されてからは日本人労働者の移民が激増、大正初年には三万人に上った。これら日本人は太平洋沿岸とくにカリフォルニア州で農業に従事したが、その発展はめざましいものがあったので、米国農民の反撃にあい、大正二年カリフォルニア州議会は、市民権をもたない外国人に土地の所有もしくは三カ年以上

の賃貸を許さない法律を通過した（第一次排日法）。しかし第一次大戦にともなう農業の好況によって日本人の農業はさらに発展したので、大正九年カリフォルニア州の人民投票によって新土地法案を可決（第二次排日法）。問題はさらに連邦議会に移り、大正十三年には日本移民入国禁止法が両院を通過し、七月一日から施行された（第三次排日法）。これによって日本移民の渡米は不可能になり、在米移民も多大な権利の侵害を受けた（注は、東京大学新聞研究所所長［当時］殿木圭一氏による：編集部注）。

（「東京朝日新聞」一九二四年七月一日）

第五章　民俗学＝史学の方法

解題

ジャーナリストとしての柳田の活動の結果ははかばかしくなかった。たとえば、折角実現された普通選挙（一九二八年）でも、結果は従来と変わりばえがなかった。人々は地域に割拠する「親分」（顔役）に従っていたからである。しかし、柳田はこのような挫折から、民俗学の新たな課題を見出した。それは、いわば、民俗学の方法を、古代史ではなく近過去に応用しようとすることである。それを示すのが『明治大正史世相篇』である。

しかし、大正デモクラシーの余韻は消え、議会制の機能不全、それとともに軍部のクーデター、さらに、満州事変にいたる政治的な変動があった。柳田は徐々に現実的なコミットメントから遠のいた。彼の民俗学＝史学が方法的に確立されるようになったのは、そのような変化に対応している。彼は、文献中心で政治中心的であった史学を批判した。では、いかにして民俗学が新たな史学をもたらしうるか。その鍵は、柳田が以前から唱えていた「方言周圏説」にある。それは、日本では、中央にあった言葉が波紋のように周囲に伝播するため、中央で消滅してしまっても周辺の両端に残ったものが一致すれば、それによって古層を推定できる、という考えである。同様に、南北・東西で何らかの文化的事象の一致が見いだされるなら、それによって古層を「実験」することができる。柳田はそれを「実験の史学」と呼んだ。

だが、このようなことが成り立つのは、日本が「島」だからである。外の文明が陸続きにではなく、海を越えて中央（京）に到来し、そこから周辺に広がる。ゆえに、日本は「実験の史学」にとって恵まれた場所である。これが、柳田が「一国民俗学」を唱えた根拠である。しかし、柳田があえて「常民」に焦点を当て「一国民俗学」を唱えるようになった理由がもう一つある。この時期、満州国や東亜協同体のような日本のプロジェクトが要求したのは、日本人が島にとどまることなく大陸に雄飛すべきこと、また、民俗学も東亜をつなぐ比較民俗学となるべきことであった。それに対して「一国民俗学」を唱えるのは、時代の趨勢に異議を唱えることであり、柳田は事実上、民俗学者からも孤立するようになった。

実験の史学　抄

一

日本の学界にはミンゾクガクというものが現在は二つある。我々は何としてなりとも、この二者の差別を明らかにすべき必要に迫られている。いちばん手短かと思われる方法は、いずれか一方の名を改めることであるが、これには外側の使用者の承認を必要とするので、実現はなかなか容易でない。その上に内部にも、二つのものはだいたい同じだと思っている人が、折々はあるのだから始末が悪い。「だいたい」などいう語ははなはだ科学的でない。まるまる同じなら一つだ。やや違うと思えばこそ、二通りの漢字が用いられるのである。それならばちがいはどこにあるか。もとよりこの二つの研究はいろいろの共通点をもっている。また互いに扶《たす》け合い、将来もいっそう提携して行くべきものであることは疑いがない。私などはそれだからこそ特に相異と堺目とを、はっきりさせておかねばならぬと思う。一つの目標として、私は国または人種ということを考えている。どこの国でも民俗学はナショナルで、主に自分の同胞の文化を討究し、稀に代ってある一つの未開種族の過去の生活を尋ねてやる。これに反して、自分の国だけのエスノロジイというものは、まだ今日までは唱えた人がないのである。だから日本民俗学とさえ言っておれば、どちらのゾクの字を書きますかなどと、問い返される心配はない。しかしそんな日は来るかも知れない。もしくは奇を好んでそんな名を用いる者ができるかも知れない。日本などでは、かつてエスノロジイを土俗学と訳していた時代に、現に日本土俗学を説いた人さえある。いつまでも日本民俗学とさえ名のっていれば、他の一方と紛れはせぬという安心は保てないのである。

二

そこで第二段に、二つの学の争いなき差別点として、私はここに採集ということを考えてみようとする。これとても永い未来をかけて、変化のない標準とするには足らぬかも知れぬが、少なくとも日本現在の状態においては、今はまだ一方を採集の学、他の一方を読書の学と言って差別をしても差支えがなく、またそうすることが簡明であるように思われる。

単にこの講演の便宜のために、私は他の民ゾク学にすなわち民族学の方に、在来の土俗学・土俗誌という語を使おうと思うが、その土俗学においても、採集はもちろん無視せられてはおらぬ。むしろこれをただ一つの基礎として、土俗誌は大いに行われ、土俗学はまたその中から生れたのである。世界を一団の研究群として見るならば、採集は今なお不断の刺戟であり、また批判及び系統立ての動力として必要欠くべからざるものであって、いったんその進行が停止した場合には、土俗学は啻《ただ》に爾後の発達が望めないだけでなく、あるいはその存続をも脅かされるかもしれぬ。だから間接にはこれもまた、立派な採集の学だということができる。ただ個々の国、個々の学徒の立場からいうと、いまだ採集をもって直接研学の手段とし得ざる者が、今日はなお非常に多く、いわゆる土俗誌の資料の豊富に過ぎる時代においては、この方面の学者ほど多く読み博く捜《さぐ》り、刻苦の生涯を書斎に閉じ込めなければならぬ人は、他にあるまいということになるのである。

もとよりこれはどちらがよいかという問題ではない。単に耳できけば全然同じ名の二つの学問が、今の日本では「だいたいにも」同じものでないということを説明する資料に過ぎない。経験ある外国の旅行家の観察とその精確なる報告、ことに一定の用意支度の下に、時と費用とを惜しまなかった周到なる調査の記録が、慌《あわた》だしい各自親《みずか》らの見聞より価値の多い場合はいくらでもある。ただかくのごとくにして新たに知られた事実が、我々の学問の血となり肉となる手順において、若干の相異のあることのみは争えないのである。これは見ようによっては人の学問の二つの方向ともいうことができる。二つの民ゾク学は、たまたまその双方の端から、おいおいと相接近しようとしているので、これが百パーセントに完成すれば、表裏まったく一つのものとなるが、それまでの間は求むるものと与うるものとに行違いがある。今日世界の端々において、心ある若干の調査者によって観察記録せられつつある未知の事実は、いつかは人間の知らずにはおられぬもの、我々の他日の求むるところ、またあらかじめ知っていることを有利とするものでもあるが、それが各人現在の生活上の疑問にただちに合致することは必ずしも望みがたい。時として非常に長い貯蔵期とやや散漫なる博識慾とを必要とする場合なしとせぬ。もとより学術はこれによって誘導せられた。今日の正しくまた適切なる多くの問題は、言わば水を向けられて始めて起ったものである。しかも我々の問題は常に成長する。それがいつでも次々に、世界の学者の新たなる知識の跡を追うて成長して行くものとは定まっておらぬ。各人のまず知らんと希《ねが》うところは、あるいは前賢の釈《と》き諭《さと》さんとするものの外にあることが稀なりとせぬ。ことに学問が国の内外を堺する場合に、この喰い違いは生じやすいかと思う。ここにおいてか実験の人文科学、すなわち各人自ら進んでわが疑いに答えんとする研究方法は企てられねばならぬ。新時代の国学は、必ずやこの方向に向って展開するものと私たちは信じている。

三

ここにいう土俗学すなわちエスノロジイは、世界の学であり、また最も広汎《こうはん》なる国際の学であるけれども、やはりおいおいと実験の道に向って進んで来ようとしている。現に未知の地域を劃し、調査の事項をあらかじめ限って、ある特定の目的の下に計劃せられた探険隊も幾つか出ている。幸いに世の平和がやや続いたなら、地球の表面には知られぬ生活なく、あらゆる人生の大きな問題は、すべて実例をもって応《こた》えられる日が到来するであろうことも空夢ではない。

かりに日本人がフランスの多くの学者のごとくいつまでも本で読み通す学徒であったにしても、なおついには外国の信ずべき記録によって、すべての必要なる答を検索し得るようになるかも知れない。ただしそれは日本限りの多くの事実が、今のように埋没しておらず、ともにことごとく世界の知識と化した後の話であることは言うまでもない。現在はとにかくにそれがまだ望めないのである。少なくとも日本においては、日本民俗学のみが実験の学であり、他の一方はこれと対立するところの修養の学、答えが与えられた後の問いの学、たまたま各自の心からの疑問に対する解釈が、すでに用意せられてあったから仕合せという学である。

しかもそれを決して悪いということはできない。すべてのいわゆる社会科学が、つい近頃まで皆これであった。その中でも史学などは、とうてい実験と両立し得ざるもののごとく、考えている人が今でもある。我々は教え示されて始めて知り、それをある場合の入用の日まで、覚えて大切にしていればよいとされている。それほどまた人の心が素直で、与えられたる何物にも興味をもち、自在に学界を引っ張り廻されていたのである。もとより各人独自の欲求が睡《ねむ》って眼覚めなかったのではない。その証拠には幼童はかえって思いも寄らぬいろいろの質問を提出する。生活はむしろ知識の有限性、尋ねても答が望まれぬ問題の多いことを経験せしめ、年をとるにつれて、次第に無益の追究を断念させようとしているのである。だからいったんここに新たなる希望が生れ、懇《ねんご》ろに求むる者は与えられるということが判って来ると、たとい世の中が今より矛盾少く常理が全社会を秩序立てている場合でも、なお好んで人の今まで試みなかったような疑惑を挿《はさ》んで、その解決を一生の仕事とする者が出て来るのである。過去数十年間の学問の進歩は、ただ偶然の発見の集積に過ぎなかったが、なお資料の豊富かつ多方面なる増加は、学徒を勇気づけるに十分であった。そうして我々はまた、不可解の特に痛切なる、答えなき不安の特に忍びがたき現代に生れ合せているのである。珍奇な語であるが学問の自主、他国の問題よりは自国の問題、まず自分の内に起る疑いから出発して、次々にそれを外部と共通させて行こうとする学問の、日ましに盛んになるのは自然の勢いである。

今日の自然科学とても、わずか三百年間か四百年の前までは、実験を基礎とする学問ではなかった。発見はおおむね偶然であり、ただ若干の優れたる頭脳のみが、静かに結果を予期してその発見を待っていただけで、他の多数にこれを伝達する手段は、ただ記述があり講説があるに過ぎなかった。前代の師弟道は、まず信じてその説を受持し、または導かれて他人の抱く疑問に追随していた。それが実証によって、弟子の頭に「果して然《しか》るか」の懸念を根絶し得たのは、きわめて最近の変化だと言って差支えはない。書物は古今の哲人に比べると、今一段と不純なもの、取捨の必要なものであるにかかわらず、その分量の莫大なことは、たちまち入門の士の過度の信用を博して、あの中を捜せばどこかに必ず自分の問に対する答があるときめてかかって、貴き生涯を文庫の塵《ちり》の中にさまよい暮らした人の数も多いのである。日本のように本の選択が不自由で、一方に俗書の横溢《おういつ》する国では、この病はことに警戒せねばならぬ。今はまだ不幸にしてこの方面の援助を謝絶することはとうていできぬが、少なくともそういう労多き迂回《うかい》の途、時としては徒労に帰するの危険を避けて、新たなる一方の直路を開通しようとせねばならぬ。これは単に学問の前途が広漠であり、人の一生がこれに比べてまことに短いという普通の推理によって説くのではない。我々はもっと多くのものを経験している。前人はかくのごとく親切なる筆まめであり、印刷所の能力はまた無限であるが、問題によっては本にはまったく書いてないものがある。そうして入用な知識は文字以外に、捜せばまだいくらも散りこぼれている、ということを我々は知ったのである。正しい方法を立てて速かにこれを利用すべし。これより以外の結論はあり得なかったのである。

四

我々の疑問は国に属し、また現代に属する。ゆえにこの二つを離れた解答というものはめったにあり得ない。歴史は単に過去の事実の記憶せられ説明せられて今日に伝わっている形で、これもまた眼の前の事実に過ぎぬが、我々はすべての現世の事相には皆原由があり、その原由は総《すべ》て今よりも以前、すなわちこの国の過去にあったと認めるがゆえに、時としては身を遼遠《りようえん》の昔において、親しくその真相を把握しようと試みるのである。記伝をこの学問の唯一の能事と解する者のほかは、おそらく一人として今を軽んじて昔に見かえようとする者はないと思う。実際はいつとも知れぬ入用のために、または必ずこの中から未来の問題は生れるものと心得て、暗記を普通教育の中に入れておくのだが、その効果が挙がれば挙がるほど、この在来の一つの方法だけでは得られない答がほしくなるのである。

人が何ゆえに貧苦を脱し得ないか、村がどうしていつまでも衰微感のために悩まされているか。選挙がどういう訳《わけ》でこの国ばかり、まっすぐに民意を代表させることができぬかというような、さし迫った一国共通の大問題なども、必ず理由は過去にあるのだから、これに答える者は歴史でなければならぬ。人がそういう史学を欲しがる時が、今まだ来ていなければ、近い未来にはきっと顕《あら》われる。この私たちのいう実験の史学は、もちろんもっと広汎《こうはん》な前線をもっているが、まずこういう実際問題によって、その能力を試験せられてもよいと思う。

私たちの見るところでは、あらゆる社会現象は原因なくしては起らない。そうしてこの国限りの問題である以上、その原因も必ず国の内にある。それが見つからぬというのはないからではなく、消えてあとかたもなくなっているか、人が忘れて心づかぬか、ないしは知ろうと力《つと》めなかったかの、三つに一つである。通例は無責任に、その第一の場合と断定することがはやるが、うっかりとは信じられない。なくなれば結果もなくなりそうなものだ。すなわち形をかえて、原因はなお潜んでいるのである。容易にわからぬということは、言わば学問の興味、お互いの努力を張合い多くする条件ともいえる。それをだいたいにどの辺から捜すのが順序かというと、捜しものはまず周囲に目をつけるのが原則で、これがまた端的に、外国の学者のいかに周密なる調査でも研究でも、採ってただちにわが国を説明するあたわずとする根拠でもある。我々の歴史は通例は問題その物についている。この夏からパンを食うことにしたと言えば変遷であるが、家にはきっとまだ茶椀もある箸《はし》もある。何年何月からという年代記は不可能でも、この前飯を食っていたということだけは記録を要しない。強飯《こわめし》は今でも式の日に家で炊《かし》ぐ例が多いが、それをやめても器物はなおしばしば残っている。近世のフカシは木を井字に組んだ物で、それでセイロウの名もできたらしいが、それ以前はコシキと称して木の曲げ物であった。京都には支那と同様に、土製の甑《こしき》が用いられたことは記録に見えている。鹿児島県の島々にはコバすなわち蒲葵《びろう》の木の幹を輪に切って、そのまま用いている例が今でもあるが、縄を巻き上げて甑にしたものも弘く行われていたと見えて、蛇がとぐろを巻いたのを蛇のコシキという語は上方《かみがた》の方言に存する。佐渡ではこれをサラニナルという。皿もおそらくはまたもとは藁《わら》製で、土器にも轆轤《ろくろ》以前には土を縄にしてつぐねて行った跡が見られるが、この方はむしろ藁の器の製法を移したものらしい。この幾つかの地方的異同は、単なる器具だけではなく、同時にまた食事の著しい変遷で、日本人の生活に大きな影響を与えている事実だが、その推移の迹《あと》は書物にもこれを録せず、いわんや外国の諸民族の食制に関する精《くわ》しい記述などは、何の用にも立たない。しかも現在の国内の事実はほとんとこの変遷のすべての階段を、どこかの隅々に保存している。一つの土地だけの見聞では、単なる疑問でしかない奇異の現状が、多数の比較を重ねてみればたちまちにして説明となり、もしくは説明をすらも要せざる、歴史の次々の飛び石であったことを語るのである。

*

八

次に言わなければならぬのは、各人の郷土との関係である。採集の潮どきが国によりまた個々の問題に伴うてあるごとく、個々の地方にもまた今ならばという時があって、その時にはまだ人を得なかったということもあろう。今までの学問は都会に偏し、都会は村落よりも早く採集期がすぎてしまった。学問と愛郷心とがこの場合にはしばしば抵触する。生れ故郷のことを知ってこそ勉強の甲斐《かい》がある。よそのためには働くも張合いなしという気持の他に、外へ出てしまえば同郷人でもなくなって採集がやや不便になる。まさか自分の土地のモダーンになったことを悔む者もあるまいが、方言集などにはちっとも方言でもない単語を、しこたま拾い集めて自分の土地の方言集として公にした笑止千万な例も折々ある。この誤解の一つのもとは、郷土研究の語の履きちがえである。自分の土地ばかりの一つの歴史、割拠孤立した郷土知識がそれだけでも何かの価値あるように思う者がこうする。我々の知りたいのは日本人の生活で、それには大した郷土的差異はないのである。むしろ自分の土地だけでは解き得ない謎が、他所《よそ》の比較によって始めて明らかになるのが常である。これを郷土限りで調べようとする理由は、そうすることが比較的有効だからである。採集実験がしやすいからである。東京に方言集はまずないごとく、カッフェから民謡はまず得られぬごとく、ここに自分の究めんとする資料がなければ仕方がない。その次は出て求めるのが順序である。わが土地がつまらぬからこの学問をやめるという理由はあり得ない。

その上に同郷人としての特殊能力、もしくは形勝の地位ともいうべきものは、取って代られないものでは決してない。著しい例をいうならば、生地に住み続けた冷淡なるインテリ、または物慾や外部の刺衝《ししょう》に負けやすい観察者よりは、親切な旅人の方が深いところまで物を観得る。また同じ問題を尋ねてみようとする場合にも、土地の不馴れな篤学者よりは、何度か同じ事項の少しずつ違った側面に触れ、または考えてみたことのある外来人の方が力がある。書いた物なども一度問題に触れてからでないと、なかなかとっくりとは腑《ふ》に落ちぬものであるが、ただ見たというだけでなく、それによってある種の刺戟を受けた者と、まったく始めての人々との間には、三年や四年の滞在熟知に匹敵するだけの能力の差が見られる。ただできることならば近くの人親しい人、郷土人その者が経験しまたは読書し感奮してくれれば、鬼に金棒だと言うばかりである。これを超えられない障碍物《しょうがいぶつ》のごとく思っていることは自他の損である。

私はここに採集技術という語を試みに用いたが、必ずしもこれは卑近なまたずるい掛引きのことばではない。つまりは引きくるめてある一つの素養が、採集ごとに実験を目的とする我々の採集に、欠くべからざるものだということを言うまでである。永い年月の間の失敗と成功、または同志の事業に対する尊敬と批判などが、この修養の大部分を占めることは確かだが、なおその以外にも勘とかコツとかがいう、ちょっと口では説けないものが幾つかある。その中でも被採集者の人柄と気分、人はよくても折が悪いか、場合は適当だが話す人間が面白くないかは、まるまる無価値という場合もないので、かえって見切りをつけるに骨が折れる。私はおおよそ顔で判り、眼つきでわかるようにも感じているが、だいたいに少しく念入りな、やや敏捷《びんしょう》な答をしてくれない人の方が、はきはきした者よりは頼もしいと思う。女性の適任者というべき人はたいてい話をいやがるが、それでも年をとると私などのように、これだけは是非とも語って残しておきたいという時が来る。その頃になると存外によく教えてくれるものである。土地の故老の重んぜられるのはそのためだが、その中にも男には若い頃政治などに携わり、覇気に富み優越感の逞《たく》ましい者がまじっている。警戒しないと嘘を報告する結果になるであろう。

こういう小さいことはむしろ座談会の話題に向いているからいい加減にやめる。私の言ってみたかったのは、わが郷土のすでに採集期を過ぎた場合、そこに固執する必要はないということだが、同時に採集期の過ぎたというのも程度問題で、志ある採集者の修養次第、郷土の古風のやや埋没したものを掘り起すことを得るはもちろん、旅人でも努力すれば郷土人を凌《しの》いで、たとえば東京・大阪というがごとき、物皆改まったと見える大都府の中からでも、なおかつ先祖の田舎者が持ち伝えて放さなかった多くの心意現象を見あらわすことができると信じているのである。問題の骨子は採集者が学徒であること、植木屋が草木をほり、蛇屋が蛇を捕えると異なって、別に学問以外の目的などをもたぬこと、できるならば自分の疑いを釈《と》くために、しからざれば多数同胞のともに知らんと希《ねが》うところを明らかにするために、改めてこの輝かしい帝国の、現在の社会相を観測しまた捜査することである。かくしてこそ学問には生命があり、また生命には興味があるであろう。

（『日本民俗学研究』一九三五年）

単独立証法　『国史と民俗学』より

歴史がたった一度しか起らなかった事件だけを、書き残しまた読み伝える仕事だということは、これもまた今日の実際とは反するが、いたって古くからの我々の信条であったゆえに、依然としてそれでよろしいかのごとく、思っている若干の学者を世に留める。一つの特権とも言わば言われる点である。私たちから見ると、これは単に幼な児が一つ身の衣を着るようなもので、確かに歴史の起りではあるが、また決してその成長した姿ではない。古い記録が稀有《けう》の大事件を列記して、その任務を果したと信じていた理由は明白である。ひとりその力がそうそうは細微な項目にまで、及び得ないからという節約ではなくして、別にこの以外のことは平凡にして伝うるに足らずとする、誤ったる判断があったからである。現代のような有為転変の目まぐるしい社会でも、なお我々は幾つとなき世間並、もしくは普通ありふれたというものを持っていて、それが翌《あけ》の日にも改まってしまうべきを忘れているのである。まして氷河のごとき遅々とした歩みをもって、じりじりと移り動いていた時の流れの岸に立って、末ついに甑《こしき》で飯を炊《かし》ぎ、瓠《ひさご》で水を掬《く》むというような毎日の生活までが、不明に帰し去って歴史として尋ねられ、もしくは靫《うつぼ》と箙《えびら》との区別が、故実の学者に問わなければ判らぬという時代が、到来することを思わなかったのは無理もない。ただそのために後世の歴史心が、制限せられているわけに行かぬだけである。上古の平々凡事は今日はたいてい皆珍奇である、わずかに片鱗《へんりん》を窺《うかが》い得ても、鬼の首を取ったように我々は騒ぐ。古人が吝《おし》んでその知識を書き伝えなかったのは、必ずしもわが族わが郷土の誉れを掲げるのみに急だったからとは言われない。読者もまた最初はそういうものを、読書によって学ぼうとは思っていなかったのである。名山石室に書を蔵して、是非を百代の後昆《こうこん》に問おうなどと言う人でも、もともと自分と同じ程度の、経験常識ある者を目標としていた。だから世が改まればその親切は遠く及ぼし得ないのである。数多い江戸期の著述の中には、「後は昔」といい、「後のための記」といった態度のものも多少あるが、その比較の対象としたものまでが、すでに我々と縁遠くなってしまうと、興味はとうてい直接の子や孫が、感じた程度には濃《こまや》かであり得ない。貝原益軒《かいばらえきけん》や大田蜀山《おおたしよくさん》のごとき、全部他人を益するがために見聞したかと思う筆豆《ふでまめ》の紀行でも、これをケムペルやジイボルト等の、護送同様な旅の日記と比べて、前代駅路の活況を詳《つまびら》かにする点において、なおはるかに劣っているように見えるのは、前者があの当時当り前と思って注意しなかった点が、今日はすでに紅毛風に変っているからである。史学を世とともに成長する学問としたい人々は、古い事なら何でも本に書いてあるという、一大迷信を棄てなければならない。

　自分は正直に物を言うならば、風俗に安土桃山等の区切りのあることをちっとも信じない。これが単なる説明の便宜、あるいは回顧の目標というならば格別、もしも秀吉が出てからないし基経《もとつね》が関白になってから、忽然《こつぜん》として異なる形の世相が出現したように教えようとする者があったら無法である。かりにそのような法則が隠れてあるならば、現在も国民の生活ぶりは共通していなければならぬと思うが、今日はまさにその反対が認められている。ラジオや乗合自動車がよくよく行き渡った最近まで、開けたという土地にすらいろいろの段階がある。水色ペンキで塗り立てることを、新文化と心得ているような土地でも、背戸へ廻ってみると萱《かや》の穂で屋根を葺《ふ》き、祭の醴酒《あまざけ》と安珈琲《コーヒー》と、どっちが甘いという類の暮しをしている。衣装は外形で最も模倣が容易なものとしてあるが、脱がせてみれば下は越中《えっちゅう》、あるいは灸《きゅう》の痕《あと》があり、またうぶ神様に捻《ひ》ねられたという痣《あざ》をもった子供もいる。それからさらにもう一重の皮の下に、動き流れているものの働きなどは、人ごとに皆生れがあって、おのおのその類につれて異なる方角に向おうとしている。誰がこの全体をもって時代精神なるものの産物と、解することを許されるだろうか。一家一郷の行き通うている間でも、何か変った機会には意外な行動や心持が頭を出して、旁《かたわら》なる者にさえ説明を困難にする。ましてや二つのかけ離れた土地の間に、互いに視て駭《おどろ》くような様式の相異のあることは、むしろこれからようやく明らかになろうとしているので、たとえば稗粟《ひえあわ》を主食とする東北の部落へ米の郷倉を建ててやって、始めてそれが彼等に迷惑だったことを知ったという話なども、つい近頃の奇抜な経験であった。これがある変人の気まぐれな思い付きでない証拠には、島や山間ならば遠方にも一致があり、また必ず隣近所だけの共通がある。便宜必要の促迫するものがなければ、欲望も必ずしも外部からは浸潤せず、別に熟慮の上の選択ではなくして、ただ古くからの状態に居残ったというだけのものも多いのである。日本は地形と交通関係の致すところ、ことにこの幾つかの階段が、地域的に縞《しま》をなしている。政令制度のごとき全国均斉を期したものでも、できる限りは各自の立場、今までの仕来りと調和されようとし、それができなければ上辺《うわべ》ばかり、従うた形にしておこうとして、破綻《はたん》を生じた実例にも毎度遭遇する。ましてやめいめいが勝手に生きてよい部分に、指導や統一のないのは当然と言ってよい。それを国中に一人の英傑現れ、もしくは一大事件が生ずるごとに、廻り舞台のごとく世相は転回するものと、解するに至った動機こそは不思議である。

察するところこれは文芸技術の中部都市帯における成績をもって、ただちに全国の記念碑のごとくに速断したことが一つの原因をなしている。ある少数のいわゆる歴史上の人物が、富を得、勢力を養えばこの方面の才能は保護せられまた引き立てられる。同じ趣味は学ばれその系統は慕われて、行く行く弘い区域を風靡《ふうび》することも事実だが、それは年処を重ねた後であり、また多くはやや落ちぶれかかった末流の作用である。もしも花やかなる当初の記録と作品に眩《げん》惑《わく》せられなかったならば、別にこれと併行した旧来の流れが、幽《かす》かながらもなおきらめきせせらいでいることを認めたであろうが、一方は多くの礼讃者と個人伝記とに囲繞《いにょう》せられ、片方の昔ながらのものはそれに押されて次第に弱り衰えたゆえに、言わば成功した者の世の中となり切ったのである。しかも国民を導いて今日あらしめた生活技術は、この種高級の芸能以外に、まだまだ幾百ともなくあって、それは必ずしも中央の号令によっては進まなかった。わずか三つか五つの特に文書に恵まれたる都市芸術の華《はな》なるものを雇うて、全国の文化を代表せしめる企ては誤まっていると思う。そうでもしなければ、限られたる今日の史学の方法をもって、すべての新しい疑問に応じられぬという、窮余の一策でもあったのではないか、万一そうならば人の悪い話である。しかも英雄が時世を作るといい、事変が人心を新たにするというなどは、これに比べるとまたいっそう空なことであって、誰もが詩人のように慨然とこれに共鳴する間は格別、もしも無邪気にどういう手順を経てと、問い返す者があった場合、私は教育の役目をもつ人々が、いかなる語辞をもってこれに答え得るかを知らない。

歴史は本来誰でも知る通り、毎一回の出来事を精確にするために、教えまた学ぶを目的として世に生れた。その真実は書伝に誤謬《ごびゅう》がなく、筆執る者の心が正しい限り、なお万年も永続することであろう。ただ一たびその指定の区域を出でて、かつて企てられなかった周囲の空気、ないしは時代の趨向を詳かにしようとすれば、いかなる緻密《ちみつ》の文書学も、往々にして蹉跌《さてつ》を免れないことは、なお石斧《せきふ》の一片にコロボックルの昔を談《かた》らしめるようなものである。当代史学の峻厳《しゅんげん》主義が、個々の史料の素性を究追して、書字を重んじ、耳を経または噂《うわさ》を通って来たものを危ぶむのは、一つの目的のためには安全なる用意と言ってよいが、もしも一方の証拠力の余りを、第二の道すなわち書いてもないことの上にも及ぼそうという下心ならば、冒険はかえって我々のものより大きい。我々が知りたがっている歴史には一回性はない。過去民衆の生活は集合的の現象であり、これを改めるのも群の力によっている。それをただ一つの正しい証拠によって、むやみに代表させられては心もとなくて仕方がない。こんな問題こそは実例を重ねてみなければならぬ。古く伝えた記録がなければ、現に残っている事実の中を探さなければならぬ。そうしてたくさんの痕跡《こんせき》を比較して、変遷の道筋を辿《たど》るような方法を設定すべきである。

以前の記事本末体は起原論に偏していたのみならず、文献を重んじた結果、少なくともそれから以後の変遷を解説する力がない。かつて史学会で公表した拙文も残っているが、たとえば今日もむつかしい問題となっている婚姻の制度などは、往古の記録としては上流の儀式しか残っておらず、たまたま中世以降の文学の間に、散見している叙述を集拾しても、なおその今日に至った過程ははっきりしない。しかも人が社会をなす以上は一度は経歴した重要印象なるがゆえに、現在の統一傾向の中においても、なお各地の残留古風を並べてみることによって、以前の状態がわかり、それがまた意外に遠くまで遡《さかのぼ》れるのである。埋葬の風習については、ただ古墳が遺物として存し、また若干の上流記録がある。これによってもし万人この通りであったという歴史を書くならば、書く人自らが信じ得ないものができるだろう。しかも今日は幽《かす》かながらも、あらゆる屍体《したい》処理の方法がまだ伝わっている。すなわちかつてはある年月の後にまったく跡を留めなくなる葬法が大衆の間に行われ、それが最近になってこちたき石塔制度に改まったのである。こういう問題には、今ある厳格なる単独立証法は役に立たない。文書は元から少なくまた早く亡失して、残ったものの代表力はいよいよ覚束《おぼつか》なくなるからである。絵巻物の多くを展観して、結び燈台という類の画を集めて、『日本燈火史』というような本を書いた人もきっと失敗する。何となればその中には、今でも山村に伝わっている松焚《た》きの石皿を見落し、また炉の火だけで顔を見合っていた者の生活を忘れているからである。

（『岩波講座日本歴史17』一九三五年、『国史と民俗学』一九四四年）

我々の方法　『民間伝承論』より

我々の眼前に毎日現われては消え、消えては現われる事実、すなわち自分のいう現在生活の横断面の事象は、おのおのその起原を異にしている。この点より考えて、全事象はそのまま縦の歴史の資料を横に並べたのと同じに見ることができる。自分はこの横断面の資料によっても立派に歴史は書けるものだと信じている。自然史の方面ではこれは夙《つと》に立証せられたことで、すこしでも問題になっていないのである。自分のごとく歴史は現在生活を説明する学問であると解している者には、この横断面に現われるあらゆる現在生活相を無視することはできない。我々は我々自身の眼で見た事実を重んじ、それを第一の資料とする。自分の考えでは、日本がまだまだもっとモダン化しても、今日まで経て来たプロセス、史的発展の順序は、この横断面をつぶさに観察することによってもわかると思う。

同一のことがらにしても、現在の生活面を横に切断してみると、地方地方で事情は千差万別である。その事象を集めて並べてみると、起原あるいは原始の態様はわからぬとしても、その変化過程だけは推理することは容易である。たとえば燈火の問題にしても、今日はガス・電気をもって夜を昼の明るさになし得るが、田舎へ行けば蠟燭《ろうそく》・提灯《ちょうちん》はまだ幅を利かしており、また単なる焚火《たきび》や炬火《たいまつ》であかりを採り、また何かの場合にかがり火を燃やすなど、石油以前の燈火文化の変遷推移は、今日なお残っているものからでも十分にうかがえるのである。そしてこういう風な現象は燈火だけでなく、あらゆる方面に見られる。今日全国小学校の運動会などで行われる綱引の競技のごときも、これがもとは神祭の日の神聖な行事であったことは、諸国の例によっても明らかであるが、何のための行事、何の目的を有する競技であるかというようなことは、各地の実際を並べて考察すると自ら判明して来る。この競技が作物の豊凶、神意の所在を卜《うらな》う神事であったことは、琉球で行われているこの競技の実際と併《あわ》せ考察する時は明らかである。いずれの社会事象もこういう風に観察できるはずである。

　史学を学ぶ者の道の誇り、外部でその律義さを誉《ほ》めそやし傾聴しようとした理由は史料を容易に許さないリゴリズム（厳正主義）であった。しかしこれはいわゆる史実の一回性に伴なうものであって、後にも先にもたった一度しか起らなかった昔の大事件によって、ついでにその囲《めぐ》りの世の様や時の姿を説こうとする以上は、どれほど慎重に記録文書の鑑定をしても、いつでもまだ安心がならぬのは知れたことである。しかも今まではこれ以外の手段を知らぬゆえに、むやみにやかましい証拠物の批判をしていたのである。ところが一たび我々の集めるような人生事実を、新しい史料に採用することになると、さような苦労をする必要はもうなくなって来る。たとえばこの社会の最大事件、人が飯を食い、妻まぎをするということなどは、過去にも何十億回とくり返され、また現前にも到る処に行われている。それほどでなくとも年に一度、一代に一遍は必ずあることが、村ごとにある歴史を告げようとしているのである。私たちのいう重出立証法は、いたって安全に今までの厳正主義に代ることができるのである。しかるに一方では史料を新たにこの繰り返さるるものの中から求めながら、なお旧式の証明手段に縋《すが》ろうとする者があるとともに、他の一方ではたった一回の事実を見ただけで、それがなんらかの過去を示すように説く者がある。かようなうつつなき人々が寄り合って、意見が合致したところが何になろう。いわゆる文化人類学の事象の中には、盲探《めくらさぐ》りにただ一つの例を把えて、それが幸いに代表的のものであった場合も稀《まれ》ならず、ために比較の労を省いたと自慢してもよい例は多かろうが、学問の基礎はそんな心もとないものの上には置けない。たとえば私の家の朝飯には、折としてタピオカを食うことがある。それをたまたま来合せて心づいた学者が、日本人の食物は爪哇《ジャワ》産の草の根の葛《くず》を煮た粥《かゆ》で、半透明のものだと報告したならばどうであろう。それをあえてしないのは言わず語らずに、すでに他の多くの朝飯を知っているからである。

我々の重出立証法はすなわち重ね撮り写真の方法にも等しいものである。この方法の強味を知っている我々は、書物はもとより重要なる資料の提供者と認めるが、決してこれを至上最適の資料とは認めないのである。実地に観察し、採集した資料こそ最も尊ぶべきであって、書物はこれに比べると小さな傍証にしか役立たぬものである。書物による傍証法に力を入れ過ぎると、歴史と混淆《こんこう》した妙な危なっかしい「民俗学」ができ上るのである。そういう方法を許そうよりは、まだしも消極的な厳正主義の方がよい。それにしても十分以上の資料の集積と、その精密な比較とが最も必要であることがまず認められねばならぬ。記録は元来過去と現在との間に空隙のあるものであって、歴史を僭称《せんしょう》していても、歴史としての存立の可能性のないものが多い。たとえば日本の農民史などは、在来の史学の方法ではとうてい書けないものである。わが国の農民に関する限り、その実情は今日なお実際は有史以前である。歴史はもともと政治的のものであり、かつ文字に関係のある部分は、その資料が存外多く存するものであるから、文芸史とか、あるいは文字を用いる職業を持っていた者の歴史は、偶然の記録もあるおかげで、できる可能性があるが、それとても史料の空隙、無歴史の部分は多かるべく、欠陥は多いであろう。歴史を考える場合、狭い範囲の郷土史を作ろうとする心は捨てる必要がある。また書契《しょけい》以前に力を入れ過ぎることが史学の名誉でないことはいうまでもない。かつて鍬《くわ》の入らなかった史外史の未開墾地の開拓を、我々は歴史の学問に対して熱望しているのである。

（『民間伝承論』一九三四年）

東北と郷土研究　抄　『東北の土俗』より

今からちょうど二十年ほど以前、私が佐々木喜善君の談話を整理して『遠野物語』と題して世に公にした頃は、何という珍らしい話題ばかり多い地方だと、友人達は皆な目を見張り、私もまた心ひそかに黄金の鉱脈にでもぶっつかったような感じがしました。それからお互いの熱心な比較によって、その中の一つでもいまだ東北特有というべきものはないと考えられるに至り、単に陸中遠野がどこよりも早く注意せられ観察せられたことのみを、異数と認めてよいようになりました。郷土研究が独占割拠の学問でなくして、むしろその反対の事業だということが次第に解って来たのは愉快であります。外国でもこれと同様に、最初はある偏卑《へんぴ》な一隅が、稀有《けう》に故事に富むということから注意を引きました。事実いわゆる民族主義的感情に促されて、郷土研究は起ったと言うてよいのであります。伊太利《イタリア》ではシシリヤの一島にこの学問は特に盛んであり、北はバルチックの沿海諸国、ことにエストニヤやフィンランドのごときは、ほとんとこれをもって民族意識の覚醒《かくせい》を目標としているのであります。

フィンランドではかつて文書記録の旧事を伝うるものなどはなかったのが、新たに政府直接の力をもって、四百万語の辞彙《じい》と二十万句の歌謡とを輯録《しゅうろく》しました。そうして最後の収穫は北方各種族間の伝統の共通を顕著ならしめたのでありました。仏国でも西北のブルターニュと、東南のサボアとは、両端に相交渉せざる種族のごとく考えられ、従って各独立した地方研究が起りましたが、それが進んで行くとかえって太古以来の兄弟関係がわかりました。野獣と人との中間のごとく前には思われていた熱帯地住民すらも、これと欧洲の古代住民との間には考え方の一致した点が多く見つかったのであります。ましてや東北の住民は単に同じ人種の古くからの移住というに過ぎません。それが同じ文化を保留していることは少しでも意外でないのですが、しかも類似はむしろ東北と中央との間よりも、はるか離れた九州南部、それからさらに南の島々との間に何倍か濃厚であったことが、近年あの方面の調査によって判明しました。今までは単に互いに相知らなかっただけであります。これが従前の訓詁《くんこ》の学風、もしくは多少は改良しても古史・古文の註解ばかりでは、眠れる者の目をさますことができぬのは疑うところもありませぬ。私のいう地方主義が、今後大いに盛んにならなければならぬのは当然であります。

時間があったら今少し東北と南海との一致共通を説いてみたいと思いましたが、今回は見合せて別の方法で発表するの他はなくなりました。このごろ私の主として力を入れているのは地方言語の問題であります。中央部の広い区域だけはすでに改まって、北と南の端ばかりが同じ方言を使っている例は、音韻にも語法にもありますが、ことに単語には著しいものがあります。私はこれを方言圏の説で解こうとしております。蜻蛉《とんぼ》をアケズ、虎杖《いたどり》をサシ、踵《かかと》をアクド、真綿をネバシ、可愛《かわい》いをムゾという類は、奥羽のさらに奥と九州の外側とだけが共通であります。説話や伝説の方面でも先年私の公表した炭焼長者、赤子の運定め、または黄金の瓜《うり》などの話はすべて沖縄にもあり、また東北にも及んでいるのです。東北の中でも奥南部が最も古いものを多く保存しているようであります。習俗信仰の方面にも人が知らずに異なっているとばかり考えていたものが多いのです。東北文化の一特徴と目せらるる盲《めくら》の巫女《ふじょ》のイダコなども、以前中央の記録に載っているのみならず、沖縄でもユタといったこれに近い者がおり、相違はただ盲人に限らないことであります。人が死んである期間中に、亡霊の言語を聴いて幽明二界の交通をしようとする、根本の考え方も一つであります。

これが学問として存立し得るか否かは、単に研究者の態度一つであります。最初から自分の地方の変っていることを見つけようとし、ないしは未熟なる独断をもって女房や眷属《けんぞく》のような自分を信じてくれる者に講釈していい気になっているようでは、地方主義は有害です。真の地方主義は事実を確かめること、そうして結局はどこにも飛び抜けて珍らしいことはないという結論に行くつもりでなくては駄目です。それよりも以上に差し当って必要なことは、人はこれほど饒舌《じょうぜつ》でありまた筆豆《ふでまめ》であるが、その割には知らずまた知らせずに空しく過ぎて来た事が多いということであります。手短かにいえば書いた物の不信任、事実の再検査ということが地方主義の骨子であります。

実際の方面でも、この方法の必要は幾通りにもこれを説明することができます。我々の政治はすでに群の力を認めていて、しかもまだ個人と群との関係がどう動いていたかは説明し得る人がないのです。選挙などのあるたびに問題になる地方の有力者、それがその力を養うている理由は不明であります。というよりも今一つ源に溯《さかのぼ》って、人の智能と財力にこれまでの等差優劣の生ずべき根本がわかっていません。それが人類全体にわたって、どこでも結局は同じ法則に支配せられるのか。ただしはまた日本人であるために、東北地方の住民であるために、ある家ある個人は特に便宜を得、他の多くは屈服しまたは沈淪《ちんりん》するのであるか。私達は毎度東北をあるいていて、自然にこの疑いを抱かせられる場合が多かった。そうしてこれに答え得るものは、静かに自分の土地の生活を考察して、これを隔絶した他の同種の地方と、互いに比較し得る愛郷者でなければならぬと思っております。自分の問題には自分が最適当の解決者であるということは、この地方主義の学徒以外に、将来これを立証し得る者はないということ、これが恵まれざる東北の住民のために、特に郷土研究を勧めなければならぬ理由であります。

（『東北の土俗』一九三〇年）

比較民俗学の問題

一

朝鮮を見に行って来なくちゃいけませんよ。『万葉集』が歩いていますよ。亡弟松岡映丘《えいきゅう》がそういって私に勧めてから、すでに二十年になろうとしている。その間に二度、汽車で通り抜けたことはあるのだが、少しは準備して改めて見に来ようという下心があるために、かえって見られるものまでが残してある。今村氏を始めに、他の多くの篤学《とくがく》の公けにせられた研究物が、大切に手近の一棚に並べてあるだけで、それも年とともに著しく量を増し、やはり相当の日子《にっし》を算段した上でないと、索引を利用し得る程度にも、読み通すことがむつかしくなって来た。たまたま一二の箇所を拾い読みするだけでは、知識の渇きはむしろ忍びがたきを感ずるばかりである。こういう今に今にの漠たる予期をもって、老い尽す学徒は自分ばかりでもあるまいが、できるだけそういう歎きを少なくさせることは、創業期の学界に課せられたまた一つ余分の任務ではなかろうか。

民俗学 Volkskunde という一つの学問の分野だけを見ても、日本ではあまりにも資料が多過ぎた。多いということはもちろん悲しむべきことではないが、それが甚だしい乱雑のままでこのごろまでただ引き継がれていたのである。東京人類学会の創立の当初から、坪井・鈴木その他の有力なる会員たちは、すでに英国流のフォクロアの蒐集《しゆうしゆう》を、会の事業の大切な一項目と認めていた。タイラアの流派の人々は、概して内外の生活誌を区別せんとしなかったゆえに、自国のものをも土俗というやや不愉快なる文字をもって表示していたけれども、採集者の態度は当然に蛮地探険などとは違っていた。ことに各自の故郷の母・伯母《おば》たちの思い出を聴いて報告する者は、単なる言語の隈《くま》なき会得以上に、彼我《ひが》共通の感覚により、一つ空気の中に共同の発見をすることさえ多く、同情と理解と、時としては詠歎《えいたん》を添えて、搬《はこ》び出そうとする者さえあったのである。多少の消長はあったけれども、この慣例はかなり久しく続いた。目的は他に存した『風俗画報』の類の、三四の坊間《ぼうかん》雑誌でもよほどこの態度を学び、新聞はまた正月の初刷だけには、努めてこの方面の記事を載せるなど、自分等の気が付いた頃には、もう大分の民俗資料が集積していたのである。ただこれを半島近年の事業などと比べると、著しく受動的、すなわち出逢い頭《がしら》の見聞ばかり多くて、従って地域と題目との制限を免れず、その上に人の嗜好《しこう》の偏倚《へんい》と、また若干の無益なる重複とがあった。

二

『郷土研究』という、採集を主たる目的とした雑誌の出る頃から、この弊害はすでに忍びがたくなりかけていた。古い雑誌は部数が少なくてすぐに見えなくなる。前に同一の事項を詳しく見聞した人のあることを知らずに、歳月を隔ててまた珍らしそうに報告する者がある。それが粗末であったり、もしくは誤っているかと思う場合が、もっとも利用者をして懊悩《おうのう》せしめる。中には前にある者を黙って受売りし、しかもこれを誇張する者がある。日本では特殊に重要なる各地の伝説のごときは、分けてもその災厄に累せられて、今なお学問の用に供することができない。そうかと思うと他の半面には、国人の内部生活の進展を明らかにするのに、きわめて有力なる欠くべからざる資料にして、まだ利用し得る人のないために埋《うず》もれ果て、やがてはまた記録せられずに消え去ろうとしているものがあり、しかも資料のどの部分が乏しいのかを、明示することとさえできぬという状態が認められたのである。

私たち少数の者の最初の仕事は、まず問題の所在とその緩急とを見定め、世人をしてこれにある程度の興味を感ぜしめ、さてその上にどうすればこれに入用なフォクロリックの資料が集めて行かれるかを例示するにあった。巫女考《ふじょこう》とか俗聖《ぞくひじり》すなわち毛坊主《けぼうず》の話とか、樹木信仰の痕跡とかに関する私の長々しい論文は、問題は民俗学上のものであっても、その方法は甚だしく不純だったと評せられなければならぬ。弁護の余地としてはこの頃は、まだ資料が出揃《でそろ》わなかったのである。これほど重要な論証をするのには、さまざまの変化段階にある地方事実を、豊富以上に並べて比照してみなければならぬ。それをしてみようにも、種はこれから見つけてというのでは、勢い歴史家の真似をして、化石した記録に強い証拠力を与え、これに結論のだいたいの傾向を指示せしめ、おいおい出現する民間の伝承が、果してその仮定の解説を支持してくれるか否かを検査してみなければならぬ。たった一つか二つのやや変った口碑《こうひ》や俗信が、途《と》轍《てつ》もなく珍重せられ記憶せられ、たびたび罷《まか》り出でて座をつとめるという、茶器骨董《こっとう》式の民俗論が、流行していたのも、ありようはその余弊であった。そんなに珍らしくてしようがないなら、どうして周囲の地にはそれがないのか、または他の部分は同じで一二の点だけがちがっているとすれば、何はさしおいても何ゆえにその差が生じたのかを、論究してこそ学問であったのである。ところが資料の供給にはいつも我々は受身だから、たとえ待っていたところで出て来なければ致し方がない。また格別待ち焦れてもいなかったのである。そうして何かというとその不可解の空隙《くうげき》を補塡《ほてん》するために、場合方角をまったく異にした上代のやや似よりの文献を引用し、甚だしきは朝鮮満蒙のどんな境涯だったかも知れぬ人々の記事を、持って来て空想を支持させようとしていた。私たちも幾分か俑《よう》を作った責任は免れぬようだが、とにかくに世間をしてこういうことをするのが民俗学と思わせたこともあるとすれば、謝罪に先だって大急ぎにこれを取り消すことに専念しなければならぬ。人間は往々にしてこういうことをするという証拠以上に、今はまだ満鮮の事例などは旁証《ぼうしょう》にもしがたい状態である。驢馬《ろば》と黄牛《おうぎゅう》とに同じ車を牽《ひ》かせるような仕事を、万一にも比較民俗学と解する人があるようだったら、その結果はたちまち学徒の志を萎《な》えさせ、再び先進の独断を暗誦して、これを守らぬ者を異端と呼ぶような時代に復《かえ》ろうも知れぬ。比較民俗学は我々の大いなる彼岸であるだけに、そう手軽に渡守《わたしもり》の船が見出されぬのもやむを得ぬ。早まっていかものをつかまぬように、警戒する方が当面の急である。

三

とにかくに日本民俗学と我々の称えているものは、右の災難に苦しめられたお蔭に成長した。十年か十五年を中に置いて、その前後の研究ものを比べてみると、誰でもおそらくはある変化を認めるだろう。どの点かということも私たちには言い得る。資料の自然の増加というよりも、その利用の方法が少しは上手になっている。少なくとも互いに両立し得ないように見える二つ以上のちがった土地の事実を、一つは重んじ一つは軽んじたり、まちがいだろうと言ったりすることはなくなった。またむやみにある場合だけに、特殊なる歴史的原因があるようには考えなくなった。日常生活には個人の意思が、働く場合がいたって少ない。それがまた風習といい慣行というものの特徴でもあるので、変り移るとすれば平ら一面に、しかも緩やかに同じ方角へ動き、それがまた若干の遅い早いがあることは、決して最近の新文化の浸潤だけではない。二つの民俗の半分似て半分似ないのは、たいていはある一つの変化線の前と後とだということができる。世界の学者には放牧時代だの、母系時代だのと、どんなちがった民俗でもすべて一度は通って来る段階が幾つかあるように、教えていた人も元はあったが、それはまだよほど不安心な独断であった。一つの民族の、しかも移住と往来のいつの世にも行われたわが邦では、おおよそ安全にこの変化によって、あるいた途筋を推測することができるようであり、またその推測を安全にするために、なるべくたくさんの事実を排列《はいれつ》してみる必要も感ぜられるのである。

　事実資料の集積と整理とを、各研究者の作業とすることは時と労力が惜しい。それで中央に機関を設けてその任務を引き受けてもらうこと、及びその利用を何人《なんぴと》にも容易にすること、これが我々の仲間の最近十年来の計画であった。図書館に本を集めておいても見に行ける人は少ない。また捜し出すだけにも時が費《つい》える。それを順序よく抄録して、誰にも安心して引用し得るように、民俗語彙というものを作ろうという案が成り立った。それの完成するのは待遠《まちどお》だから、まず集まったほどずつ一種目ごとに分冊にして、出そうということになって、すでに十三種ほども出ている。増補訂正が際限なくあって、すっかり揃うという日はいつ来るともわからぬが、とにかくにこれにあるだけは名実ともに公有の知識となって、一人で僻地《へきち》にいる者でも利用することができ、また採集者にむだな労苦をさせるおそれはなくなった。誰でもこれに見えぬものだけを、だいたいに採録するねうちのある新しい事実と思えばよいからである。

四

ただしこの民俗語彙には、まだ二三の方法上の疑問が残っている。今まで約半世紀の国内の採集が、すべて適当にこの中に保管せられまた役に立ち得るだろうか。これがその疑いの一つであった。以前事実を詳しく観察するだけに力を傾けて、あいにくそれを土地で何といっているかを聴き洩《もら》し、または実際名前はなくもしくはいたって平凡で注意するに及ばなかったものもあり得るからである。語彙によって列記しておくと、そういうのが落ちてしまい、またはよほど適切な条項の下に附記してないと、入用な人の目に触れぬこともある。同じ名称でちがった事物を意味する場合も、ありそうに思われたが、それは存外に少ないものである。これに反して全国どこに行っても、別にこれという名を附けていないという民俗は、気にかけて見ると相応にあるように感じられる。この分だけは別に記述の方式を定めて残しておく必要があると思っている。ポウル・セビオの『仏蘭西《フランス》民俗誌』などは、旧来の用語というものは物のついでにしか掲げず、すべて当の事物の一つ一つについて、これに関聯したあらゆる伝承を寄せ集めて、日本でいうと『和漢三才図会《さんさいずえ》』などの体裁と似ているが、何か一種の俗信とか禁忌《きんき》とかを知ろうとするには、当てもなしに各項を読んで行く必要があって、我々には不便な場合も多い。そうして索引がなかなか作りにくい。だから私などは言葉で簡単に覚えられぬ事項だけ、たとえば日本でならば臼《うす》にはどんな言い伝えがあるか、竈《かまど》の下にくべてはならぬ物は何と何か、家を出て行く折に、見かけるのを嫌うものはどんな動物かというような種類のもののみ、あるいは別にこのセビオの式をとることに、したらよかろうかと思っている。

次にまた一つ、フォクロアの読み物としての興味を薄くするということも、見ようによってはこの語彙類別式の不利な点かも知れない。西洋の諸国では、これを文学の一科目に編入しようとする人が今でもある。一つにはこの学問が上代の物語の残った形を尋ね、大衆の粗樸《そぼく》な夢と経験とが、これを次々に彩《いろ》どって行く姿を、ありのままに世に伝えようとすることに力を尽したからで、むろんそればかりを全部の事業としていた者はないのだが、たまたま素人《しろうと》の好尚《こうしょう》がこの方に傾いていたために、あるいはフォクロアをもって伝説と民間説話とを記述する一種の文筆のごとく、解していた人さえあるのである。普及のためには好都合だったともいえるが、一方にはまた誤解をも招いている。幸か不幸か日本ではそういう経験は少ないようだが、外国には読み物としても面白い書物が多く、何だかこの方面にばかり、優れた文章家が多いような感じがする。ことに英吉利《イギリス》ではそういう例に乏しからず、自分の狭い読書の範囲でも、Prof. J. Rhys の Celtic Folklore のごときは、事柄のむつかしいにかかわらず、筆者の心の跡にひかれて二巻の大冊が、つい楽しみに読んでしまわれるようであった。これとよく似て幾分か説明的になっている書物を、アルプス地方の旅行中に二つ三つ見たことがあるが、人に尋ねてみるといずれも専門家ではなくて、単にこういう事実に深い興味をもつ人が、著者にも読者にも数多く、問題はもうよほど通俗化しかかっているのである。同じ傾向は独逸《ドイツ》ではどうか知らぬが、仏蘭西《フランス》・伊太利《イタリア》の静かな滞在者の多い地方でも、おいおいと盛んになって行くかと思われた。だから民俗学を弘く社会の関心に植え付けようとするには、語彙でただ簡明に資料を集積するよりも、一つ一つの問題の面白いと思うものを、ずっと詳しく素人をも動かし得るように、報告しておくことも必要だったので、実は自分なども一時その方法を試みたこともあった。しかしそうしていては勢い注意が偏する。ことに日本のようにたくさんに古い事の残っている国では手が廻らぬので、どうしても断片を粗末にする嫌いがある。話題として人望の少ないものが除けておかれる。たとえば日本ではかなり重要な葬法の慣習などが、まだ不明の点の多いなどはそれである。たとえ一部の文章の達者の人だけは、そういう宣伝の役にまわるにしても、一方にはぜひともこのややじみな基礎工事に、まず大きな力を払わなければならぬのである。

五

朝鮮と旧日本との民俗の比較なども、この我々の整理方式のために、いったんは水をさされるような懸念がないとは言えない。今までただ直観的なる第一印象によって、こんなにも双方よく似通うた生活ぶりがあるかと思い、本来無縁のものならばこのような一致はあるはずがないなどと、半ば感歎の声を放っていた人たちが、しばしば名を知りまたその命名の由来を明らかにすることによって、さてはちがった筋途のものであったかと、力を落さねばならぬ結果を見るからである。しかしそういう発覚は早晩は免かれない。夢は崩れるけれども学問は精確になる。悲しむべきことでも何でもないのである。元来我々の歴史科学というものが、実は今まで起原論に囚《とら》われ過ぎていた。中間の千年は百年の推移というものを無視して、元が一つだという証明ばかりを念掛《ねんが》けていたのである。一つの極端な例は地名のアイヌ語解釈、これはほぼ七十年ほどの間、日本では続いている。地名などは人口が多くなり、土地との因縁が濃くなって、始めてこれを付与する必要が生じたことは判っているのに、一度アイヌがいたということがすなわち地名の今もある理由だとして、どうして引き継いだかも考えてみぬ人が多く、立派に近代の日本語として説明し得るものまで、蝦夷《えぞ》語だと言ってうれしがっている。こういう知ったかぶりは質《たち》が悪い。伝染せぬように気を付けなければならぬ。民俗語彙などは数多く集めてみると、その名を支持していた人々の心持までがよく現われて、古くとも室町時代からそういい出したろうと思うものが多く、鎌倉期以前に溯《さかのぼ》り得るものは珍重してよいほどしかない。半島の方でもおそらくはそうだろうと思っている。この二つを突き合せてみて、喰いちがわなかったらむしろ不思議である。もしも偶合でないならば何かよくよくの特殊な事情があるのである。小倉博士がかつて報告せられた、若干の両国語共通の物の名などは、かかる一般の相異の中から、辛苦して拾い出されたものなるがゆえに、特に我々は驚歎しかつ珍重するのであるが、中には今もってさもありなんという顔付をして、これを迎えるような人が朝鮮にもいるかも知れない。いかに一族であっても、千何百年も別れて住んでいれば、たいてい遠々しいものになってしまう方が当り前である。それが何人にもなるほどといえるような著しい一致を、示すことが稀《まれ》にもあるとすれば、これには何かまた積極的なる理由、すなわち歴史から新たに生れ出たか、もしくは天性に具《そな》わって動かぬものがあったかを想定しなければならぬ。我々の発見を必要とするものはこの部面にあると思う。南部朝鮮は地域が接近しかつ古くからの交通が少しずつあったゆえに、実はやや平易にこの聯絡の存在を承認する傾きがあるのだが、これとても漢字を取り次いだとか、仏像経典を持ち渡ったとか、二三の工芸を伝授したことがあるとかいう以上に、そう根本的な記録の証跡があるわけでなく、単にそのような事ができたというのも、もともと縁があり互いの生活に似通うたところがあったためだという推論が、成り立ちやすいというに過ぎない。今後明らかにすることができるかも知れぬが、現在はまだ確かなことは何もいえぬのである。まして他の一面にまるまる名も聴かず、もしくはただ幽《かす》かに存在を知っている第三第四の諸民族との間に、これと同一程度の類似がまったく認め得られないかどうか、そういうことは考えてみた人もなく、また調べてみる方法も一つとして具わってはいないのである。こういう時代にあってかつて私の亡弟が感動して来たように、半島の古風の中から万葉人の生活を偲《しの》ぼうとするなどは、言わば詩であって、学問の二葉ですらもないと私は思っている。

比較民俗学の前途は遥かである。我々はこれを人類自省の究竟地《くきょうち》とすらも考えて、その成熟の日を待ち焦れているのではあるが、しかも基礎工事の十二分の安全を期するがためには、なお折々はいったん積み上げかかったものを崩し、またはすでに踏み出した数十歩を、後返りすることをも覚悟しなければならぬのである。

六

『朝鮮民俗』という雑誌の出ていることを、迂闊《うかつ》な話だが私などはまだ知らずにいた。今回の記念号を好機会として、まずこの両地の間において、比較の第一歩を踏み出すことにしたいと思う。かねがね羨ましいと感じていたことは、半島の学業は新興の意気に溢《あふ》れ、いつも計画が大掛りであり、また着々と成績を短日子の間に挙げておられる。せっかく皆さんが故郷を振り回って、彼とこれとの偶然ならぬ暗合を説いてみようとせられても、しばしば適切なる材料の現にいくらもあるものを、手軽に供給することもできぬような状態に、今なお我々の調査が停滞していることは、きまりの悪い話だとも思っている。

今村さんにはまだお勧め申すには早いかも知れないが、私などは年を取って本式の纏《まと》まった仕事ができぬようになった時の用心に、前述の民俗語彙の分類ということをそろそろ始めている。なかなか完成はしないが、今まで多くの人の記録して来てくれた地方の事実を、問題ごとに順序立てて、一目で見渡されるようにしようという計画である。字引には出ていない地方の言葉で、現にまだ用いられており、それぞれに生活のある一つの姿を代表しているものを、できるだけ多く排列しておいて、検索に便にしようというのである。これが双方にほぼ備わっていて、どちらからでも利用し得るようになれば、今まで気づかれなかった年久しい因縁が、また幾つとなく発見せられて、我々の感動を新たにすることと思う。今村先生の旧友たちは、何かこういうやや機械的な、しかも人を研究に誘うに都合のよいものを、残しておくことに協力して下さることはできまいか。あるいはまた私などのまだ知らぬうちに、すでに着々と進行しているのではないか。いかん。

民俗学 Volkskunde の比較研究は、動機も方法もよほど一方のいわゆる民族学 Völker-kunde とは違っているものと思っている。あちらではだいたいに人の生活は互いに近いものとして、何か甚だしく異なっている点があると、それに注意しまたそのわけを尋ね究めようとして来たようである。我々の方は近い三百年五百年の間の、隔絶孤立の発達を考えるゆえに、始めから似ているはずがないと思い、たまたま争えない一致が見つかると、非常に驚歎して不審を晴らさずにはおられぬのである。この仕事は縁の遠い異民族の隅々まで行き届いて、始めて大きな効果が得られるのだが、それをなし遂げるには時がかかり、かつ若干の練習が入用である。久しい隣接民族の今は政治文化を共にし、古くは始祖を共にしたかとさえ言われている者が、歩調を揃《そろ》えて新たに発足するという場合は、そう頻々として起るものでありません。我々はこれを人類自省の偉大なる学問の二葉として、むしろ世界の最も疎遠なる人々のために、大切に培《つちか》い水かいして行かねばならぬのである。

最近に芬蘭《フィンランド》のF・F・Cから、独逸のある学者の研究した支那の民間説話の総索引のようなものが刊行せられた。これを見て行くとグリム、アファナシェフを始め、西洋の説話集の幾つかに採録せられたのと同系のものが半ばに近く、そのまた大部分が日本にも朝鮮半島にも、ほんのわずかばかり形を変えて、ともに行われているということがわかる。この書が出なかったら西洋の学者はいうに及ばず、我々もまた単なる日鮮の間の一致だけを珍重して、どういう結論に進んでいたか知れないのである。昔話の分布にはことに説明のまだ少しもできない、法則が働いているかと思う。いかに想像を逞《たくま》しくしてみても、誰がどうして持って来て、どんな人が悦《よろこ》んで聴いて記憶したものか、私などには見当が付かない。多分その流伝が非常に古い昔に行われ、それがまた甚だしく永く保つ性質を持っていたのであろう。そうしてこの不思議の環には、我々二つの民族はともに大きな座を連ねているのである。比較民俗学の末ついに世界に拡充すべきものなることは、これただ一つを見ても予想することができる。ただその基礎工事はどこまでも念入りで、せっかく積み上げてからまた崩れるようなものでないように、第一歩からしっかりと踏み出さなければならぬ。これには隣同士の学問をする民族が、互いに心おきなく理解し合って、むしろ生活様式のそれぞれに異なるを当然とし、些々《ささ》たる皮相上の偶合に驚いたり喜んだりせぬまでに、互いに知って行くことが必要だと思う。

（一九四〇年頃）

第六章　日本の歴史

解題

柳田の民俗学＝史学がもたらした認識は広大である。その中で、今でも（多くの人にとって）新鮮と見えるものをあげておきたい。その一つはオヤ・コである。たとえば、日本の組織には親分・子分の関係が見られる。これは組織を、擬似家族的に見立てたものだという見方が普通である。しかし、柳田によれば、オヤ・コは労働組織によるものである。つまり、親分・子分のほうが先にあり、いわゆる親は「生みのオヤ」にすぎない。したがって、親分・子分の関係が日本社会のあらゆるところにある。

婚姻制に関しても、柳田は「聟入《むこいり》」が「嫁入」に先行することを唱えた。が、母系制の先行を否定したために、高群逸枝に批判された。しかし、柳田は父系でもない母系でもない形態、すなわち、双系制を予想していたように思われる（東南アジア研究から双系制が見いだされたのは一九七〇年代以後である）。双系制の場合、血統よりも労働組織としての家が重視される。したがって、実際の血縁よりもオヤ・コ関係が重視される。日本で養子が多いのは、そのためである。

これまで日本史学は、農民と武士という生産関係を基軸とし、工芸、武芸をふくむ芸人、商人、漁師など漂泊民を軽視するものであった。それに対して、柳田は漂泊民を重視した。のみならず、農民と武士という見方そのものの変更を迫ったのである。彼の考えでは、近世にいたるまで、武士と農民の区別はなかった。武士は農民であり、農民が武士であった。

親方子方　抄

第一

親という漢字をもって代表させているけれども、日本のオヤは以前は今よりもずっと広い内容をもち、これに対してコという語も、また決して児または子だけに限られていなかったように思う。その証拠はすでに幾つか発見せられているのだが、詳しくその一つ一つを解説する時間がない。ここにはただ主要なるある問題を叙述するついでをもって、一通り個々の要点に触れておくに止める。

オヤとコとの内容が本来はもっと広かったらしい証拠は文献の上にも見られる。父母を特にウミノオヤといい、その所生の子女をウミノコといった例はいたって多く、単にオヤといいまたコとのみいえば、それ以外のものを含む場合が決して少なくないのである。『万葉集』などの用い方は人がよく知っている。ある時にはわが思う女をコと呼び、また時としては兵士をもいざコドモと喚《よ》びかけている。沖縄の神歌にコロというのも兵卒であったり、人民のことであったりする。決して家々の幼な児には限らぬのである。文章以外の国語には、今でも特に小児を意味するアカゴ・オボコの類が多く、一方にはまた個々の労働者を、セコだのヤマコだの、アゴだのカコだのハマゴなどと、コと呼んでいる語が無数にある。そうしてその頭に立つ者がオヤカタなのである。

第二の痕跡《こんせき》としては現在の日用語で、弘く親類をオヤコという土地が、ちょっと方言ともいえないほど多いことである。シンルイとかイッケとかいう日本語は、いずれも漢学以来の新語であって、この名詞よりも制度そのものは必ず古い。しかもそれ以前、いわゆる親類を何と呼んでいたろうかと尋ねてみると、オヤコという以外にはこれぞという心当りもないのである。イトコはわが国の南北両端で、この意味に用いられている区域が若干あり、あるいはオヤコよりも一つ古いかと思われるが、その他はミウチ・ヤウチ・クルワ等、いずれも局地的で大きな勢力はない。これに反してオヤコの行われている面積は、今でも日本の約半分で、近松の浄瑠《じょうる》璃《り》にもあるというから、以前は京阪地方さえそういっていたのである。

第二

試みに現在方言として報告せられているものを列記すると、東北は青森以南の六県とも、親類をイトコというわずかな区域のほかは、だいたいに皆オヤコを用いている。あるいはウミノオヤコと区別するために、オヤグまたはオヤグマキといっている処もあるが、これは分化であって、会津地方のごときはかえって実の親子の方をオヤグと発音し、石城《いわき》地方ではこれだけをジシンノオヤコともいっている。それから越後でも中頸城《なかくびき》の桑取谷、信州でも諏訪《すわ》の湖畔、美濃でも西境の揖斐《いび》山村には少なくともこの語があり、甲州にはオヤコに二通りの意味があって、音、抑揚でこれを差別しているという。関東平野ではもう少なくなったかも知らぬが、民謡の中にはたしかに残っており、静岡県は全県を通じて、今なお親戚をオヤグまたはオヤコという者が多い。これでまず日本の東半分は、かつてオヤコが親類のことであったと、推定することができるのである。

それから外の地方では、ただ飛び飛びにしかまだ採集せられていないが、これとても決して少ない数でない。自分の書き留めておいただけでも、列記が少しうるさいほどある。伊豆七島では三宅《みやけ》島が全部、尾張では知多半島の一部、三重県では志州和具《わぐ》の漁村、日本海側を尋ねると、若狭《わかさ》の常神《つねかみ》で嫁の里をオヤトコ、これはあるいは別系統とも考えられようが、丹後の『与《よ》謝《さ》郡誌』にはオヤコは親類のこととあり、伯耆《ほうき》の大山《だいせん》山麓の村でも、イッケというよりもオヤコという方が通例だとある。出雲《いずも》は各郡ともに親類をオヤコ、ことに八束《やつか》郡などは本家分家の一団がオヤコで、あるいはこれをオヤコマという村もある。隠岐島《おきのしま》の訛言《かげん》調査表には、生みの親子をオヤクというとあるが、これも会津や伊豆と同様に、別に親類を意味するオヤコがあるためかも知れない。

瀬戸内海の沿岸では、周防《すおう》の祝島《いわいしま》には親類のオヤコがあったのみで、他はいまだ多く知られていない。九州でも南北の離島、すなわち北には壱岐島《いきのしま》に同じ語があり、その範囲は最も弘く、牛の預け主と預かり主との間柄をさえ、牛のオヤコといっている。南では大島郡十島村の悪石島《あくせきとう》に、汎《ひろ》く親類縁者をオヤコという例を見るのみで、他の内陸の村々では今までは報告せられたものがない。『喜界島《きかいじま》昔話』によると、むかしある漁夫が河童《かっぱ》とオヤコしたという話がある。これを「仲好しになった」と解説しているが、多分は同じ言葉で、そのオヤコの関係が、人為に結ばれることを意味するものであろう。沖縄の島々にはオエカまたはウエカという語がある。親族だけではなく、親類附合いをする者が皆ウエカで、村々互いに相手を定め、旅行の折など に宿をしてもらう間柄をもそう呼んでいる。そうしてこのウエカもまたオヤコの音韻変化であった。

第三

かかる広汎なる全国的一致は、私たちから見ればとうてい偶然には起り得ない。かりに文献の上には傍証がなくとも、何か親類をオヤコといわねばならぬ理由が、古く我々の社会にはあって、それがもう不明に帰しかかっているのである。父なり母なりはむろん重要なるオヤであることに変りはないが、それはただ最も自然なる一種のオヤというに止まり、別にそれ以外にいろいろのオヤと、これに対するいろいろの子の存することを、以前の思想においては少しも異としなかったので、ここには単にそのオヤとコとをもって構成した一群の名が、今日我々の親族と名づけているある特定人の続き合いと、どれだけ精密に符合しているかが、問題となるばかりである。民法で新たにきめられた「親族」の範囲限界が、国民の久しく口にしまたは心に念じている親類もしくはオヤコの実際と、同じかどうかということは毎度考えさせられる。古い親類と称して村を共にし、苗字を同じじゅうする一門の間には、ほとんと血の繋《つな》がりは判らなくなってまで、力になり合っている者があるとともに、一般に縁組によって結ばれた家々の交際は、案外に早く絶えて行くようである。人が一身のために求め設けた親子の契りは、かりにその間に厚薄濃淡の差等はあるにしても、家総体を拘束する力としては、一段と弱いものなのではなかったか。もしもそうだったとすると、オヤコを親類という語をもって置き換えた時代には、今日とは大分ちがった我々の親族観の、行われていたことが想像せられるとともに、一方にはまたその前後を通じて、我々のオヤコナリの習俗にも、目に見えぬ推移の常に行われていたことが考えられる。それで私たちは今までの制度史家のように、単に起原を究めて満足していることはできないのである。

もっと具体的にいうと、オヤの種類が数多くなり、言葉の一貫した意味を把えがたくなったのは、その一つの最も古くかつ最も自然なるものすなわち生みの親が、おいおいと有力でなくなって、何かその欠陥を補塡《ほてん》する必要が生じたためだろうと私は思っている。家が分れ分れて小さなものになってしまうと、以前の大親の具足していた機能は、片端しか生みの親には伝わらない。子どもはもちろんのこと、その親自身もまた世渡りの上に、いろいろの親を必要とする場合があったので、これがある地方で地主を親方といいまた地親といい、村の名主や門閥の家を親様といい、町では借家の持主までをオオヤというに至った原因だったようである。ところがそれでもまだ足らぬので生活の変化に応じ、次々に算《かぞ》えきれないほどの幾つかの親ができており、今でもまだ少しずつはできようとしている。こんなものまでオヤかと驚くようなものもあるが、もともと我々の大親は生みの親とは限らず、そうしてまたあらゆる役目と力を一身にもっていたのである。多分は礼をイヤ、敬をウヤマウというなどと同じ語で、眼下の者のこれに対する応答の声から、導かれた語であろうと私は想像する。祖をイヤという例は有名な阿波の祖谷山《いややま》の地名にもある。豊後《ぶんご》の方言では伯父をイヤ、紀州の日高郡などには巡査や林務の役人を、イヤサンという新語もできている。つまりは中世以後の日本人は、父母以外に別にイヤする者の幾種類かを、もたねばならぬ生活事情に置かれていたので、それがどういう親であったかを尋ねてみることは、間接には時代の変化を明らかにする手段ともなるのである。

第四

この問題を討究しようとする者が、文書記録の史料を目ざすということは、必ずしも絶対にむだな労苦ではない。物語や軍書の間に散見する切れ切れの記事を拾い集めても、いつ頃からこの風習がだんだんと盛んになって来たかが判ろうし、もっと手軽な手段としては、たとえば『続群書類従』などに蒐録《しゅうろく》せられている諸家の系図を見渡せば、いかに多くの生みの子でない者が、猶子《ゆうし》養子としてある有力者の、子の列に加わっているかが、一目で承認せられるだろう。

そうしてこういう武士という名家は、いずれも他の一面では大きな田舎者なのだから、いわゆるオヤコナリの制度が、彼等ばかりの独特の慣行でなかったことも、ほぼ安全に推定し得られる。しかし困ったことにはこの種の史料は簡略で、その必要が親の側にあったか、ただしは子の方にそれを熱望すべき事情があったかの、内部の動機までは示されていない。その上に戦国以後、家が小さくなり社会の環境が改まってから、新たにまたいろいろの種類の仮の親子が、右に準じて増加して来たことは、よほど気を附けていても本には書き留めているものが尠《すく》ないのである。それで結局は自分等が今試みているように、現在まだ残っている土地土地の事実から、元に溯《さかのぼ》って成立ちと沿革とを、考えてみる他はないということになるのである。現在の風習は新旧が入り交り、しかもその大部分は制度として公認せられてもいない。従って一地域限りでいくらでも勝手に変化し得られ、これを国総体の古くからの事実として、引用することは危ないように、素人《しろうと》ならば考えるのも無理はないが、実地に当ってみると驚くほど多くの共通点をもち、またおおよそきまった方向へしか変化してはいない。これは取りも直さず日本人が一つの種族であり、国の生活約束が多岐複雑なものでなかったという、うれしいまた頼もしい定理の表われだと私等は思っているのだが、それを明白にするためにも、今日はまだたくさんの事実を排列《はいれつ》してみせなければ、外国の学者が本で教えてくれることを、信ずる程度にも信じてはもらえないのである。一つの学問の創業期に生れ合せると、説く者も説かるる者もともに余計な苦労をしなければならぬ。今日の世相ははなはだしく紛乱している。これを切り開きかつ整頓して、新しい時代の生き方を示すためには、かりに当面の入用と興味がない場合にも、なお練習としてこういう過去の見方を覚えなければならぬ。ましてやこの全集の読者たちにとっては、これは欧米の書物の中からは学べない、国民性という奥床《おくゆか》しい宝の庫《くら》を、開くべき鍵の入っている引出しであったのである。

（『家族制度全集史論篇』一九三七年）

労働　『郷土生活の研究法』より

自然の順序からいうと労働の適用は主として生活資料の取得にあるゆえに、この間に交通を挟んだことは少し変にみえるかも知れないが、交通と交易とはまったく離して考えられないので、その意味で交通もまた一つの生産業とみて、次に労働の問題を持ってきたのである。

私たちの知ろうとしている労働問題は今日のいわゆる労働問題ではない。あるいは現在の労働組織の雇傭者《こようしゃ》と被傭者との関係において生ずる問題以外に、その問題のあるはずはないと考えるかも知らぬが、我々はこれに対して歴史的な可能性の存在していることを知ったのである。そうしてこの意味の労働問題を知ろうとするには工業ではいけないことはもちろんだが、実は農業でも今はもう古い形をみることは困難になっているので、漁業か林業か狩などについて考えてみることの方が、はるかに適切だと思っているのである。

次に労働問題といっても範囲が広いので、これを観るのにだいたい、次のように分けて考えてみたら良いように思う。(一) 労働組織、(二) 労働の種類、(三) 労働者の身分もしくは名義、それに附け加えて (四) 給与方法と分配、(五) 休み (ただし農休みその他仕来《しきた》り上の)。なお後に述べる村や合同や婚姻などはそれぞれ、労働問題と別な一項目として扱ってはいるが、これらはいずれも労働組織と切り離すことのできない相互の関聯がある問題であるから、ここには分類の順序にとらわれずに適当に綯《な》いまぜながら話してゆきたいと思う。

労働組織の中で最も古いかたちは、村の組織であったと思われる。それから家族組織それ自身が労働組織であった。いわば村も家もともに労働組織の別名であったのである。そうしてその研究は諸君は自分の生れた村から出発しなければならない。我々にとって書物のダータは幽《かす》かな暗示にしか過ぎないものだから。

未開の時代には適度の大いさの群の中に一人の頭目《とうもく》があって、その下に一群の労働者が統率されたが、その範囲が時代とともに半径を拡大してゆくにつれて、労働組織としての村は次第に崩壊して行ったのである。

先年の沖縄における数々の発見は我々の学問にとって偉大なる貢献をしてくれたのであった。あそこではつい四五百年前まで、いわば内地の神代の尻尾《しっぽ》がぶら下っていたことを、伝承に残る数々の英雄が物語っているのである。

沖縄でもと通例瓦という字をあてて、カワラあるいはカアラと呼んでいたものは、かの地ではハシラをハアラというのと同じにカシラから転訛《てんか》したもので、言い換えれば農業住民の世襲の頭目であった。ところが日本ではこの頭を中心にもつ労働団体は、農業の方ではいちばん早く崩壊してしまって、ほとんど痕跡《こんせき》すら残っていないほどだが、その次に生れてきた親方を中心とする組織については、なお数多《あまた》の残留を見出すのである。

信州や甲州では地主のことをジオヤ（地親）といい、また庄屋とか昔からの本家筋の旧家などをオヤサマまたはオヤケ・オオヤなどと呼んでおり、また秋田の方でもオヤカタシュウというのは大地主のことをそういっている。また関東や四国の一部、九州などでは一家の長兄のことをまたオヤカタと呼んでいるところがあり、信州では被官百姓をたくさん持っているような、旧家の主人のことをやはりオヤカタといっている。その他こういう事例を挙げる段にはまだいくらでもあるし、一方農に限らず商人でも溯ってはまた武士階級にあっても、統率する主人のことをオヤカタと呼んでいたのである。

それから親類のことをオヤコまたはオヤクと呼んでいる地方があるが、これなども以前は農家の婚姻はすべて部落内だけで行われたので、親族というものはすなわち一つのオヤコ関係による労働組織であったことの一つの暗示とみることができるのである。

日本の家族組織は元は五人とか七人という今日のような小さな家族ではなかった。必ずしもそんな大きな一軒の家には住まわなかったけれども、とにかく一つ屋敷に一つの竈《かまど》を共にした、あの飛驒《ひだ》の白川《しらかわ》のような大きな家族制度であった。記録の上でも、正倉院の古文書（東大寺院の戸籍）などにも、二十人三十人といった大家族を幾つも見出すのである。人によってはこれを奴婢《ぬひ》制度によるものと見なしているようだが、都の貴人の家族ならいざ知らず、自然人である農人にはほとんどその必要はなかったのである。そういう中にももちろん僅少《きんしょう》の奴婢もあるにはあったが、たいていは親族と寄人《よりうど》とをもって構成されていたのである。

現在でもたまにみる一姓一村あるいは一家一村の村とか、以上述べたところなどを綜合することによって、ずっと以前の村と家と労働組織との関係、それとオヤカタなるものの元の意味などが、おぼろげながら分ると思う。

　次にそうした労働組織にあって、労働の単位である労働者のことを何といったか。親類のことをオヤコという所のあることは、今さっきいったが、実はオヤコのコというのがその労働者のことを意味していたのである。イエノコ（家の子）、ヤツコ（家ツ子）、ミヤツコ（造）等のコはみんなこの労働単位としてのコであった。これに対して血を別けた親子の方をかえって、その頭にわざわざ「生みの」という言葉を冠して、「生みの子」、「生みの親」といって特に区別したのであった。なおその他にも労働単位を示す言葉としては、狩におけるセコ（勢子）山仕事の場合のヤマコ（山子）東北ではこれを動詞に使って「ヤマコしにゆく」などといっている。それから海上労働の方ではカコ（水夫）、フナコ（舟子）、網引に働くアゴ（網子）などがある。

　自然も厳しく人もまた油断できない時代にあっては、コを集めることは一家の安全を確保するための大切なる技術であった。その方法の一つはいうまでもなく生みのコであったが、これはさておき今一つの方法に、トリコとかヤシナイコ（養い子）などという方法があった。記録にあらわれたものによってみても、日本では昔から有力なる人間はたくさんのコを取っている。その最も通例な方法がムコを取ることであった。源平の系図などにも猶子《ゆうし》、義子《ぎし》というのが何人となくある。ところが今日でも農村では、こういう意味の子のやり取りがなお残っているのである。たとえば福島県の只見《ただみ》川流域、青森県の外南部《そとなんぶ》など、それから秋田県の山本郡などでもムコに妻帯させて土着させているし、静岡県の焼津《やいづ》附近の漁士《りょうし》は山村からムコを呼んでいる。その他は小さい時分から貰《もら》い育ててヨリコ（寄子）とするところがあったり、も一つこれは長崎県がことに多いようだが、ステゴ（捨子）といって、貰ってもらう内約の下に捨てる風習があることなどは、いずれも以前の労働単位取得方法の残存と見なすことができると思う。

これらのコは言葉をかえていえばすなわち奉公人であった。建築技術の進まない時代にあっては、大勢の家族の皆んなが一つの屋根の下に住むことができなかったので、これらのコは一つ屋敷の中に別に棟を分けて住み、親方を中心に一かたまりの作業団をなしていた。これが寄子であった。それが次第に分離してあるいは名子《なご》となりあるいはフダイノモノとなり、そうしていわゆる小作人が生れてきたのである。越後の頸城《くびき》地方などでテマキノモノといっている小作人も元は、やはり奉公人で親と非常に親しい関係がある。誰も知るあの有名な歌に歌われた田子《たご》の浦の、タゴというのもやはりカシラを中心として服従関係にあった労働者で、その地位は傭人《やといにん》と家族との中ほどにあったのである。いったい明治以前の長子相続制度は絶対的のもので、長子以外のものは血を分けた兄弟でもみなコになったが、生活の程度においてはオヤもコもほとんど差異がなかった。田植にはタアルジは田の畦《あぜ》に出張《でば》って杖をついて監督をし、ヨナベには主人もヨコザに座って仕事をしたもので、今あるような甚だしい主従の差はなかったのである。

要するに以前は家の労働組織を保持するためには、家の分立を極度に抑えねばならなかったのである。白川などでタネオジといわれているのは、長子の他は家を持つことを許されなかったために、事実上の婚姻はしていても、家を分けて女房を持つことができず、家長の承認の下に一生娘の所に通い、子供は皆娘の家に属していたのであった。それが、ほかの日は全部家のために働かなければならなかったけれども、月の内の一日だけは私の日があって、この日は男も女も山に行ってホマチをかせぐことができたので、やがて金銭経済が入ってきて経済的独立も容易となり、自ら分れ出て独立の生活を立て得るようになると次第にこの家族制度も崩れてきたのである。

分家を示す地方語には、シンタク（新宅）、アラヤ（新屋）、ニイヤ（新家）などというのが通例であるが、その他に最も古いと思われるのはアゼチであろう。福井や岐阜などでは古い分家のことをこう呼んでいるが、『飛騨風土記』によれば「アゼチは畔内なるべし」とあり、おそらく以前はオヤカタの耕地の一部を分けて分家したものであろう。それからまた分家の仕方として名子制度はずいぶん広く行われたものであった。それは名主に対する言葉で、すなわち名字の地を分けて竈を別にして喰えという意味から来ているのである。なお東北では本家のことをオヤカマド、分家のことをカマドといい、また分家のことをエッコ・エモチ・イエモチなどと言っているが、これなどは同じ屋敷内にヘヤを持ったものが、竈を分けて行ったことを示しているのである。要するに分家発生の原因は労働合同組織の分解にあったが、それ以外に江戸中期には分家することによって、有利なる農業に導き得る、何らかの理由があったらしいのである。

労働に対する給付の方式にはいろいろある。ただに食べるだけの場合は別として、何か給与するようになった最初は、何といっても食物の豊富な時節にその余分を分ち与えたことに始ったと思う。この食物が後には金になり、そうして季節でなく日々の賃金となるに及んでいわゆる日傭取《ひようとり》が発生したのであった。給付の方式には定期にやるものたとえば年額どれだけときめてやるもの、また中間ではやらないで最後にかためて一時にやるものから、出来高払いやカッキリなどの方法に至るまで、その間に幾つもの階段があった。私たちは現在全国に残っているたくさんの給与方法を集めて、それを類型によって横につなぎ幾つかの層を作ってみて、これによってその変遷の歴史を知ろうとしているのである。

昔は機械もなく役畜も使わずに、しかも大規模の農業が営まれた裏には、何かこれを可能ならしむる原動力があったはずである。現在でも農民は二人以上で働こうとする心理を残していて、よく役に立ちそうにもない小娘などを連れて働いているのを見かけるし、また田植の時には今でも大勢の男女が双方とも一種の興奮をもって共同作業をしているのをみるが、実はこれには以前があったのである。

日本の建物にあってニワというのは、作業場のことをいい、あるいはこれをバ（場）ともいった。それには家の内のニワと家の外のニワ、それから樹木を植え神を祀《まつ》ったところのニワと三種あった。そうしてこのニワの労働には統一の法則があった。民謡はすなわちそれであったのである。たとえば臼歌《うすうた》は屋内のニワの作業を統一する最も重要なるもので、これには作業の種類によってモミスリ歌、コナヒキ歌などがあったが、農具と労働方法の変遷に伴い、労働の律動《リズム》が変化したために、いずれももう壊れてしまっている。その他に田植歌は言うまでもないが、盆踊歌も酒盛歌も実は労働統一の手段であった。

これは中国に多いが大田植といって、歌をうたわなければならぬ田植が、まだ方々に残っている。たいていは親方筋の格式ある家が家格と趣味の上から保存している場合が多い。またこの田植のことを大田植という以外にハヤシダ、イサミダ、ハナタウエなどと呼んでいる。あの、一日にして千町の田を植えてしまおうとした湖山《こやま》の長者が、その日田圃《たんぼ》の向うをお猿が子をおぶって通ったのに早乙女《さおとめ》たちが気をとられて、ほんのちょっとの間手を休めたばっかしに、日のある中《うち》にしまえなくなったので、いま沈もうとするお天道様を金の扇でもって招きかえし、それで田植はできたものの、たちまちに天罰を蒙《こうむ》って一晩の中《うち》にその田が没落してしまい、あの大きな潟湖になったという鳥取県湖山の伝説などは、まさに昔の労働統一の機微を物語っているものといえるのである。

なお盆踊りは経済行為と信仰との結びついたもので、昔は稲につく虫、風、旱《ひで》り、疫病などはみんな悪霊の仕業《しわざ》だと信じていたので、足ふみ荒らかにこれを追い払おうとしたのであった。すなわち生活の必要から来たもので、踊りはその共同作業、歌はその統一方法、噺声《はなしごえ》と足踏みとはこれをもって悪霊を驚かし敗亡させる手段であったのである。それから酒宴もまた神様を祭る大切な作業であって、今でこそお祭は半ば娯楽のように考えられているけれども、以前の心持では田植などと少しも変らぬ晴《はれ》の労働であったのである。

次に農休みは一緒にいわゆる統制的に休むもので、これがまた一つの大きな労働統一の方法であった。休みは単に人間ばかりでなく、家畜や農具などにもあって、たとえば牛の正月、馬の正月あるいはカマヤスメ、ウスヤスメ、道具の正月等がこれである。そうしてこれらの休みにはたいてい一種のタブーが伴っていて、休まぬと何かの祟《たた》りがあった。沖縄では祭りの日に休まぬ者は波布《はぶ》という毒蛇に喰われるといい、越後の刈羽《かりわ》郡の鯖石《さばいし》川の盆地ではその日休まぬと雨が降らぬといって、休まない家には屋根めくりなどの制裁が加えられた。なおキリスト教の日曜も元はやはり一種のタブーであったのである。

労働統一の方法としてはいま一つヨナベがあった。これもまた村の誓約による共同の作業であって、八月一日から許される午寝《ひるね》は実はこのヨナベのためであった。ヨナベ仕事の割振りを定めることは、主婦の技倆《ぎりよう》の一つにかぞえられていた。その作業にはコナヒキ・イトヒキ・オウミなどがあった。通例作業の場所をヤド（宿）といい、作業の種類によってオウミヤド・イトヒキヤドなどといって、八月から翌年の花の節句まで、一ヶ所でなく次々に宿を替えてヨナベをしたのである。娘たちは毎晩この宿に集まって夜更けまで（たいてい十一時頃まで）一緒に仕事をしながら世間話に興じ、その間におのずから婚姻の態度も学び、相手もきまったのである。そのほか田植にも盆踊りにも同様な意味があったのであるが、こういう婚姻の便宜が、統一された共同労働組織の亡ぶとともに、なくなってしまったのは惜しいことであった。

このついでに、女性と農業労働とは、切り離しては考えられない問題であるから、これについて少しばかり話しておきたいと思う。

通例イネコキ（稲扱）と呼んでいる、竹や鉄の長さ一尺ばかりの薄板を櫛《くし》の歯のように並べて、稲や麦などの籾《もみ》をこきおとす農具には、その他にセンバあるいはセンバコキまたはマンリキ等の地方名があるが、ところによってはゴケナカシまたはゴケタオシという面白い名で呼んでいる。以前コウバシという竹の箸《はし》やカネゴキという金の挟《はさみ》などで、ほんのわずかずつ穂をこいでいた時代には、何ほどもハカはゆかなかった代りに、どんなかよわい婦人にも安々とできる軽い仕事であったのがそれがひとたびセンバに移ると、労働の重くなった反面に能率もまた以前とは比較にならないほど上って、たちまちにして余分の婦人はこの作業から追われてしまった。すなわち後家《ごけ》は生活の困難に泣かねばならなくなったのである。

いったい不思議に思われるのは農具発達の歴史で、農業そのものの発達の歴史がきわめて古いのに比べて、これはまた非常に新しいのである。さっきの稲扱にしても「住」の項で話した臼の発達にしても、また篩《ふるい》や唐箕《とうみ》にしても、いずれも新しい農具であった。それからあの麦打の器具で、カラサオ（韓竿）といって五尺くらいの竿の先に三尺ばかりの竿を枢《とぼそ》によって取り付けて、これを廻転して打つごく簡単な農具ですらも、カラと冠したその名の示すようにずいぶん新しいものである。東北地方の片田舎では今でも少しは使っているY字形の股《また》になった木の棒で、マタリ（これはマタブリという古語から出ている）と呼んでいる農具や、フルチボウまたはボッチャラウチボウという一箇所でわずかに屈折した棒で、荳《まめ》類や麦・粟《あわ》などを打った以前は、その作業は婦人に頃合いの労働であったのに、これからほんのちょっと進歩したものとしか思えぬカラサオになると、もう仕事が重くなって、次第に男の作業に移ってゆくようになった。

ひとり農具の改良ばかりではなかった。作物の方にもまた種々なる改良が行われて、その結果はまた労働の加重となってあらわれたものもあった。たとえば稲の品種の改良をみても、以前の実こぼれの多いものから、次第に実こぼれの少いものへと移ってきた。従って一度くらいイネコキにかけても、まだ穂に籾がかなり残るので、どうしてもその後でボッチャラウチとって、もう一ぺんカラサオ等で打たねばならなくなったのである。なお、今までの農具の改良はといえば、ほとんど例外なく調製の部分のみに行われたために、特に農業労働のこの部分で働いていた女性の地位には、大きな影響を与えずにはおかなかったのである。

もともと農業の労働は現在のような力業《ちからわざ》ではなかった。古《いにしえ》の田租として用いたエイ（穎）というのは、稲の穂の少し長い柄のついたもので、これは鎌などで刈ったものとは思われぬ。おそらくは一つ一つ指先でつんだものらしく、従って女でも充分できた仕事であった。もっともアラクレオコシすなわち開墾の仕事は、アラシコという言葉にも残っているように、多分初めから男の作業であったろうが、農業は最初からこういう形でやっていたとは思われない。すなわち以前は女が農業に参加していた部分は今よりもはるかに多かったのである。むしろ農業というものは女だけの仕事であったのではなかろうか。その一つの暗示として今日の未開人社会に幾多の実例を見出すことができる。わが国においても漁村の畑作などにはまだ充分痕跡が残っている。かように農業が女の仕事であったことには、二つの原因があったと思われる。すなわち男は漁士や山子《やまこ》のように男でなければできない、漁獲や狩猟の仕事に出て行ったためと、今一つは女は「殖《ふや》すもの」だという観念がマジカリー（呪《まじな》い的）にはたらいていたこととである。

それが今日の著しい変化をもたらした裏にはいろいろ原因もあろうが、一つには今いった農具の、一としていわゆるゴケナカセならざるなき改良と、いま一つには婚姻関係の変化があった。この二つの変化が両々相俟《あいま》って、いわば女を無能にする傾向を助長してきたのであった。

従って日本の農業における女性の地位の昔と今とには大きな開きがあった。近年はことに並の女の道徳ははなはだ消極的なもの、無能なものとなってしまったが、それでもまだ農村の婦人には女の積極性ともいうべき残存物がないではない。「気働き」のあるというかあるいはいわゆる内助の功があるというか、いわば英語のヘルプフルネス（helpfulness）といったような資質は、日本の女徳の最も重要なものであった。主婦の資格は何よりもこの点が大切であった。土佐などではつい近頃まで、大女であることが主婦の登用試験の第一条件であって、他の点ではいかに優れていても体格が貧弱だったら、「気立てはやさしいが何分にも小柄で」ということだけで断わられたものであった。

婦人が日本の農業の発達に参与していたことは単に労働の上のみでなかった。日常の食事におけるヘラ（杓子）の技能、晴の場合たとえば節句やサノボリなどの勧酒の手際《てぎわ》、これを豊富にしかも無駄でなく取りしきってやることは、主婦の大事な技倆であって、この点で主婦がしっかりしているか否かが、家の興亡の最も大きな原因であったのである。

その他食物貯蔵の技術、衣服の管理、それから家の外の仕事についても命令は主人から出るにしても、仕事の割振りは実は主婦の頭脳にあったので、とにかく日本のマトロン（家刀自《いえとじ》）は「きつい」「こまめな」ものであった。その上に女性は、現に沖縄ではそうであるが、信仰の管理者でもあった。要するに日本の婦徳というものは元来は非常に優れたものであったのである。

女性はまた土地に根が生えたものであったから、これが農業を離れたことは、必然に社会制度の変化をもたらしたのであった。ことに後世遊女の制度が生れ、これが交通の衝にあたる宿場や津に繁昌《はんじょう》するようになってから、女は人としてよりもむしろ一種の物として見なされ、いわば財貨として取り扱われるようになり、ついには家の女房までが亭主を引き留めるために、浮薄な女を真似なければならなくなったのである。今にしてなお苦々しく思うことは、明治初年の権妻《ごんさい》なるものの流行であった。ただしこういった不愉快極まる現象も、主として東京及びその他の都会のことで、農村では近年まで以前のままに保たれていたのである。男性もまた土に根が生えていたからである。

ところがこの農村の気風を変えたものは遠方との縁組であった。これは戦国時代よりの武士の風《ふう》を次第に農村の重立《おもだ》ち衆《しゅ》が真似てきたもので、それが始ってからやっと百五十年内外にしかならぬ、比較的新しい風習ではあるが、これと同時に農業のできない女が、農村にもできるようになったのであった。

娘は農家の大切なる働き手であったから、以前は事実上の婚姻はしてもすぐに婿《むこ》の家にはやらなかった。従って当時の婚姻にあっては、嫁入りよりも婿入の方が重要であったのが、近年部落外の婚姻が盛んになってから、逆に嫁入りが大切になってきたのである。文書に表れた王朝時代の婚姻をみても、結婚してからいつまでも男が娘の方に通ってきて、男の方の母親が隠居するかへこたれるかしていよいよヘラを渡そうという段になって、始めて「輿入《こしい》れ」をしていわゆる「北の方」になったのである。この風は現在でもまだかすかに八丈島や瀬戸内の島には残っている。つまり嫁入りになってから、農業に対する女性の任務は少くなったのである。

婚姻が農家の労働を改良してきたことは、明らかなしかも重要な事実であった、「婿は横座から嫁は木尻《きじり》から」という譬《たと》えにもあるように、以前の一般の婚姻においては婿は良いところから貰《もら》って、家の地位を改良して行く反面に、嫁は働く階級から取って、これによって子供を働き手に仕立て家の労働力を維持したのであった。実際に農村では嫁を良い家から貰うと、それが衰亡の一転回期となっている例が多かったのである。

要するに旧来の日本の農業には分解が行われたのであった。そうしてその仕方に二面あったと思われる。すなわち一面には昔の大農場より小農場へと分解するとともに、他面には家の分立が行われて小さな個々の農家に分解し、そうして無能なる女性が生れてくるようになったのである。そこで我々は数あるわが国農村問題の内でも、「将来の農村の、女性の労働をいかに評価するか」という問題こそは、目前の最も大きな問題の一つであると考え、これに対して私たちは、この郷土研究の方法によって、解答を与えたいと思っているのである。

さて、以前の農業組織が分解して土地と家との対立が次第に小さく分れて行くとともに、他方に新たに労力調節の方法が生れて来た。なかんずく生産時の労力の急激なる入用、特に田植時の繁忙はここに一種の労働組織を発達せしめた。すなわちユイの方式はこれであった。ユイは前に言ったコによる労働組織が服従関係にあるに対して、対等の相助組織であったのである。

ユイというのは日本の古語であるが、普通漢字の結の字をあてている。その呼び方は所によって少しずつ変化していて、ユイという所は中部地方から東北地方にかけて多く、イイ、イユなどというのは九州・四国から中部地方の諸所にあり、エイまたはエエは岩手、千葉、長野、富山、石川等、ヨイは秋田、山形、宮城、茨城、群馬、長野等であるが、所によってはこれをユイと言わずにテマガエ（手間替）コウロク（合力）などといっているところもある。

いったい農業のように気働きでやっている仕事では、ユイはいわばスポーツ的効果をもつのであった。すなわちその協力の結果は単なる算術的総和以上の能率をあげたものであるが、それが特に若者の場合に顕著であった。なおユイは「ユイかす」すなわちユイに労働を借すこと、及び「イもどし」すなわちユイで借りた労働を戻すこと、等の言葉にみるように、単なる労力の相互交換を意味するようになった所もあるが、昔はその他に種々の意味を持っていたのである。

ユイは農村では起りは農作業にあったかも知らぬが、範囲はこれに限らなかった。奇抜なのは秋田の按摩《あんま》の結按摩《ゆいあんま》で練習すること、それから農村の婦人が年の暮に、ユイでお互いに晴の髪をゆい合うこと。それから越前の穴間《あなま》などにみるようにユイで屋根を葺《ふ》くこと。この屋根葺ユイは全国的にかなりひろく行われている。

静岡県の浜名や引佐《いなさ》地方の旧家では、小正月にその年来てもらうはずの早少女《さおとめ》を招《よ》び、ニュウギによってその年の作物の占いをする仕来りがあるが、そのためにニュウギを早少女の数だけの対《つい》をつくっておくということである。また八朔《はっさく》の行事には二つあった。その一つは「作ほめ」であるが、今一つはある一定の家との間に品物を贈答する仕来りであった。すなわち「タノモをおくる」とか「タノミをおくる」といい、これに対してタノモガエシまたはタノミガエシといってかえしをするので、そういう土地では八朔のことをまたタノモ節句と呼んでいる。これらは田植や取入れを前にしてお互いの信頼を表示しあう、いわばユイの予約であったのである。

現在婚姻の成立の表示として一般に行われている結納《ゆいのう》も、元はやはりこのユイから出たものであった。今でも信州などでは結納といわずに、ユイノモノとかエイノモノ、イイノモノなどと呼び、また中国・九州地方などでタノメまたはタノミといっているのでもわかる。それから農村の相互金融機関でどこの村にもある無尽講《むじんこう》を、中国地方ではタノモシ（頼母子、憑支）といい、九州などではモアイと呼んでいるが、これもまたユイの一種であった。

ユイの歴史の古いことは記録の上にも表われている。すなわちわが国最古の石碑といわれている、上野《こうずけ》の三碑の一つに「結知識」という文字を見出すが、これは遠い奈良朝時代のものであった。それからまた平安朝の初期の文書にもまた「結政」という言葉がみえている。これは結番《けちばん》ともいい朝廷の上日《じようじつ》の順番を定める制度であって、たいていは正月に当番の順を定めたのであった。なお結番の番というのは分担区域を意味したもので、ひいては御番《ごばん》や辻番《つじばん》ずっと降《くだ》っては我々の今見る町の角の交番などの諸制度はみなこれからきているのである。それからトウ（頭）またはトウバン（頭番）の制度もいわば神祭りのユイであった。これはトウワタシ（頭渡）といって今年の祭の終った時に、次の番のものに頭帳を渡し、こうして順番に神を祭ってゆく一つのユイの制度であった。要するにユイはかように労力の交換とお互いの信頼とを表示する方式で、これがわが国の以前あらゆる制度に行きわたっていたので、ユイの範囲というものははなはだ広かったのである。

ユイによる収獲物の分配方法は漁村の地引網の漁獲物の分配方法によく表われている。これは携わったものに平等に分けられるのであるが、この方法は小農になってからの農業においてもあったかも知れない。東北の昆布、伊豆稲取《いなとり》の天草《てんぐさ》の分配方法もこれであった。なお田結《たゆい》・手結《たゆい》あるいは由比《ゆい》の浜などという地名は今はとにかく、以前は地引網のできるところを意味したのであった。話は前後重複するが、このユイに相対するものとしてタコ（田子）がある。これには古くからの主人の親方があって、それに服従して作業をなしたものであったと思う。もとはタコはそのほかにテコまたはオテコあるいはテビトなどとも呼んだ。今日でも、蛸浜《たこはま》あるいは蛸の呼浜などという地名に残っているように、タコは農業以外の作業にもあったのである。

それに関聯してトウド（田人）のことを少し述べてみたい。これもまたユイに対するもので、親方制における労働者であったと思う。信州の田人は田植の時の若者を意味し、その中には早少女も含むものであった。越後田人、頸城《くびき》田人などといって、主に越後の方から川中島へやってきたのである。秋田の由利郡では荘内《しょうない》の早少女が仙北の方に出てくる。「そうとめはいらんかあ」といって大勢が群をなして呼び売りする。田植の時には食うだけで帰って、タノモの時にまたやってきて収獲物を貰ってかえるのが通例だが、時にはその上に落穂を拾う権利を与えてくれることもある。近頃では農繁期の労力の不足を、いわばかような田人制によって補って、農業を維持しているが、その以前にはユイという情味ある制度があったのである。

ユイはひとり労力の上のみならず、知能にもまた技能の上にも大なる作用を及ぼしていたのである。ユイのスポーツ的効果は前にも述べたが、若い者が一生懸命に仕事に励んでいる際には自から「心ばえ」というものがあらわれた。実はこれが結婚の大事な条件の一つであったのである。

若者の知識や技能を練磨する制度としては、欧州中世のギルドなども同様であった。日本でも畳職や床屋などにはまだ残っているが、まずアプレンティス（子飼い職人）として、それからジャーネーマン（渡り職人）として、ボス（親方）の下に一定の年限をきめて修業して、それからさらに自分の腕に磨きをかけるために旅に出掛けて、他所をみつつそのみちの修練をする、あのなつかしい職人制も、元はユイと起りを同じゅうするものであった。

ユイはまた道徳的評価の機会でもあった。中でも「ずるい」、「ぞろべったい」、「なまける」といった一つづきの行為は悪いモーラルとしてあって、そうした不徳を冒すときは皆なから「笑われる」ばかりでなく、ひいては「家の名折れ」となり、「村の恥」となると言ったり、また「義理がわるい」とか「義理をつとめる」とかあるいはまた「人情が欠ける」といった類のモーラルは、ことごとくユイにおける他人との交渉に発したものであった。日本の道徳観念というものは、元はこんなケチなところにその基礎があったのである。

（『郷土生活の研究法』一九三五年）

親分割拠　『明治大正史世相篇』より

親分の素質は必ずしも非常に低下してはいない。彼等の人心を収攬《しゆうらん》する手段は今も昔のごとく、この上もなく辛抱強いものであった。仮親・烏帽子《えぼし》親《おや》などの習慣こそはなくなったけれども、人が自分の生みの親以外に、誰かに引き立ててもらわなければならぬ必要だけは、かえって封建時代よりも大きくなっている。従うて親分の腕を揮《ふる》うべき場合も、また決して少なくはなっていないのである。最も主要なものは職業の指導であるが、これは現在のように新たに発見しなければならぬ人が多くなれば、彼の力を須《ま》つことはいよいよ切でなければならぬ。これ以外にも縁談の口ききや寄寓者の世話、借金の整理などは以前よりも多く、頼まれれば喧嘩《けんか》の仲裁なども彼等がした。たいていは気質性癖もしくは一種の惰性のごときもので、強いて報償を予期してこれに携わる者のないのであるが、それがまたかなりの大いなる力となって戻って来るのが、古くからの法則になっていた。世が改まっても日本ではこれだけは変らない。あるいは時代の必要が幾分かこれを強めているかも知れぬ。少なくとも他の方面ではすでに衰えているために、この関係ばかりが目に立つようになった。

恩義という言葉がこの無形の報償を意味している。それを忘れる事は借金を返さぬ以上に、悪い行為と認められている。恩義には定まった形とてもないが、まず第一には言うことを聴くという要件があった。動機の善悪は問題の外に置いて、必要があるならば親分を助けなければならぬ。普通は幸いにそういうことが要求せられぬが、場合によっては悪事でも庇護《ひご》すべきことがある。少なくとも永遠の雌服《しふく》だけは、当然の事として認められていたのである。だからたくさんの人を世話し得た者は英雄であった。もし一方の首領となってみる気があるならば、彼等の大部分の担いでくれることだけは、予算の中に入れておいてよかったのである。ところが実際においては親分のその地位を利用する者が、だんだんに少なくなろうとしている。むしろその力を新たなる恩義のために役立てようとする方に傾いて来た。これには親分がたいていは年を取って、今さら新規の計画に携わるだけの気力をなくしているという原因もあったろうし、最初からそういう創造性はなくて、人の世話以外の活躍には向かぬということもあったろうが、それよりも大きな理由はこの転換は実は簡易の事業ではなかった。ある限りの恩義を巧妙に統括してみたところが、なお有力なる一つの団結を完成するに足らなかった。第一に困難なのは子分たちの一致であった。それが相互の聯絡を保つためには、また新たなる労働を必要とした。それが煩わしいために多くの親分は断念している。つまりは事業の方が法外に面倒になったのである。親分の力は必ずしも以前よりも衰えているわけでないのである。

野心ある小英雄の候補者等がこの術を試みた者は皆失敗している。少なくとも成功を見る以前に中止している。動機の最初からやや露骨なのが軽蔑《けいべつ》せられたほかに、目的のある者にはこれはややまだるい手段でもあった。金でこういう長い間の因縁を買い取ろうとした者のあったのも不思議でない。そうでなければ自分も一人の依頼者となって、この先輩のもっている恩義を、片端だけでも利用しようとしたのである。それが果して可能であるか否かは、近頃何回かの総選挙がこれを実験したのである。あの選挙区なら何の某《なにがし》を抱き込むとおおよそ何百票だけは得られるということは、顔で投票を集められるような親分が、そこにいることを意味していた。あるいは輸入候補と称して若干の金を持って行けば、人には関係なしに当選が期せられるという類の、やや融通の利き過ぎた取引も稀にはあったが、たいていは金に換価し得ない人情を横取りしようというので、地盤はすなわちその新たなる贈答品の容器の名であった。個々の投票の売買ばかりを戒めても、まだまだ選挙が自由に行われているものと、推断することのできない理由は、こういう大小の幾つとなき選挙群が、単に一個の中心人物の気まぐれに従って右にも左にも動かし得たからであった。

　これが今日よりもう一段と弊害の多いものになろうとも、なおおそらくは撲滅《ぼくめつ》することはできないであろう。顔役は多数の常の心なき者が、今でも必要として大切に守り立てている者である。彼等の任侠《にんきょう》は頻々《ひんぴん》と人を救ったのみならず、その幾分か並よりも発達した常識は、暗々《あんあん》裡《り》に周囲の生活の基準ともなっている。ひとり恩義の拘束を受けている者だけでなく、平生からその力を知って尊重している者は、迷うて決しかねる問題のあるたびに、いつもその向背《こうはい》をもって参考としようとしている。ことに世間並と御多分に洩《も》れぬということを、安全の途のごとく信じている者には、あたかも魚鳥の群が先に行く者に率いられるごとく、自然に一団となって動かずにはいられなかった。だから普通選挙が選挙人の数を激増し、自由な親分圏外の人々に投票させてみても、わずかな工場地帯の別箇の統制を受けるものの他は、結果はだいたいにおいて、以前と異なるところがなかった。つまり我々は散漫なる孤独において、まだ自分の貧苦の問題をすらも、討究してみる力を持っていなかったのである。もしくは多数の同境遇の人々と、いかなる方法でも結合しなければ、解決は無意義だということだけを知って、しかもその方法に非常なる価値の差等があることまでは心付かなかったのである。

ただし最近の恩義はおいおいにこの親分を教育する方に働こうとしている。せっかく自分たちと同じ生活を経験し、同じ感覚の普通よりも鋭敏なものを持っている人を、単に無定見《むていけん》のために遠慮させて、いたずらにその力をよその野心家に委譲せしめることは、惜しいものだと考える者が多くなったのである。実際親分の賢くなるということは虎に翼であった。彼等が時務を知り人心を理解するようになれば、団結は容易の業であるのみならず、それが空名に終るような虞《おそれ》もないのであった。しかもこれにはまた幾つかの障碍《しょうがい》が残っている。第一には彼を担ごうとする者の中に、さらに今まで以上の個人利益を予期し、もしくは各自の計画に利用しようとする者があって、むしろそのあまりに聡明でなく、時々はおだてに乗り自惚《うぬぼれ》を抱き、もしくは無用の負けぬ気を出して、いわゆる井底《せいてい》の蛙《かえる》の孤立を続けてくれることを、内々希望する傾きがなお強いゆえに、思うようには親分を養成して、時代に相応した活躍をさせることができぬのである。義気は依然として、今も対個人の道徳としか解せられない。協力は時として私欲の保護にまで応用せられる。壮士という名称が日本に行われ始めてから、もう四十年を少し越えている。彼等は一人として生死を度外に置いて、国と正義のために働くことを揚言せぬ者はなかったのであるが、その実際の用途は別なものであった。親分が分立しているために見解は皆違っている。末には数ばかりむやみに多くなって、彼等どうしは常に闘っていた。聯合の非常な大きな力であることは認められていても、多数は自分の保護の必要から、わざといつまでも国内に敵を残しておかなければならなかった。大きな英雄は実際は入用がなく、微細な天才ばかりに際限もなく好機会があった。しかも供給はそれよりもはるかに超過して、人は失望の間に半生を老却《ろうきゃく》しなければならなかった。そうして異郷のいまだ相知ることの疎であることをむしろ便利とするような場合ばかり多いのである。

（『明治大正史世相篇』一九三一年）

聟入考《むこいりこう》　抄　『婚姻の話』より

四

　ケッコンという語が普通の用語となる以前、わが邦には精密にこれに該当する語、すなわち「夫婦の仲らいの始め」を意味する語はなかったようである。ただ近世中以上の家庭のほぼ全部において、新婦の引移りをもって婚姻生活の開始としていたゆえに、事実上結婚をヨメイリといっても、その人たちだけにはすこしも差支えがなかったのである。ところが他の一方には結婚よりはるか後れて、嫁女を聟の家に送る風習が、今でも若干の地方には公けに認められ、それが前代に溯《さかのぼ》るほど一段と弘く行われていた。例の『源氏物語』の時世には、京都貴紳の家でも、最初から新婦を迎え取るということはしなかったのである。こうなると嫁入は決して結婚ではなく、単に結婚後のある一つの手続に過ぎぬのであったが、当今の法制はその力をもって、むしろ新たに前代と異なったる風儀に統一して、一部残留の慣習を蔭のものにしてしまった。嫁の引移りに伴なう儀式のみを挙式と名づけて、婚姻の始めと認めることにした。送籍はもちろんその時より後に行われる。その結果は長子が私生児とならぬまでも、月足らずで生れなければならぬ場合が頻々として起ったのである。我々の慣習は土地により、または当事者の身分境遇によって、近世はすでに幾通りかの種類に分れていた。それが最初からの系統の別ではなくして、元一つのもののおいおいに進化して行く階段を、代表していたのだということは証明し得られるが、現在正しい風儀として公けに認められた一種類は、偶然にもその中の最も進んだ形、すなわち武家という階級が夙《つと》にその特殊の必要に基づいて多くの省略と改定とを加えたものなのであった。武家も以前はことごとく村人であったが、その社交の範囲が何人よりも早く拡張して、遠方の家族と縁組をする必要がまず生じ、次第に今までの村の婚姻法を、そのまま踏襲することができなくなったのである。嫁迎えの儀式のみが非常に重々しいものとなったのは、多分はもと遠方婚姻が、数十回の小さな往復を不可能ならしめた結果であろうと思うが、後には隣を接する家々の間にも、いわゆる小笠原流をもって唯一の作法となすに至り、その風は漸次に村居住の旧家の、格式を城下の士に準ぜんとする者にも波及したのであった。冠婚葬祭の四つの中でも特に婚姻に限って、上下二通りの慣習が、同じ村内に並び行われている場合は多かった。しかるに法制は新たにその一つを普通とし、他の一つを例外とすらも認めようとしなかった。そうしてこの風儀と実際慣習との折合は、いまだ必ずしも落着してはいないのである。もちろんこれは大いなる時代の変化であるが、実はその変化は今もまだ完成したとは言われぬのである。

嫁入をもって開始する婚姻は、年を逐《お》うてその割合を増加しているのみならず、そうでない婚姻においても、嫁入が次第にその儀式の重要さを増加して来たことは争いがたき事実である。村の俗語を尋ねてみても、単に引移りを意味したカカナリ・ムカサリ・オカタムカエ・ゴゼムケなどが廃語となり、これに代って弘くヨメドリ、ヨメイリという語が行われんとしている。ヨメは橘守部《たちばなもりべ》も早く注意したごとく、本《もと》の意味は吉女、すなわた盛粧した女性ということであった。今では婦人が紅粉を傅《つ》け、美衣を着るということは何でもない行為であるが、その根源に溯れば宗教的と言ってもよかろうか、とにかく心までも改まるような晴の場合で、しかも一役を持って参加する者でなければ、晴の装いはしなかったのである。伊豆の大島や対馬《つしま》の佐須《さす》奈《な》などでは、この日不断着のままで家に入り、晴衣《はれぎ》は親の野辺送りの日に始めて着るという例もあり（民族二巻三号）、あるいは勝手元から上ってすぐに働くという話も、二三の片田舎には聞くことであるが、だいだいに嫁入を女一生の晴の日とし、見たり賞《ほ》めたり妨げたりからかったりする附属儀式までが、ことごとく彼女を中心として行われることに、もう久しい前からなっていたようである。関東などは一般にこの日の儀式のみを祝言といい、他の地方でも普通にはこれを婚礼といって、いわゆる「取合いめおと」の簡略に婚姻を開始した者も、改めて一度はこの手続を履《ふ》まねばならぬように、感じているらしき者も多いのは、あるいは嫁入が外部社会に向って対抗し得る方式として、相応に早くからその必要を認められていたことを意味するものかも知れぬ。

とにかくに婚姻に伴なう他のすべての儀礼が、一様に手軽になる傾向を示していたに反して、ひとりこの引移りの式のみは成長して、かえって最近までは少しずつ複雑になろうとしていた。後になお詳しく述べてみようと思うが、元は別の機会に行われた行事を、この日に集合させた例さえ稀ではなかった。少なくとも外部の者の眼には、式の重要さの差等はきわめて顕著であり、従うて嫁入を結婚そのものと見る法律家の考え方は、必ずしも自分たちの周囲の限られたる社会の新慣例に準拠して、他の多数の知られざる実際を類推したものとも言われない。別の言葉をもって言えば、以前婚姻の成立を意味した内部の儀式は、元々幽《もともとかす》かなもので部落以外には対抗できなかったのが、さらに省略せられていよいよその通用の力を弱めていたのであった。しかし注意して見れば、今でもその痕跡は遺《のこ》っている。単なる娘妹の引渡しのみをもって、婚礼の全部と見なかったことは、いわゆる上流社会とても同じであった。実際はいわゆる黄道吉《こうどうきち》日《にち》の到達以前に、もう変改のできない状態は生じていたのを、むしろやや物質的なる貞操観の現出したばかりに、それを一種の予約のごとくに差別し始めたのであった。かつて贈られたる銀釵《ぎんさ》などを手に持って、祝言の席へ暴れ込む者は、講談ではたいてい破落戸《ごろつき》の所業となり、それは道ならぬ隠し事の場合に限られているようだが、人が慎んで互いに詰責を避けたというのみで、そういう背約は元は常人の生活にもあり得たのである。いわゆる結納は当事者の身に附く物を贈ったゆえに、あるいは聘財《へいざい》と混同せられたけれども、主として持って行かれたのは酒であり肴《さかな》であった。本来は聟自身がこれを携えて、新婦方の親族と共同飲食したことは、むしろ中世貴族の「処現《ところあら》わし」、一名露顕の式と同じかったのではないかと思う。だからそれが済んでからの変改は、感情において「いいなずけ」の解除とは一つでなかったのである。「見合い」と称する手続にも別に当初の趣旨があったろう。縁談もすでに十分進行して、おおよそこれならば約束してもよしというまでになってから、本人同士の対面をさせることが、選択の準備であったはずはない。また何と今日の思想では説明されようとも、無意味にこのような慣習の発生するはずもない。嫁娶《かしゅ》は親々の側からいえばこそメアワスであったが、本人たちからいえばメアウである。ミアイが元は婚姻の主要な式であったことは、これだけからでも想像してよいのである。それが今日の嫁入本位時代に入っても、まだ何ほどかの精神的効果を保っていることは、おそらくこの残留慣習の精細なる観察によって、やがて、明らかになることであろうと思っている。

五

見合いと樽《たるい》入れとの二つの仕来りよりも、さらに顕著に昔の型を遺しているのは聟入である。我々の知っている最も普通の例では、嫁が来てから三日目の里開きに、これと同行して正式にその実家を訪問することになっているが、それが後代の便宜主義から、二つの祝宴を合併したものであることは、いろいろの方面から証明し得るかと思う。現在この風の行われるのは中部地方から、日本海沿岸の弘い区域であるが、そこでもこの日の式をイチゲン（一見）といい、ゲンゾウ（見参）といい、または初入《はついり》・初手入《しょていり》などと名づけて、目的の主として聟舅の近づきにあることを示している。聟入は要するに聟の初入のことであった。相手方の身内と新たに姻戚の関係を結ぶ手続きを、そういう名で呼んだことは嫁入も同じであった。と言うよりも嫁入という名称こそ、聟入という語に準《なぞ》らえて後にできたものであった。聟の正式に舅とその一門の者に承認せられることは、家としてははるかに大切なことであったゆえに、その儀式は古くから厳重に行われていた。それを露顕と名づけたのは、当人たちの居馴染《いなじ》むまで、少なくとも表向きは、親兄弟が与《あずか》り知らぬ体《てい》になっていたからである。嫁入より後に聟入をして差支えがない時代になっても、なおこの初対面をウチアケという地方があった。ウチアケは宴会を意味するウタゲすなわちウチアゲであろうといい、もしくは親族知友に対する披露のことであろうともいう人があったが、今まで隠していたことを告白する場合でなければ、我々はウチアケルとは言わぬのだから、これもまた以前の慣習の偶然の痕跡であろうと思う。

『狂言記』などを読んでみると、まだ聟入も済まぬという聟が、すでに嫁を引き取って近い里に住んでいる場合がある。こなたにおなという娘御がござろうが。うむある。身どもはその聟でおりゃるなどという対話もある。この時代にはすでに今風の嫁入があったかと思われ、また親の承知には構わずに、女を誘うて行くいわゆる「嫁かたげ」も相応に弘く行われたようだが、だいたいにおいて家族の労力を他家に委付するには、家長の承認を必要としたであろうし、その承認は通例聟入の形をもって与えられていたのだから、聟入はすなわち嫁入に先だって、行われなければならぬ儀式であった。もちろんおいおいに省略せられてしまうことと思うが、つい近頃までその形をもって聟入をしていた地方は、尋ねてみると非常に多かったのである。実例の全部を挙げるわけにも行かぬが、それが孤立の「不可解なる異風」でないことだけは、立証しておく必要があると信ずる。北の端から算《かぞ》えると、秋田県では鹿角《かづの》の草木村附近などで、聟が若者宿から仲間の者を案内として、酒を持って姻家を訪問し、その家の炉傍を三周して祝言を叙する風があった（東京人類学会雑誌四巻二七〇頁）。岩手県遠野地方の山村でも、嫁入の当日新郎自身が、仲人親戚の者などに伴われて新婦の家に行き、嫁渡しの盃事《さかずきごと》をした。その式が終って嫁を同行して来るので、宴会の間にたびたび聟方から催促をするのを礼儀としていた。三日目の里開きにも聟はやはり同行して来た。嫁方親類との盃はこの時にしたもののようである（東京人類学会雑誌二八巻五五五頁）。同県紫波《しわ》郡の飯岡《いいおか》村などでも、聟入は婚礼の当日午前中に行われ、御祝儀と称して「高砂《たかさご》」の謡をうたう。嫁は盛装してその席に列するが、聟との盃事はこの時には行わぬ。そうして夕方に聟の一行が引き取ると、程なく嫁入の行列が出て行くことになるのである（旅と伝説二巻七号）。福島県石川郡でも婚礼の当日、新郎は仲人と見参人（近親）とに連れられて、まず新婦の家に行って祝宴に列する（石川郡誌）。東京の近くでは千葉県千葉郡も同様で、聟が上座にすえられてまず嫁方親類との盃をすませ、それから酒宴に移る。嫁御はその晩なるべく遅く出かけることになっている（千葉郡誌）。同じく安房《あわ》でも本人と兄弟一人、親戚若干名が仲人に伴なわれ、結納・土産物を持って嫁方を訪い、嫁の親たちとの盃事をする。これを親子名乗《なのり》といって、作法はほぼ当夜嫁入の時と同じである。式の酒だけでは足らぬと言って、その後で村雨《むらさめ》または「盛上げ」と称して、盛んに酒を強いて一宴会あるのである（安房郡誌）。群馬県の北甘楽《きたかんら》郡でも、全然これと同様に、当日前に聟入があって新婦の家の饗応を受ける。それを一見《いちげん》といっている（北甘楽郡史）。静岡県志太《しだ》郡などでは、これを輿迎《こしむか》えといっている。しかも新婦を同行して行く以前に、親戚列座の饗宴に臨むのみならず、なおその一人に導かれて嫁の家の近隣へ挨拶をして廻るのである。嫁入の路では新夫婦打ち揃《そろ》うて、一応仲人の家に入って休息し、貰い方の出迎えを待つのがこの土地の一特色である（志太郡誌）。

同じ慣行はさらに和歌山県有田郡にもあって、ここでは聟入とも舅入《しゆうとい》りともいうらしい。晴の挨拶が終るとまず「霜消し」といって一杯の酒をつぎ、それから聟舅の献酬《けんしゆう》に移り、本膳《ほんぜん》が出て御馳走の腹鼓を打つとある。霜消しという語は聟の夜通うた頃の名残の語であろう。この土地で花嫁は同行せず、夜に入って別に出かけてほぼ同じような盃事があるのである（有田民俗誌）。九州の方でも『宇土《うど》郡志』や『下益城《しもましき》郡誌』を見ると、聟入はやはり同じ日に、嫁入に先だって行われることになっている。嫁の親たちと聟との盃はこの時に行われるから、他の地方で見るごとく嫁入に同行して親が行くことはないようである。四国でも伊予の西海岸には、やはり花聟自身が紋付袴《もんつきはかま》で、花嫁方へ来て出立の宴に列する風があった。これには聟の親も仲人とともに同行する場合が多かった（民族二巻三号）。土佐の安芸《あき》郡にも同様の風があったらしいが、これなどは挨拶を済ませてまず還り、後刻聟の友人たちが打ち揃うて花嫁の迎えには出たのである。その他今日ではもう改まったかも知らぬが、広島県の呉《くれ》附近もこの通りであったという。ことに念入りなのはここでは聟が袴と履物《はきもの》を脱ぎ棄てて、盃事もそこそこに急いで還って行くと、それを始末して花嫁が持って行くことになっていた。尾張の名古屋も元は嫁入前の聟入があって、貝の吸物で盃が出た。それには手を附けずに始終無言で早く還るのが、尋常の作法であったという（以上三件結婚宝典）。織田信長の逸話にも見えるように、この日は聟殿の嘲弄《ちょうろう》せらるべきであった。それで挙動を慎んでできるだけ早く引き上げようとしたのであったが、中には聟入の盃にもうぐでんぐでんになって腰を下し、花嫁に向って先へ行って待っていよと言ったというような笑い話もいろいろ残っている。

こういう式作法の必要であった時代はとにかく、型ばかり古風を守るというだけになれば、話合いの上でこれを里開きの日に合併しようという類の、変化を見るのもまた自然である。仲人が聟方を代表して、日のある中《うち》に迎えに来る土地はいたって多い。この仲人が昔の女への媒というものと同じでないことは、いつかなお述べたいと思っている。それから心得ある聟方の親族が、仲人と同行して嫁の迎えに来る例も、能登《のと》地方を始めとして数あることである。岩手県の上閉伊《かみへい》でも、遠野郷と山一重を隔てた海岸地方では、普通には聟自身は行かぬことになっている。近親の若干名がサイノカミすなわち仲人と同行して、嫁迎えにやって来て饗応を受ける。一行の人数は聟自身の加わる地方では、必ず奇数であるのに反して、ここでは聟がおらぬから必ず偶数ということになっている。当日の贈り物の樽と肴との他に、お持物と称して男女一対の衣服と帯、それに草履《ぞうり》を添えて柳行李《やなぎごうり》に入れたものを持参する。衣類の畳み方にはむつかしい作法があり、嫁方でもまた定まった方式により、これを比翼《ひよく》畳《だた》みにして持たせて返すのだそうで、前後の事情から元はここにも聟入のあったことが察せられるのみならず、なお養子聟の場合だけは、今でもこの一行の中に花嫁自身が加わって聟を迎えに行く風が残っている（民族二巻三号）。

（『三宅博士古稀祝賀記念論文集』一九二九年、『婚姻の話』一九四八年）

旅と商業『明治大正史世相篇』より

鉄道が山脈の諸所に太い穴をあけ、自動車が高い嶺《みね》を昇り降りする時代に、一方にはまだ千年以前からの負搬法がそのままに伝わっていて、時々はそれらが一つの峠の口に落ち合うこともある。日本の世相のことに意味深く、考えさせられる点はこういうところにあるのである。それを詳しく説くことは好事に失するが、その中の一つのボッカというものは話してみる価値がある。いわゆるアルプス諸君なら見た人も多かろうが、美濃・飛騨《ひだ》・信濃の山間の村から、魚・塩・米の類を求めに北海の低地と通うのは、汽車のない限りはこの方法によっているのである。ボッカの出立《いでた》ちは絵巻物の高野聖《こうやひじり》などと近い。高い荷物に日覆いを張って、掛緒《かけお》を両胸に掛けて笈《おい》に負うている。手に持つ杖《つえ》の短かく末が太く、とんと野球のバットのようなものを、本を撞木《しゅもく》にしてその上に荷物を支え、立ったままで路傍に息を入れる。所得次第では二十貫近くまでの物を負うて、一日に必ず嶺を越える。登山の強力《ごうりき》もこの仲間から出たものであろうが、今でもボッカたちの故郷では、小さな娘までがこうして物を運んでいる。普通の荷持とちがう点は、計算の損益が自分に帰することであった。山から担ぎ出すのは元は麻糸が主であったが、それを作り主から値をきめて引き取り、町で交易して来る海の物や雑貨も、時々の相場に口銭を見て註文者へ渡した。小さいながらに独立した商人でもあったのである。

牛方・馬方もこれと同じ方式をもって、遠い運送を自分の事業とした時代が、久しい間続いていたのである。土地に問屋が多くなって、坐《い》ながら消息を通ずるようになると、彼等はおおいに雇われて今日の駄賃附けになってしまった。原因は要するに文字の力、すなわち記録や書信によって外の世間を知り得た者が、かえって現実の旅行者を統御したことであるが、一つにはまた販路の弘く開けた結果が、とうてい一人の人足の力だけでは、供給しきれなくなったからでもある。それゆえに船は最も早くから、この背後の指令者を持つことになっていた。寺や大名たちが勘合《かんごう》の印を握って、支那の海岸に交易をさせた頃に始まって、船方はすでに荷主のために、単なる使いあるきの役を勤めたに過ぎなかったが、それでもまだ若干のほまち物、すなわち自分買《あきな》いというものを黙認せられていたほかに、事情のよく通じない遠方の湊まで行くと、個々の運送人の判断と交渉に、一任しなければならぬ問題も多かったので、こういう沖乗りの船頭ばかりは、どこに行っても大切にせられ、また相応に経験を積んだいわゆる腹のある人物であった。ところが陸上の交通はこれに反して、便宜上いくらでも仲次処が設けられまた監督も可能であったゆえに、次第に逓送《ていそう》の距離を短かくすることとなって、どんな男にもその役は勤まり、従って山越しその他の特殊なる場合を除くほかは、夙《はや》く行商の事業は衰えてしまったのであった。

狭くて人の多い島国では、カラバンは大いに発達する機会を得なかったのである。牛馬も伯《ばく》楽《ろう》が遠く売買をする場合でなければ、もう今日ではこれを牽《ひ》いて旅行をする必要がなく、従って牛宿・馬宿は絶えてしまおうとしているが、かつてはこの設備をもって市場の中心としたこともあった。村の若者等の才能あるものが、これを世渡りの練習とも、また運命を開くべき遠征とも考えて、知らぬ他人の中へ突進して行ったのも、つまりはこの農業では見られない転送の利得という興味があったからで、今でも一種のやや無遠慮でしかも率直なる態度が、牛馬を追う者の間だけに認められるのは痕跡である。伝馬《てんま》が街道の問屋の統制に帰してから、村の交易業は卒如《そつじょ》として受動的なものになった。わずかに菜大根を町に担ぎ出すほかは、商人はほとんとみな町から来る者となって、また一つの世間を知る機会を失ったのである。現在村々を巡っている行商の中には、ぼて振りと称して朸《おうご》の両端に籠《かご》を下げたもの、今一つ古風なのには大きな布の袋を肩にして、家々の産物のはしたを買い集めようとする者がある。資力が乏しいので三百旅人《たべと》などと軽蔑《けいべつ》しつつも、いつも不用意にこの輩《やから》を儲《もう》けさせていた。繭の仲買などの秤《はかり》の棒と矢立とを腰にさして、白い股引《ももひき》で押しまわしたのも同類であった。自転車の往来が村の中に繁く、町場は東西南北にあり過ぎるほどできても、農人がこれを利用はせずにあべこべに利用せられていたという状態にも、基づくところは深いものがあるのであった。販売購買の組合事業が起ると、これらの弊風の若干は整理せられるが、それと同時に村がまた一段と奥の方へ、引っ込んだものになる感じは抑えられない。そうしてこれが本来の村の生活だと、思わなければならぬのは淋しいことであった。

いわゆる遊覧旅行の発達、都市と名所との繁栄の起りは、この方面からも考えてみることができる。村に外から訪れて来るものが、全体に世の進みとは反比例に、少しずつ単調に傾いて来たのである。行商の最も快活であったものは、村々から互いに通うて来る牛方・馬方で、多くは山一つ彼方《かなた》を談《かた》り、海と奥山との半ば珍しい生活を教えてくれるのは彼等であった。彼等は戦場から戻る兵士と同じく、いつも耳を傾けて聴く人を予想して、出先の印象を採集していたのであった。その次には世故《せこ》と人情とに馴れ尽したともいうべき、本物の旅人が入って来ていた。彼等の出処については何の語るべきものもなかったかも知れぬが、その代りには諸国を股にかけて、地方のある限りの変化に通じていた。そうして元来があるかないかの薄元手をもって、その日その日の生計を立てているのだから、口だけは最も達者に、いくらでも土地の人の機嫌を取り結ぶことができたのである。うそもよく吐《つ》き油断のならぬことも知られていたが、そうそうは騙《だま》すべき必要も実はなかった。高野聖の横着は諺《ことわざ》にまでなっているけれども、それでも何百年の間引き続いて田舎を巡っていた。彼等の商品は笈の中に、片寄せて置かれるほどの軽物と小間物であったが、この二種だけは早くから商売として成り立った。呉服も近代の三越・白木《しろき》の前駆者が、江戸のあの附近で三百年前には、大道の側に露店を出していた。これを呉服聖といったのはやはり高野の徒であったらしい。ひじりという旅人には無数の種類があり、その下級なものは物乞《ものご》いであった。しかも直接土地を管理する農民以外に、衣食の資料を抱えている者はなかったことを考えると、「たべ」といって来なかったたび人は、元は一人もなかったはずである。問題はただ何をその代りにあたえたかであって、勧進も祝い言も形はないが、また一種の商品として受け入れられたのである。遊芸の門附《かどづ》けなどが村をあるいて生活し得た理由も、それがちょうどこの辺に払底《ふってい》していたからである。以前の田舎渡らいは後世の押売りとは違って、努めて求めらるるものを持ち込もうとしていた。外から学ぶところの多かったのも道理がある。

漂泊者の歴史は日本では驚くほど古く始まっている。中世以後彼等の大部分は聖の名を冒して、宗教によって比較的楽な旅をしてみようとしたが、実際は他の半面は工でありまた商であった。そうして行く先々の土着民に、土を耕さずともまだいろいろの生活法のあることを、実証してみせたのも彼等であった。もうかれこれ一千年にもなろうが、その間始終何かかか新しい事を、持って来て吹き込んだ感化は大きかった。村と村との間に交易の旅行が始まったなども、多分はこういう人から学び取った技術であろう。数から言うならば国民の八割九割までが、昔ながらの農民であった時代もあるが、この生活は全国一様に固定していた。倦《う》むことはあっても自ら改まるという機会は少なかったので、これに時々の意外な刺戟を与えて、ついに今日見るような複雑多趣の農村にしたのは、原因は他にあり得ない。すなわち日本の文化の次々の展開は、一部の風来坊に負うところ多しと言っても、決して誇張ではなかったのである。ところが世の中が改まって行くごとに、彼等の職業は好さそうなものからおいおいに巻き上げられた。町が数多くなるとすぐにその中へ編入せられて栄えた。町の商工業の書物になっている発達史などは、ことごとくその背後に今までの漂泊者から、大事な飯の種を奪ったことを、意味しておらぬものはないと言ってもよかった。それはもちろん国全体から見て、幸福なる整理と認むべきであるが、少なくとも村々の社会教育においては、補充を必要とすべき一損失であった。由緒ある我々の移動学校は堕落して、浮浪人はただ警察の取締りを要する悪漢の別名のごとくになった。そうして旅行の価値というものが、内からも外からも安っぽくなってしまったのである。

（『明治大正史世相篇』一九三一年）

家の話

四民

士農工商という語を日本で用い初めたのはいつ頃のことであろうか。天保八年にできた『燕《えん》居《きよ》雑話』という書物には、「世俗よく士農工商ということをいえども何に出でたることを知らず云々」の話が載っている。この説によると、支那ではごく古く『淮南子《えなんじ》』の斉俗訓にも『漢書』の食貨志《しよつかし》にも、いわゆる四民の別が説いてあって、その範囲がほぼ吾々の士農工商と同じであるというが、これをわが国に移したのはおそらくは近世の漢学者の所業で、日本の社会組織について、深い研究を尽した上の分類でないように思われる。

しかるにこの名目は新時代になっても、少なくも吾々の少年の頃までは、いたって盛んに公私の間に用いられたものである。たとえば明治の初年の布告には「四民平等」などという語もあったかと記憶する。あたかも本来四民が平等でなかったかのごとく看做《みな》しているのである。

西洋人の日本記事の中などにも、これを興味あることとして語り伝えているために、あるいは日本には古くから天竺《てんじく》などのように、四種の階級が截然《せつぜん》としておったかのごとく、吾も人も信ずるようになった。しかしこれはだいたいにおいて間違いである。今日でも大ザッパな人の頭では、士農工商の内の昔の武士に差し代えるに今日の文武官をもってして、やはりかくのごとき目安をもって社会が四つに分類し得るかのごとく考えている人がないともいわれぬ。昨年の大修繕にペンキを塗りかえるまでは、衆議院の仮議事堂の傍聴席の手摺《てすり》に、士農工商を現わした四組の模様があったことは、人のよく記憶するところである。

この類の誤りは、延《ひ》いては国民の社会的国家説にも悪結果を生ずべきものであるから、軽々に看過《みすご》してはならぬと思う。多くの場合無益の詮索《せんさく》のごとく考えられている歴史の学問は、かくのごとき場合に吾々を正しきに導くただ一つの頼みの綱である。吾々の観るところをもってすれば、個人個人の生活を得る職業としてはなるほど種々の差があった。しかしこれによって国民を大別することを得るためには、永い間の世襲と職業転換の困難な障碍《しょうがい》がなければならぬのであるが、それを立証することは事実はなはだ困難である。

工

士農工商の中でも工にはある程度までの特別な沿革がある。ことに高尚な技術、古い言葉で諸道と唱えていた医業や音楽の類を、工の中に包含するとすれば、この方面においては他の職業との混同融通は比較的少ないということができる。これらの技術にはしばしば秘密があって、いわゆる一子相伝で純然たる仲間のもののみに伝え伝えて数百年を経過したものもあった。しかしかくのごとき技術的の職業においても、世の中が進むとともにこれに従事するものの数が殖えて、その補充を求むる場合には常にまた士農工商の子弟を連れて来たのである。いわんや普通の職人と称する類に至っては、いずれの時代においても外部から弟子を採って育てていたことは事実である。

商

商に至ってはこの事実がいよいよ著しい。江戸時代に町人と称して自ら陋《いやし》うしておった城下の店持ちでも、ほとんと一戸として昔からの商人であったものはないといってよろしい。諸国の城下に常設の肆《みせ》のできたのははなはだ新しいことである。その以前はいわゆる有無相通ずで、生産者が自ら自家用の余りを、月三度または六度の市に立って交易したのである。たまたま商品が特別の技能を用いるものであった場合に、これを売るところの工人が、やや後世の商人に近いような地位を持ち始めたのである。京鎌倉のごとき昔からの大都会に開かれた常市でもおそらくはこの通りで、商売が独立の職業となったのは、全国を通じて三四百年来の発達といっても言い過ぎでない。

この事実は、今日の大都会の旧家の歴史を尋ぬれば、容易《たやす》く証明せらるるのである。京でも大阪でも堺《さかい》でも、江戸時代の初期に名をなした大商人は、いずれも浪人の転業であった。士族の商法であった。たしか貝原益軒翁の全集中に、福岡の大町人の由緒の集めたものがあった。近頃できた『名古屋市史』には、あの町の旧家の若干が列記してあったが、いずれもともに領主からの特別の保護を受け、与えられたる特権によって経済上の地位を作り上げた者が多く、もちろん本人の技倆《ぎりょう》才覚が根本の条件にはなっているけれども、要するに方面こそ違え、皆諸侯の従属として新たにかくのごとき有利なる地位を賦与せられた点は、武士と異るところなく、しかも彼等はいずれも由緒ある旧家、すなわち中世の武家の流れを汲んでおったものであって、決して、先祖代々の商人ではなかったのである。

全国交通の由来

江戸時代初期の商業人口増加率は、おそらくは明治初代のそれに超過するものがあったことであろう。ことにその品質においては確かに昔の方が立派なものが多かった。他の同胞より智力においても、はたまた世界観においても、数段傑出しているものでなければ、地方割拠の経済組織を突き破って、全国交通の大系統を打ち立てることは難かったはずである。従ってこの方面においても、一種の戦死者すなわち失敗者は非常に多かった。その内若干の生き残ったものが、今でも折々大都市に残っているいわゆる旧家門閥である。彼等は在所における屋形、被官の関係もしくは預り職代官の旧制度を、必要なる若干の変更をして商業社会へ移植した。年期奉公を務め上げた者が暖簾《のれん》を分けてもらうといい、出入りと称して親代々保護の関係を結ぶがごときは、今の社会においてもなお吾々が見出し得るところの一種の組織、一種の被保護の慣習である。人によってはこれをもって日本の社会の一特色としているけれども、自分の観るところではかくのごとくして三百年前に初めて現われ出たのである。

この類の商人は世が進むに従って、おいおいと多数の摸倣者を誘起したが、その摸倣者の多くの者は、武人からの直接の転業者にはあらずして、後にはまたいったん農を営んでおったものが出て行くようになった。この風習も近年まで残っておったが、大阪のごとき大都市でも、商家で丁稚《でっち》・手代《てだい》を採用するに、比較的生活の相似たる市民の子弟を採らずして、なるべく粗《そ》樸《ぼく》の田舎者に目を付けた。江戸初期には田舎でも人の手は決して豊富ではなく、次男三男の家に用のないものは、どこへでも出て新田を開発することができた上に、領主の方でもできるだけ領民を外へ出さぬように努めておったから、後世と異なって傭主《やといぬし》たる商人の方から、よほど進んで求めぬとそういう少年が得にくかったに相違ないが、それにもかかわらずかくのごとくして田舎者を求めたのである。ことに面白いのは江戸でも大阪でも商家に養子の制度が盛んに行われた事で、この風延《ひ》いては今日にまで伝わり、田舎者の事務に熟練して腹のしっかりした者は、年々引き上げられて大家の相続人になった。つまり以前の商業が特別の伎倆、尋常以上の人格を要求したので、自然と男子を捨てて女婿《じょせい》に相続をさせる必要が生じたのである。

それから久しからずして田舎の人口がいっぱいになって溢《あふ》れる時代が来た。もはや附近には開くべき新田もなく、天下泰平にして子孫繁殖し、弟や次男三男の家に用のないものが、求めて今のごとく商家の奉公を希望するようになって、今度は外部からまさに沈滞せんとする商業界を刺戟するようになった。そうしてかくのごとき丁稚生活からたたき上げる地位が満員になってから後、さらに中年者の都会出稼ぎということが旺《さか》んになった。ちょうど大岡裁判の越後伝吉の話などがその一例で、おそらくはあの頃から北陸地方の、冬分田畑に雪があって農作に従事することのできぬ地方から何か仕事があるだろうと、都会へやって来て極度の忍耐勤勉をもって家を興す風習が、初まったものと考えられる。

これも数においては非常なもので、もちろん失敗者も多くあるいはまた短期の出稼ぎを終って、依然たる百姓に立ち戻った者も多かったことであろうが、それにもかかわらず到る処の都会に、越後屋・上州屋・伊勢屋・近江屋というような暖簾を掛けた商人が非常に多くなったのである。関東の都会のごときは、いったん江戸に出たものが帰りの途中で、好い場所を見つけて落ち着いたというような、一種変った来歴の移住民を非常に多く包含している。中でも近江屋と伊勢屋は、今日なお特別の商店経営を持続しているのみならず、当初出稼ぎの折から、すでに他の国々と違った態度もしくは工夫を持っていたらしい。全国の移住商人の中で数においても最も多く、地域においても最も広く分布しているのは近江と伊勢の商人である。伊勢はことによると神宮の下級神人の全国巡廻と、因縁を持っているのでないかと思うが、近江のごときはどうしてその大移動が始まったかいまだ解《わか》らぬ。南部・津軽の田舎を歩いてみると、上方《かみがた》から来たと称する半商半農の資産家が今でも多いが、これが半ばは近江の者であることは、今なお自分の説明に苦しんでいるところである。

兵農一致

士農工商の内、工の半分以上商の九分通りまでが、もとは農から出たものであって、農工商をそれぞれ別異なる階級のごとく見るのは誤りであることは、前に申す通りである。さらに進んで士という階級もまた、農から別れたものだということを少し話してみたい。

江戸期の学者が、古《いにしえ》は兵農一致と論じたのは有名なことであるが、人によってはこれを平時に武士が下人を指揮して、農業を営んでいたというだけに解して、武家も農家も古くは同一の団体の一分子であったというまでには思っておらぬものがあるかも知れぬ。しかしこれはそのような、中途半端なものではなくして、徹底的に武家すなわち農家であったことは疑いなき事実で、これがまた日本の社会のすこぶる誇るべき特色で、あるいは世の中が末になったごとく憤る人もある時勢に際して、吾々が将来の発展に対して、なおすくなからざる希望を持つ根拠である。

この顕著なる事実は、どの方面からでも説明する事が困難でないが、最も容易に普通人をして納得せしめ得る方法は、箇々の家についてその起原を辿《たど》って行くことである。昔諸国の大藩において家老なり物頭《ものがしら》なりの重職を務め、百姓町人をゲスのごとくに呼びすてにした家では、あるいは心得違いとして、神武天皇以来素性が違っているように思っていたか知らぬが、一般彼等が家号すなわち苗字を調べてみると、ただちにその推測の誤りであることが判る。苗字の中でも伊藤・小林・渡辺・中村というようなあまりに普通的なる少数のものを除いて、その他の大多数はいずれも地名である。官府の文書には維新の際まで、これを在名《ざいみよう》と称えていた。在名とは所在の地名ということで、すなわち中世以前人が普通居住地の地名をもって、家号としておった習慣が、痕跡《こんせき》となって伝わっていたのである。

しかるに今日の吾々の苗字は、百中の九十九まで、実際の在名ではない。すなわち居住地の地名とは違っている。その中でも京都の華族のごときは、狭い地域の内で家を移していたから、一条・二条・三条等の市街に住まずとも、元の居住地を想像することができる。旧鹿児島藩のごときも、郷に住む武士を政策上互いに置き換えていたけれども、これとても薩隅日の三国の外に出でぬから、島津家の旧臣の苗字は、島津家の旧領の地名であることがよく分る。

ところがその以前の武家になると、移転によって本居の不明になったものが段々ある。前田家の旧臣の姓に注意してみると、加賀に住んだ後、領内のそこここから抱えたかと思わるる多くの苗字に混って、越前の北の庄時代に取り立てられた越前の地名を持つ家があり、さらにごく少数の尾州荒子時代の由緒ある旧家がある。これらは国持大名の転封《てんぽう》のなかった場合であるが、中以下の諸侯の江戸三百年間に、何回となく引き越しをした家においては、藩士自らがすでに家の根元を忘却したものも少なくないことであろう。もし注意して転封の経過を調べてみたらば、以前どこかの旧領内の地名であることを、発見するものが必ず多いであろうと思う。

近世の歴史家は、兵農一致の思想の壊れた原因を、主として武士の給与方法の変更に置こうとしているようであるがこれは正しくない。なるほど知行《ちぎよう》の制度が扶持《ふち》の制度に改まり、あるいは名は知行と称しながらその実管理権を政府に取って稟米《りんまい》をもって相当額を給するようになっては、武士と土地との因縁は一段と疎遠になるが、しかしそれよりも以前に、事実上の名字の地におらぬようになっては、自身農業を営み得る道理がない。だからむしろ武士の家と旧所領地との分離をもって、兵農一致の終りと見なければならぬ。

兵農分離の由来

そうしてこの分離がまた徳川幕府の大方針であったのである。先祖代々養い来たった分家の百姓及び下作人は、事あれば主人の馬前に立ち塞《ふさが》って身命を擲《なげう》って戦い、平時には主人保護の下にわずかの田畑を作って、五穀成就《ごこくじょうじゅ》を楽しんで、徹頭徹尾利害を共同にしていたから、たとい微々たる小名であっても、成り上りの新領主にとってはまことに厄介な人民である。多くの地方においては、右の兵農一致の旧習慣を打破するにあらざれば、領主の安全を期することができなかったのである。士族が別階級のごとくなり初めたのは、まったくこれが原因と見て差支えない。

名字が事実上の在名と合致しなくなり初めたのはずいぶんと古いことである。自分等はその起原を平家の滅亡、承久の乱等に伴なう多くの大名の没落が、鎌倉方の武家に多分の新恩を加給した時代に初まっていると思う。たとえば九州では宇都宮、千葉、伊東などの東国の名門が入部するに当って、家の名声を輝かすがために、特に昔からの家号を襲用して、新在所の地名を用いなかったものが多かった。奥羽では葛西《かさい》や小野寺、南部、千葉などはこの例である。地方的にもこの種類の小移動があったために、旧来の領主とても、必ずしもその所在地の苗字を保持しているとは限らぬが、それにしても四百年五百年の間一定の土地に住み、未開の原野があれば部下を送ってこれを拓《ひら》きこれを耕し、一通りならぬ深い因縁を結んでいたのであるから、これを元のままの農家兼武家の型で遺しておくことは、常に他所から入り込んだ領主にとっては、危険であったに違いない。

これにはまた戦術の変化ということも、従たる一原因になっている。今日の戦争に較べると話にはならぬが、飛び道具の突然の輸入から、戦争の危険の急に増加した時代がある。中世以前の武家は、防禦工作物と住宅とは別であって、寄手《よせて》を野外で追い返すことのできぬ場合には、きまってわが屋敷に火をかけて、後の山に駈け上って防戦をしたのに、だんだんと財貨が城下に集り経済組織が緻密《ちみつ》になるにつれて、平日の生活を重んじた結果、城下の民を合せて防衛する必要が起った。そこでなるべく多数の武士を膝元《ひざもと》に呼び寄せておくことになったのである。

この大小二つの理由から、どうしても武家は農家から別れねばならぬようになったのである。この変化はこれまでの学者がさほど注意を払っておらぬが、日本の社会にとっては、後にも先にも比類を見ないほどの悲惨なる大革命であった。昔の古い書物には、村に住んでいた武家を郷士《ごうし》もしくは郷侍《ごうざむらい》といった。近世のいわゆる郷士とは大分性質の違ったものである。あるいはまたこれを国侍とも地侍ともいった。地侍はいわゆる地卵や地酒の「地」であって、大名が他国から入り込んで後の名前である。織田・豊臣の時代から、江戸の初期へかけて、右の地侍の大規模の殺戮《さつりく》というものが、各地において行われた。その紛乱の動機がある点において、明治初年の断髪廃刀令の施行の際に似ているのは面白いことであると思う。

郷侍の殺戮

戦国時代の軍記類を読むと、いわゆる郷士なるものはたびたび二三勢力ある大名の間に向背《こうはい》して、いかにも内股膏薬《うちまたごうやく》の定節《ていせつ》がなかったように見えるが、しかもだいたいからいうと彼等を拘束しておった法則は、義理と恩顧の観念であった。今まで名を聞いたこともない新しい家が、力ずくで来て支配をするとなれば、動揺をせざるを得なかったのである。その上祖先の地を去って城下へ出て奉公せよと命ぜられ、もし郷里に止《とど》まらんとするならば、普通の百姓と同率の賦課を受けねばならぬとあっては、彼等の間に最も貴重としている土地と家との因縁を無視せられ、しかも領主こそ代ったれ、近郡の小領主間には血族交友の親しい関係がある上に、保守の思想においてもまた一致しているのであるから、彼等が共謀して新制度に反抗しようとしたのは当然のことである。

こういう場合には、その以前から領主等が用いた策は、常に騙《だま》し討《うち》であった。東部下野《しもつけ》は自分の家に関係があるからしばしばその旧記に目を触れているが、那須郡の七騎《しちき》とか、某郡の十何名などという総括した名称を持っている旧家は、どこの国でもことに目を付けられて、多くは根こそげに絶滅させられた、中にはおそらくは無実な刑罰もいくらもあったことと思う。山内侯爵家の祖先が、土佐で実行せられたという対地侍策のごときは、なかんずくこの経過を委《くわ》しく語っている。最初には最も強硬な少数をおびき出して来て殺した。その次には彼等が引き籠《こも》って命《めい》を奉じないのを、攻め寄せて討ちとった。それでもいかぬのでその次には懐柔策を採った。たとえに引くのは不倫であるかも知らぬが、今日台湾の総督府が東部の蕃人《ばんじん》に対して採っている策も、ほぼこの範囲を出ないのである。

土佐の郷士はその勇猛にして偏屈なる気質を、今なお保存しているが、昔この山国の小天地に、比較的自由な生活を続けていたものが、一朝にして新領主の新制度に拘束せられんとしたのであるからして、その反抗の激しかったことも想いやられるのである。ことに彼等はいまだ充分に長曾我部《ちょうそかべ》家の恩顧を受けきらぬ内に、その家と別れたのである。その今一つ前に遡《さかのぼ》ると、国中の諸領主は大小勢力の相違はあっても、要するに対等の交際で、地形上完全なる統一というものを得ていなかった。香長二家の曾我部氏といえども、いわば覇王のごときもので、一条家が国主として君臨したというのも、実は名ばかりで、これらの地侍から奉戴《ほうたい》せられたのにほかならぬ。こういう特色ある辺鄙《へんぴ》に入国して、とにかく五百年来の島津家などと、ほぼ相似たる社会組織を作り上げるまでの、骨折りというものは一通りでなかろうと思う。

兵農分離の結果

しかし要するに時の力というものは争われないもので、これほど不自然な破壊的の革命も、二代三代と立つ内に、あたりまえのようになってしまった。平和な時代の武士という者は、実際退屈なものであった。ひとり重要なのは家の存続であり、祖先をして永く血食《けっしょく》せしむることである。初めて自分はもはや武士でないと宣言せねばならなかった地侍の主人の心持は、いかにも寂寞無聊《せきばくぶりょう》を極めたものであったろうが、結局はこれが万全の策であることを知ったのである。今日地方において多く書を読み、名望をもって一郷一郡を統御している人々は、多くはこの類の槍《やり》と馬とを断念した旧家の末である。

しかし彼等とても、そう無造作には断念はしなかった。大和十津川《とつかわ》は維新の際まで皇室の御料地で、南朝以来の由緒あるによって、今でも全村の農民ことごとく士族である。分家をすれば平民となるのが辛さに、縁もゆかりもない絶家《ぜっけ》を続《つ》ぐ風習がはなはだ旺《さか》んである。明治二十二年の大洪水に屋敷耕地の過半がなくなって、どうしても住み続ける事ができなくなった、そこで北海道の新十津川村を拓いたのである。新十津川村は一望無限の平野で、いかなる小民でも五町歩の土地を所有することができた。それならば我も彼もこの新しい境涯に赴くかと思いのほか、やはり一軒の家から兄は行き弟は止まり、父と子と別れて、結局大和の本村も、大なる戸数の減少は見なかった。地侍が事実上の帰農をした時分にも、同じ現象が行われた。多くある兄弟の中ならば、必ず一人や二人は家を出て、城下の武士になっている。これは二男三男の処分方法としても、いたって便宜なことで、昔ならば叡山《えいざん》か高野《こうや》へでも送るか、しからざれば永年武者修業でもした挙句《あげく》に、どこかで槍先の功名を現わすというところであるが、新領主の方から、在所におりたくば純然たる農になれ、刀を挿したくば出でて仕えよという命令を受けたのであるから、ここに一門相談の上、温厚なる総領は家に残り、活気のある二三男は奉公をして、禄《ろく》を稼いだということになったのである。それでいわゆる三百諸侯の大多数が、あのように頻繁に国換え断絶、削封を受けなかったならば、一門の間に兵農一致の事実は、分業的に永く存していて、今一段と愉快なる社会組織、すなわち士農工商などという階級がましい差別を作って、一方が威張り一方が卑屈になるというようなことはなかったであろうと思う。

昔の人は今よりもはるかに物堅かったから、家の歴史には非常に注意を払っている。数回の国換えがあってから後でも、元の在所の本家と、音信を絶たぬものが多かった。交通の障碍《しょうがい》等のために、一時疎遠になっていても、久しくして尋ねて来て、名乗りあったという話はいくらもある。ただいかんせん、本家の方では浮世の栄枯盛衰が多かった上に、縁故の少ない新領主及びその藩士たちから、冷淡なる待遇を受けるために、身も心もいわゆる土民になり切って、たまたま代換りの老人の絶えた家などでは、そういう武家の親類が、遠くにあることも忘れられてしまうようなことも多かったのである。しかも今日のいわゆる士族なる者の内に、分家も本家もなくて、源平時代から武士であった家というものがあろうはずはないのであるからして、少しくその頃の領主との関係を辿《たど》って考えてみたら、たとい本家の所在が不明でも、わが家も元は百姓であった事が容易《たやす》く想像し得らるるので、もし彼等が士族であるがゆえに自負するとすれば、それは単に二百年か三百年の履歴によって威張るだけである。維新の少し前、洋式調練が各藩に入った時、従来の徒士《かち》足軽では、人数が足らぬので、農兵と称して新たに村落の内から下級の卒を抱えた処があった。その時の彼等の悦びは非常に大きいもので、ある藩においては、家を出て行く際に女房に向って「吾々侍でも悲しいからお前の泣くのはもっともだ」といったという一つの笑話すら遺っている。そうしてつい四五年前までこの連中は、士族の称号を得るために旺んな運動をしていた。今日のいわゆる士族が、その偶然の境遇のために自負をするならば、要するにこれらの農兵どもと五十歩百歩である。

偽系図

最近百年ほどの間、偽系図を作って生活していた学者らしからぬ学者が、指を折って数えるほど諸国にあった。金ができると家の格式を作りたがるのは普通の人情で、二代三代と主人が代って、かつてはしがない水呑《みずのみ》百姓であったことを、近郷の者の忘れた頃に、そろそろと自分の家が源平時代からでも、その土地に住んでおったというような顔をするのは、普通の社会状態であったが、もともと系図の有無によって家の古さ新しさ、すなわちいわゆる門閥の大小を決せんとしたのが、近世に始まった誤謬である。

史料編纂官の報告を見ても分るごとく、本来厳格なる意味における系図というものは少ないものであった。中世の各家に貴重せられておった系図に至っては、要するに、その家の領地が慣習法上、適当に相続せられておった事を証明する、一種いわゆる手継文書の附属書類に過ぎなかったので、家の領地がなくなれば、すなわち地租がただの農民より特に軽いという状態がなくなれば、もはや不用のものであった。

江戸時代の初期から、盛んに行われた由緒書というものも、もとはこれと目的を同じゅうするものであった。すなわち大小の藩において、何ゆえに甲乙少数の領民にのみ、ある特典を与えているかという説明を、時々その本人から表明させたのがこの由緒書である。士分の者にあっては、これによく似た先祖書というものを、代替りごとに差し出さしむる例規であった。自他ともに昔のことを忘れしめぬ美風の一つであったが、要するにその動機は、ただ経済上の優遇の一条件に過ぎなかったのである。

しかるにおいおいと世の中が逼迫《ひっぱく》して、貴族は財政に弱って税を免じてやることができず、実を去って虚名のみを付与するようになったのは、近世の一変遷で、いわば泰平の兆候といってよろしい。民間の由緒書、ないしはこれを修飾して新たに作った系図の数は、ついに領主以外の世間の人々に向って、家の名門を語るべき、一種の飾りもののごとく変化して行ったのである。

たとえば御用金を仰せ付けられる。または自力をもって公共のために道路を拓き橋を架ける。これらの行為は次第に名誉の称号をもって報いられるようになった。地方によっては普通の農民に、瓦葺《かわらぶ》きや破風《はふ》作り等の家を許さず、たまたま領主に対して功労のあったものにのみ、特典としてこれを認めた。あるいは手傘を用いるあるいは杖をつかせるという類のつまらぬことも、同じ目的に利用せられた。ことに最も広く行われたのはいわゆる苗字帯刀御免の制である。

苗字帯刀御免

中世の社会組織においては、いわゆる在名の使用は、ある領地を持っていることの徴《しるし》であった。従って単純なる土民は、苗字というものはなかったはずである。地侍をただの百姓にした結果はすなわち在名の禁止であった。在名の禁止は原則としては明治の初年まで続いておった。明白に土地草分《くさわけ》の旧家であっても、特許なしにはこれを傘・提灯《ちょうちん》にも書き込むことはできなかった。その使用を許さるるとなれば、多くの富豪は、甘んじて巨額の御用金に応じたのである。帯刀もまた同じことで、もはや抜いて犬を切ることもできぬような農家の主人が、やはり公然と刀を帯ぶることを、この上もなき面目と考えたのである。

そこで人気の悪い地方では、何の素性も知れぬ馬の骨が、吝嗇《りんしょく》・貪慾ないしは幸運によって、一門の旧家であるがごとく反りかえって歩くと、後ろ指をさす者などもあったか知らぬが、実は今日のごとく経済上の異動の激烈でない時代においては、やはり従来苗字を用い大小を帯びる身分であったものの子孫が、多数この特権にありついて新たに大いに喜んだということになるのである。言葉を換えていえば、昔の地侍に近い生活に戻るということを、最も熱心に希望したものは、かつてこれを失って悲しんだ者の曾孫玄孫で、彼等の血の中には、依然中世の武家の熱情が、久しく眠っていてついに覚めたのである。

稀《まれ》にはさようでない成り上りものの例もあるにしても、少なくも近世農民の社会における一般の好尚の、家名すなわち地侍に近い生活を保つことに、その中心を置いたことは事実である。今もって地方を歩けば、旦那大家というものの地位が、諸人の羨望《せんぼう》の的であって、一代に身上《しんしよう》を作ったものの器量と才覚では、とうていこれと競争もできず、本人たちもまたたとい隆々たる家運を誇ることはできぬまでも、依然としてわが格式に相応した一段と高尚なる道徳律を守って、常に郷党の精神的生活を代表せんとする概《おもむき》のあるのは、なるほど前代の遺風といえば遺風であるが、まだまだ日本の他の諸国の摸倣を許さざる、一つの特色となっているのである。

この場合において、苦労をして偽系図を注文し、ないしはある時代の洪水・大火に紛失したなどという言い分けをするのは、無用千万な話である。時勢が進めば次男三男の分家の殖えるのは当然のことで、本家でなければ昔からの系図はありようがない。かりに昔はあっても、幼小なる戸主または学問の嫌いな人が一代出れば、昔の固有名詞などは忘れてしまうのが当然で、先祖の固有名詞の有無によって、家の年齢を証明せんとしたのが、最初から誤りであったと思う。ことに八幡太郎とか頼政とかいうような、最も熟知せられたる前代人と系図で繋《つな》ごうとするのは、その動機のいかんを問わず、常に子供らしい空想であったといわねばならぬ。

それよりも何よりも、吾々が深く考えてみねばならぬことは、吾々の中には、一戸として先祖なしに初まった家のないことであって、その先祖の中には不幸にして記録に書き残されず、または幸いにして戦場において華々しい最後を遂げなかったにもかかわらず、人間として最も正しく、日本人として最も立派な武家兼農家の主が、古今千年の間に何千人何万人あったか分らぬということである。外国人等がしばしば日本の人は農民までが勇敢である、忠誠であると批評するのは、吾々の目から観れば滑稽《こっけい》千万なることである。ひとり殺伐なる戦闘事業においてのみならず、さらにまた平和の技術において、学問において、容易《たやす》く志を立て、教えれば必ずある発達を観るのは、たとい系図の証明がなくとも、また一人の昔知られたる先祖が存在せずとも、必ず由って来たるところのあることは、田舎の歴史を観るものの確信せずにはおられぬことであって、吾々がいたずらに国の古いのを誇るのではなく、世界の中いずれの部分の人間にも、真似《まね》る事のできぬ隠れたる遺伝のあることを信ずるがために、初めてこの国の永続ということが、何よりも大事な問題となるのである。

（「奉公」一九一八年一～四月）

第七章　小さき者と言語

解題

柳田の思想は、一言でいえば、「小さきもの」の価値を見いだすことである。それはさまざまな形をとった。たとえば、彼は明治時代に神社合祀令に反対した。氏神は小さく、そして身近なものでなければならない。また、彼は祭の巨大化・壮麗化にも否定的であった。祭は小さく、静かで、真剣なものである。それが大がかりで派手なものになったとき、変質してしまう。祭が巨大化するのは、人々が祭の当事者ではなく、見物人となるからである。

しかし、柳田が何よりも重視した「小さきもの」は、文字通り子供である。通常、歴史において子供が役割を果たすことはほとんどない。しかし、柳田の民俗学＝史学では、「小さき者」(児童) の働きが重要である。児童の伝達力や創造力は、特に言語の領域で発揮される。ただ、柳田のいう児童は、近代以後に考えられるような子供とは異なる。たとえば、近代以前に童話のようなものはなかった。昔話は子供も含む人々の間で語られたものであり、子供はわかる範囲で一緒にそれを聞いていた。そのような昔話を子供用に書き換えたのがグリムの童話である。以来、日本でも、昔話は童話と同一視されるようになった。しかし、昔話には童話にないようなさまざまな要素が残っている。現代文学の先端はむしろ、昔話に類似するといってよい。

子供と言葉

小児が我々の未来であるとともに、一方にはまたなつかしい眼の前の歴史、保存せられている我々の過去でもあったことは、国内各地の言葉を比べてみていると、自然に誰にでも気がつきます。我々の国語はこの五百年ばかりの間に、分量が何倍というほど増加しました。古い形の若干を忘れ、または廃して用いなくなったことも事実ですが、たいていの場合にはその代りのものを設けた上に、別に今までまったく想像しなかった無数のものに、名を付け表現を与え、かつ細かしい差別を立てているのであります。その仕事には小児も参与しております。必ずしも思慮ある年長の指導者だけでなく、子供やこれに近い人々も、それぞれ自分たちの必要に応じて、これがよかろうと思う言葉を考案して使い始めております。

子供の世界の入用は大人とは一致しておりません。もしも自分で発明しなかったら、それだけは不自由をしなければならなかったのであります。もちろん彼等を愛する人々が、傍《そば》にいて手伝ってやったことは確かです。しかし他の大部分は子供自らがそれを言い始め、周囲の者はただ承認し賛同しただけのように思われます。成長の際には気をつけてそれを改め、または子供の国に置いて出て来るのが普通ですが、中には他に適当な代りの語もなく、または親や祖父母までがかえってそれにかぶれて、ついそのままに大人たちの間にも、行われている言葉がいくらもあるのです。我々の家庭に小児がおらぬと淋《さび》しいように、子供の言葉が交っていなかったら国語はあるいはもう少し几帳面《きちようめん》な愛敬《あいきよう》の乏しいものになっていたかも知れません。今日の国語学者の取り扱わない問題が、現実の国語界にまだいくらでも残っているのも、小児の言語生活を省みなかった結果としか思われません。

ほんの二つか三つ、私の知っている実例を申してみます。手燭《てしよく》に紙で貼《は》った覆いを掛けたものを、ボンボリというのは標準語であります。懐中電燈が普及して、もうまた不用になりましたが、これは紙の工芸の進歩に伴のうた新しい発明品でありまして、どんな物々しい新名称を付しても、成り立ち得る場合であったにもかかわらず、ボンボリという語の作者は子供であったようであります。滋賀県湖東では傘をボンボラ、愛媛県北部などでは提灯《ちようちん》をボンボリと、今でも彼等がいっておりまして、つまりは紙を貼った器物の物に触れる音を、形容した語と思われます。そんな率直な名のつけ方は大人にはできません。

次にはやはり音の形容の例ですが、関東の田舎ではほとんと一円に、葬式のことをジャンボ・ザランボン、またはこれに近い語で呼んでおります。これなどは今でも使用者がほぼその起源を知っております。この日に限って使われる楽器の音、それがそのままおとむらいを意味することになったので、少しく同情の足らない、やや興味本位の新語であるのを見ても、最初の命名者が誰であったかが判ります。人間無常の悲しみをまだ解しない者でなければ、いくら淋しい村里でも、この音楽ばかりに注意してはいなかったでしょう。もっとも昔の人たちは不吉の語を忌みまして、たびたび「埋葬」を意味する語を取り替えて、少し経つとまたそれを嫌ったようでありますから、後には種切れになって、幾分か小児の語を採用しやすかったのかも知れませんが、とにかくに現在はこれが普通になっております。長野その他の隣接県でシンモウといっているのも、時には新亡の文字を宛《あ》てる人もありますが、なお私などは楽器の音から出た擬声語だろうと思っています。筑後の柳河《やながわ》などでは、死ぬを意味する小児語をガァンサンニハッテクというそうですが、このガァンサンもやはり起りは一つで、ガァンという音に様の敬語を添えて、死の国を表示したものと思われます。

それから仙台のあたりでは、やはり葬式のことを子供たちが、ガモンモというそうでありまス。米沢地方に行くとガモモは仏堂の供養のことだといいますから、これも両方に用いらるる楽器の音であることは疑いがありません。石川県では金沢でガイモモ、能登の鹿島《かしま》郡でガイモンまたはガマモンというのが、ともに御寺の鐘もしくはリンの大きなものを意味すると報ぜられておりますが、これはすこしく精確でないようであります。富山県下新川郡などの小児語に、仏前で鳴らす鐃鈸《にょうはち》をガンモモ、小形の鈴《りん》の方をチンモモというのが同じ語で、ガンとチンとは打ち鳴らす音、後半のモモはすなわちその余韻を形容した、まことに子供らしい細心の観察だと思います。現在はすでに弘い地域に流布していますが、最初そう多くの発明が偶発したのではなく、どこかである一人の児がふと言い始めたのを、手を打って感歎しかつ次々へ輸送した者が、大人の中にもあったことが想像せられます。

子供の言葉造りはただ無意識の欲求からであって、ほかに適切な学びやすいものがある限り、むしろ喜んでそれを採用し、必ずしも我を立て発明を誇ろうという望みはなかったのでありますが、たまたま彼等の生活に入用な語がないか、もしくはあっても誰も教えてくれなかった場合に、こうしていたって無造作に、また彼等独得の技能をもって、折々は大人も喝采《かっさい》するような、佳《よ》い言葉を世に遺したのであります。

（「愛育」一九三五年七、八月、一九三七年一月、『小さき者の声』改版一九四二年）

童児と昔　抄　『小さき者の声』より

一

あなた方と我々とは、今ちょうど一つ処に立って、同じ親切と同じ興味とをもって、この子供の成長という問題を観《み》ていますが、考えてみるとそれはほんのしばらくの間で、やがてまた別れて行かなければなりません。我々の心持は、子供の生長に伴なって変って来ました。単に年とってから今一度だけ、わが子とともに子供の生活を味わってみるというのみで、今にまた彼等とともに青年を味わい壮年を味わうのに忙がしくなるのです。これに反してあなた方は、たとえば渡し守などのごとく、旅人はずんずん堤を越え森を過ぎて往ってしまうのに、永くこの岸を嚙《か》む流れの音を聞きつつ、次から次へ渡らんとする者を渡してやられるのです。礼拝すべき事業であります。我々はかつてこの心持をもって、地蔵菩薩《ぼさつ》の大慈恵業を讃歎しました。京都の西の壬生寺《みぶでら》では、何人《なんびと》の発願《ほつがん》であったか知りませぬが、諸国の道の辻から無数の石地蔵を拾い集めて、大きな石塚を造らんとしていました。石の御姿の目鼻も磨《す》れてしまうまでの間、この菩薩が常に子供の幸福を考え続けられておられた事を思いますと、わが子わが子とくりかえす我々の愛著の、いまだいたって小さいものであることを感ぜずにはいられませんでした。私は今それとよく似た尊さをもって、あなた方の事業を見ています。

子供の癖や弱点をよく見ますと、稚《おさ》ない自分を再び見出したように思うことがよくあります。正直に申すならば、わが子の好ましい特長においても、何か親子の縁を引いている証拠はないかと捜そうとすることもあります。そのある点はもちろん我々がまた一つ前の代から受け継いだものであるはずです。ことに一人で家にいる時には、今日の大正時代でなければ見られぬような、挙動の方が多うございますが、出でて門外の群に交って言ったり遊んだりしている声を聞きますと、時々は今が昔で、自分が嬉戯《きぎ》しているような驚きを致します。群としての小児を、取りかえ引きかえ観察することのできるあなた方の境遇は、我々にとっては一種の羨《うらや》みです。

私は久しく西洋に孤独の生活をしていました。何もかも故郷から切り離されたと思っていたときに、いちばん多くそうでないと思わせたものは、鶏の声や猫の友喚ぶ声でありましたが、その次には小児の泣く声、それから小学校のどよみなども、まるで日本の通りでありました。近くに寄ればいろいろの相違を見ますが、それでも石蹴《いしけ》りなどは常にして遊びます。遊戯の方法の普及にはしばしばびっくりします。奄美《あまみ》大島の東岸をあるいていると、三つ四つの女の児がよちよちと附いて来て「今何時でちか」などと、旅人に時計を出させるいたずらをいたします。御承知の通り、あれは近年外国から来た悪戯《いたずら》で、時計の有無と金か銀かをあてっこをするのです。それが日本のこんな偏土まで、もう来ているかと驚きましたが、その後倫敦《ロンドン》郊外のキウ植物苑でも、ライプチヒの戦敗の都でも、瑞西《スイス》でも伊太利《イタリア》でも、何度となく丁寧《ていねい》に帽子を取って、時を教えて下さいという少年に出逢い、その度にこの問題の興味を深くしました。児童界の流行が横に地表を走るのと同じように、縦に何世紀の悠久なる期間を、何物の障害も存せざるがごとく、渡り伝わっていることも不思議の一つです。ちょうど今私の学問が、この辺のところを彷徨《ほうこう》していますゆえに、お許しがあるならしばらくの間、私もあなた方の側に立って、類象の子供というものを考えてみたいと思います。そうしてそのきれぎれの話の中に、少しでも値のあるものがありますれば、それはもっとも悦《よろこ》ばしい我々の報謝であります。

二

小さい者がいろいろの大きな問題を提出いたします。夕方などにわずかの広場に集まって「かーごめかごめ籠《かご》の中の鳥は」と同音に唱えているのを聞きますと、腹の底からいわゆる国文の先生たちを侮る心が起ります。こんな眼の前の、これほど万人に共通なる文芸が、今なおそのよって来たる所を語ることあたわず、辛うじていわけなき者の力によって、忘却の厄から免れているのです。何かと言うと「児戯に類す」などと、自分の知らぬ物からは回避したがる大人物が、かえってさまざまの根なし草の種を蒔《ま》くのに反して、いまだ耕されざる自然の野には、人に由緒のない何物も生長せぬという道理を、かつて立ち留《どま》って考えてみた者がありましたろうか。単に面白味の点から言うならば、あなた方が御工夫の新しい遊戯の方が優っているのに、家へ戻って方々の児と遊ぶ場合には、やはり東京の焼原の真中でも、この古臭いわけの分らぬ運動に興奮しますのは、おそらくは言わず語らずの間に、傍《そば》で見ている姉たちや、窓の中で聴いている母や年よりの、追憶を伴なう静かなる鑑賞のあることを、心強く感じているためではありますまいか。児童は概して保守的だという説は、私は信じません。ただ新しい境涯を試みるべく、あまりにも無識の怯懦《きょうだ》があります上に、さし当って最も快適なる生活をせねばならぬ烈《はげ》しい要求が内にあるために、自然に在来の型を承け継いで、周囲に理解せられやすい方法で、興味を追うてみようということになるのです。その偶然の模倣の結果が、大昔の世の語《かた》り部《べ》にも匹敵するほどの、立派なる記録事業であることは、もちろんすこしでも彼等の志すところではなかったのです。

かごめかごめの詞《ことば》の意味はもう分りませんが、この遊びのどうして始まったかは、たいてい想像することができます。一人の子供に目を閉じさせて、円い輪の真中にしゃがませます。手を繋《つな》いだ多勢が、その周囲をきりきりと廻って、囃《はや》し言葉の終るとともに不意に静止して、「うしろの正面だーれ」と問うのです。その答の的中した時は、名指された児が次の鬼となり、同じ動作をくり返すことになっていますが、もとはこの輪を作っている子供の中の年かさの者が、他にもまだいろいろの問答をしたのではないかと思います。この遊戯が今の東京の樽《たるみ》御輿《こし》などと同じく、以前の信仰行事の模倣であることは、現在その変化のいろいろの階段が併存することによって証明せられます。たとえば北越後の農村においては、少なくとも七八十年前まで、宮城県内の某郡ではつい近い頃まで、よく似た遊びが青年の間に行われていました。若い男女の多く雇われた大農の家の台所で、冬の夜長の慰みに、あるいはまた何か寄合いの余興などに、仲間の中でいちばん朴直なる一人を選定して真中に坐らせ、これを取り囲んで他の一同が唱え言をする。多くは神仏の名をくり返し、または簡単な文言《もんごん》もあります。こんな手軽な方法でも、その真中の一人の若者には刺戟でありまして、二三十分間も単調な詞をくり返すうちに、いわゆる催眠状態に入ってしまうのです。そうすると最初のうちは、「うん」とか「いや」とか一言で答えられることばかりを尋ねますが、後には一段と変になっていろいろの事をしゃべるそうです。後しばらく寝かせておくと、いつの間にかもとの通りに復すると申します。明治になってから入って来た狐狗狸《こっくり》さんや、プランセットなども同じ系統の戯れですが、こちらは人が物を言うだけに興が深い。もともと目的は遊びですから、題目の猥雑《わいざつ》は申すまでもありませんが、しかも中座《なかざ》の男の精神状態だけは、信仰のきわめて旺盛であった昔の神おろしの場合と同じことで、ただ群集のこれに向う心持だけが変っているのです。

今代議士になっている宮島医学博士が、三十年ほど前に越後の三面《みおもて》に旅行して、報告せられた話が人類学会の雑誌に出ています。かの山村では村のために必要な場合のほか、神降《かみおろ》しを企てることはないけれども、その様式はほとんとまったく前に申した青年の遊戯と同じでありました。三面ではこれをジャケンツキといっていました。すなわち村民はこの方法によって、村の大事を決すべき神霊の意見を聞いたのです。他の地方にもこの例は多くあります。通例ある目的があって霊者に一段の厳粛味を加えたい時は、この式を祭壇の前にて行い、あるいは中座の男に御幣などを持たせます。また施術者が自ら頼むところあるか、もしくは霊媒《れいばい》が職業的になりますと、多数の人の協力が不必要になります。たとえば下総中山の法華経寺《ほけきようじ》などの寄祈禱《よりきとう》は、信者と術者と中座だけでも行なっているようですが、もし結托の疑いを避けて、普通の婦人少年などに霊を附けようとすれば、やはり多人数の力をもってわいわい騒がせねばなりませぬ。近頃の警察の取締方針にはまず触れますが、もっともらしい心霊学会とかの研究や、何派何流の山伏《やまぶし》式の修業、ないしは弓を叩《たた》いて亡者を喚び出す梓神子《あずさみこ》などよりも、右申す団体的の降神法の方が形がうぶなだけに始まりも早く、また特定の中心がないということは、この社会がまだ単純に統一せられていた時代の国の姿を思わせるのです。おそらくはその儀式の最も熱烈に遵守せられた時代から、青年も幼年も許されて行事を参観し、ことに今日の人間には想像もできぬような、簡単な唱え言の繰返しの興味に、深く心を動かされたものでありましょう。人の宗教生活の根原が、群集の促迫と旋律の陶酔とでも名づくべきものの間から、出たらしいことを考えますと、信仰は変化しても智識は増加しても、この外形の面白さだけは、忘れて捨ててしまうことのできなかった理由がやや分ります。

ただ問題はおよそいつの頃から、それが遊戯となり児童の管轄となったかということでありますが、私は必ずしも村の長老たちが、全然その価値を認めなくなって後、いったん若い衆や娘たちの慰み事となってから、さらに幼い者がこれを模倣したと、考えるにも及ばぬかと思っています。実際に神を呼び降して人に憑《つ》けておきながら、それを笑いの種子《たね》にするのは、明白に冒瀆《ぼうとく》の行為でありまして、昔の信仰の大いに衰えた後でなければ、とうてい許さるまじき所行でありますが、一年に一度か二度の改まった折に、父兄が真剣になって行なう儀式をよく見ていて、その外形だけを真似てみようとする子供心を、親ならばむしろいたいけな頼もしい仕《し》草《ぐさ》として、面白がってさせておいたのかも知れませぬ。別の語で申せば、かごめかごめの遊びの方が、かえってごく早くから存在し得た可能性があるのです。わが邦《くに》の神祭は、事前の物忌のやかましい、いたって厳粛なる行事ではありましたが、祭が終ると同時にすぐに宴楽に移って、むしろ自由過ぎた笑いになったのです。そうして昔の滑稽《こっけい》は多くの物真似で落ちを取りましたゆえに、これもあるいは勧めて子供にこれをさせたかも知れませぬ。私はかつて梅雨の頃に木曾街道を通っていますと、村々の子供の五歳六歳くらいのが、手に手に二尺ばかりの鳶口《とびぐち》を持って、道路の水溜《みずたま》りで木材を流す真似をしていました。親が作って与えなければ、鳶口の小さいのなどは小児が持つことのできぬものです。それを与えて親兄の労働を、特に真似させているのであります。また小さい女の子のまま事をするのを見ましても、いつの間にか聞き覚えていて、母や姉たちのまじめな口上を模倣しますが、これを聞いて不愉快に感ずる人はありませぬ。かごめかごめもそれと同じ道理で下手《へた》かも知れぬがやはり古い社会相の一つの写真が、ぼやけて今に残っているものとして珍重すべきです。

我々が昔何の心も付かずに、次の子供に引き渡しておいたこれらの遊戯は、こういうなつかしい先祖の記念であったのです。詞などの地方によって相異のあるのも、何か隠れたる意味がありそうです。もちろん語音には転訛《てんか》が多く、また誤解をも伴なうかも知れませぬが、少なくともその間拍子だけは、伝わっていることと思います。私などの田舎では、「中の中の小坊主は、なぜに背が低い」と申しておりました。これは当初からの呪文《じゆもん》であろうとは思われませぬから、多分中座の児が朦朧《もうろう》状態になっていて、何を言ってもわからぬと看做《みな》して、ざれ言《ごと》をする文句でありましょう。殊勝に目をつぶってその小坊主になっていた昔の自分を、想い出さずにはいられません。

（「教育問題研究」一九二四年九月、『小さき者の声』一九三三年）

国語成長のたのしみ（一）『少年と国語』より

これは日本語についてという話である。あなたがたが、もう少し興味を持ってくださらなければ、これからの国語は思ったほどよくはならぬであろうということを、お話してみたいのである。

われわれの国語は、この五十年ばかりのあいだに、かなりよくなってはいる。国語がよくなるというのは、いったいぜんたいどうなってゆくことを言うのであろうか。それも問題であって、人によって、少しずつちがった意見もあろうが、私などがそう言ってよい、と思う点は三つほどある。

第一には、ことばの数が多くなって、もとは言えなかったことが、だんだんに言えるようになること、単語の増加ということは、いまはなんだか名詞ばかりに多いようだが、文句すなわち言いまわしのほうも、少しはふえている。そうして、新しいことばのますわりあいには、古いもののなくなりかたは少ないので、だんだんとたまってゆく一方である。

次には一つ一つのことばの使われる度数が、うんと多くなった。もとはせっかくよいことばがあっても、それを利用するおりが少なかった。一生、それを使わずにしまう人がいくらもあった。日本は、この五十年ほどのあいだに、人間の数が倍近くもましている。年寄りも、娘の数も、そのわりに多くなっている。人が多くなれば使うことの多いのは、あたりまえだが、そのわりあいを、ずっとこえて、人が物を言う機会が多くなり、また長い話をよくするようになった。そのうえに、みなさんは、早口にもおしゃべりにもなっておられる。

第三には、同じ一つのことばの用いられる区域が、むかしとは、くらべものにならぬほど広くなっている。いなかの人も、東京の人と、同じことばを使うことが多くなった。それだけは、人と人とのつきあいが、てがるにまた、らくになったわけで、これを国語がよくなったと言って、少しもさしつかえないと思う。

○

しかし、それならもうこれ以上に、よくならずとも、よろしいかと言うと、それはまた別問題である。人間の社会には、改良のゆきどまりというべきものが想像しにくい。われわれが、いまでもまだ、自由自在に心に思ったとおりを言うことができず、人の言っていることが、残らずはっきりとわかったとも思われないで、なんだか物足らず、感じているかぎり、改良の余地はあるのである。もっともっと日本語は、よいことばにならなければならぬ。どうかして、今日よりもさらによい国語になるように、しじゅう念じていなければならぬ。

そこで、どうすれば、日本語が、いまよりもよりよくなるだろうかということが、問題になるのである。むかしから、今日にいたるまで、国語にはこれを改良する係り、または役めという人が、どこにもなかった。べつに、だれの功労ともいうこともなく、いつのまにか、少しずつよくなってきたのである。たずねてみたら、あるのかもしれぬが、それはわからずにしまうばあいが多い。つまりは、おおぜいの人が協同して、こういうふうにこしらえあげてゆくのである。

先生は、親切に、いろいろのよいことばを教えてくださるが、それはただ、こんな適当なものがあるとしらせてくださるばかりで、それも、先生の御作ではなく、ただ十年か十五年、みなさんより早く、それをどこかでおぼえてきてつたえてくださるだけである。そうしてまた、英語やシナ語のように、それははじめて聞いたということばでなく、たいていはみながうすうす知っているものを、もっとたしかにまちがいなく、これからは、使えるようにしてくださるまでである。

国のことばを、新しくするうえには、先生よりも、じつはあなたがたがよくはたらいておられる。なぜかというと、将来に向って、若い人ほど長く生きるはずであるのみならず、現在も若い人のほうが物を言うおりが多い。べつにおしゃべりというほどでなくとも、友だちが多く、また集まって、ゆっくり話をする時間も、先生がたよりは、ずっと多い。国語の利用者として、いちばんだいじなお客は、みなさんである。

この大切な日本語を、よくしてゆくのも、またいやなものにするのも、みなさんくらいの年ごろの人の考えしだい、年をとった者が心配し、またさわいでも、悪くなるものはやっぱり悪くなる。だから私たちは、一つ一つのことばを、こうお言いなさい、ああいうのは下品ですよ、といましめるよりは、もっともとにさかのぼって国語とはどういうものか、それが現在は、どんなありさまになっているか。ゆくゆく、どういうふうになっていくのが、いちばん日本人のために、うれしいかということを、お話しておくほうが、ききめが多いと思うのである。

○

ことばに二通りの使いかたがあって、国によっては、そのさかい目が、かなりはっきりとしており、これをおぼえるのにも、二つべつべつの心づかいがあるものだということを、まだじゅうぶんに気がついておられぬ人は多い。みなさんは、それをまずのみこまなければならぬ。

二通りというのは、申すまでもなく、一つは文語または書きことばというもの、あるいはそう言っては、やや狭くなるかもしれぬ。文字には書かずとも、祝詞《のりと》や式辞のようにつねの日には、使わぬ言いかたをすることばも、その中にふくまれる。博士王仁《わに》が、文字を持ってこなかったまえから、わが国には、そういう物の言いかたがあって、われわれの祖先は、口でそれをとなえることを知っていた。また近ごろの演説や講演のことばなどは、紙には書かなくても、たいていは、このほうに属する。私などはこれを晴のことば、またはよそ行きのことばと呼び、これに対して、いま一つのほうを、けのことば、またはふだんのことばと言っている。

この第二のけのことばを、多くの人は、口語だの、口ことばだのと言うのだが、その口語の中にも、わずかながら、晴のことばがふくまれていることをみとめなければならぬ。それを承知のうえでならば、便利だから、口語という名を用いてもよく、またこれだけを平語、もしくは常用語と言ってもよい。この平語、もしくはけのことばと、晴のことばとのもっとも大きなちがいは、これの用いられるばあい、または回数が、平語すなわち本ものの口語のほうは、何十倍というほども多い。人によると、一生のあいだ、一方の晴のことばを使わずにしまう者が、もとはいくらでもあった。

平語を使うのは、親しいしるし、親しい人が急によそ行きのことばを使うのは、何かおこっているのだとみても、たいていまちがいがない。親や兄姉でも、あらたまって聞いてもらおうという特別のばあいだけに、わざと、この文語に近いことばを使うことがある。村のこんいな人どうしのあいだでも、会議などというときには、ふだんとちがった物の言いかたをする人が多い。すなわち、一方は一つの言いかえ、とくに気をつけてえらび、またはならべることばであるに反して、他の一方は、心安く、また自由に腹のうちにあるものをそのままだすもの、自分は、何を言っているかということを考える必要もなく、思ったまま、感じたままが、口から出てゆくことば、たとえば、いたいときにイタイ、苦しいときにクルシイと言うなどがみなそれで、ちっともそのために、ほねがおれないかわりに、つねから、よっぽど考えていないと、ついそまつにも聞き苦しくもなって、たちまち、おさとがあらわれてしまうのである。

文章の中にも、この私の言う平語を、そのままに出すことはあるが、それはただ、引用というまでであった。たとえば小説ならば、一段さげて、『　』こんなものをつけ、おまけにその後へ、と言ったまでそえる。自分が文章で、そう書いているのだと思われると、たいへんだからである。それほどにも、わが国の国語では、文語とつねの口語とはちがっている。一方は、身についたことば、または、心に近いことばであるかわりに、やや品が悪くそまつであり、他の一方は、人まねが多いが、そのかわりには、みがきがかかっている。名詞やなんかには、ふつうのものも多いが、それでも口にするときに、やや言いかえる者もあり、ことに、動詞や形容詞には、ウツをブツ、ウツクシイをキレイナという類の言いかえばかりで、読本《とくほん》のとおりに、物を言うと、かえっておかしく聞える。あなたがたは、あたりまえのことと思って、気にしないかもしらぬが、新たにおぼえる外国人などには、一度に、この二つを使いわけるということはよういでない。

それで、いまからもう三十年以上もまえから、この文語と口語とを、できるだけ近いものにしようという、いわゆる言文一致の運動がはじまり、それが広くみとめられて、新聞や書物の大部分までが、古いかたちをあらためて、デアルでおわるような文章になってしまった。これはたしかに、大きな変革であったが、いまのところでは、まだけっして成功とは言えない。第一にデアルなどということは、たいていの人が口では言わない。名は口語体だが、そのじつは、口語でもなんでもないのである。

文語のほうから、ずっと口語へ寄ってこないと、毎日、耳で聞くような文章はできない。それをおこたっているゆえに、いつの世になっても、講義をしてもらわぬといまの人の書いたものまでがわからぬという、おかしなことになっているのである。文章をやさしく書こうという運動は、早くから起り、そのために、力を入れている人は多いにかかわらず、いまもって、それが思ったようにならぬのは、かならずしも、漢字のわざわいのみとは言えない。これはあるいは、私たちの気づかなかった原因が、いくつかあって、それを考えねばならぬ人が、まだ考えずにいるのである。私の言いたいと思うことは、ただ文章のほうからばかり近寄ってこいと責めずに、少しは、話ことばのほうからも、この新しい時代の要求に、応じていこうとしなければならない。欠点はあんがい、こちらにもあるのかもしれぬ。すなわち、よそ行きのいいことばばかりはすすんで、私たちのふだんのことばが、あんまりかまいつけられずにいるために、一致をしたくても、できないような状態におかれているのではあるまいか。そういうことを一つ、みなさまとともに考えてみたい。

(「女性線」一九四六年六月、『少年と国語』一九五七年)

キミ・ボク問題　『少年と国語』より

男の子の用語としても、ボクはちっとも感心せぬことばだ。濁音ではじまり、おわりの母音が消えやすく、したがってどなるときにはよいが、静かなひとりごとにはむかない。こんな無骨な一人称を持っているということは、何かにつけて、大きな損である。どうしてまたこの語がはじまったかというと、まったく、他にころあいのよいかわりがなかったからである。

「僕」を文章のうえに用いることは、奈良朝以来だが、口で、ボクなどと言いだしたのは、たぶん御維新の前後からだろうと思う。それも最初は、書生だけのあいことばのようであったものが、うっかりしているうちに、幼稚園の坊っちゃんまでが使うようになった。耳でおぼえて起原が不明になれば、まねをする者が多くなるのもいたしかたはない。かれらは、まだボクが下男のことだということを知らないのである。そうして、オイラだのアタイだのが、だんだんとはやらなくなったのである。

『世路《せろ》日記』などという小説のできたころには、女も学問のあるのは、ときどきは自分をショウと言っていた。いわゆる賤《いや》しい女を同じ語で呼ぶ人が多くなって、大いそぎでこれをやめてしまったのはよかったが、妾も漢語では女僕のことであった。

妾がもしひくつなら、ボクだっていやにおもねったことばである。大人君子がそれを意識せずに、たんにミドモと言うかわりに使いつけているとすれば、少々まねをする者の範囲が広くなったとても、そう急にやかましく言う必要もないような気がする。

ワタクシという語が、よいことばとなっているのも、じつはちとばかりおかしいのである。ワタクシはもともと女房のことであった。堂々たる男子が、そのまねをして、自分をワタクシと言いはじめたのは、けっして古いことでないように私は思っている。しかし、ほかに似つかわしいことばもなく、いまさらミドモともセッシャとも言えないとなると、ありあわせを借用するのほかはなかったのである。そういう義理あいもあることだから、まじめに借りて行って使おうというのなら、たとえば、おばあさんがボクと言いだしても、文句を言うわけにはいかない。ただ、このたびの少しくこまったことは、それがいたずら半分であるらしいことと、いま一つは、ボクがどうも感心せぬことばで、若いきれいな娘たちには、ことに不似合に思われる点である。一つこのさい思いたって、男子のがわでも、このボクを撲滅する方針をとってみたらどうか。それを、私などは、当局と相談してみたいのである。

もちろんその方針に、どれだけの人がついてくるかは疑問であるが、ボクをもしやめるとすれば、そのかわりは、まずとうぶんは、ワタクシであろう。この語のはなはだ便利な点は、人とばあいとに応じて、少しずつ形を変えて使うことのできることで、げんに、今日東京の一地方だけにおこなわれているものを拾いあげてみても、アタクシ、ワタシ、ワッシ、ワッチその他の十数種があり、近代文学をさがせば、ワシ、ワチキ、地方にはまたアタイ、アテの類がいくらもあって、ワイなどは、ことに上代日本語のワ、ワレに近い。じっさいまたかようにまで、この語が全国に普及したのも、かくれた原因は、ワタクシの頭音が、古語と同じであったからだと思う。いまさら、起原のせんさくなどはせずに、聞いて、耳にこころよく、また発音に不便がないかぎり、何かもっとよいことばの流行してくるまで、これを使っていることにしてはいかがであろうか。

○

ぜんたいに、日本人は、少しく古いことばにあきやすいきらいがある。せっかく由緒のあるよい語が記憶せられ、文章には、まださかんに使っているのに、毎日の話になると、これを捨ててかえりみず、もしくは、はたはだしくそまつにする。一人称のワなども、その例の一つで、東北と西南のごくへんぴな土地に残っている以外、ふつうには「行くワ」「あるワイ」などの間投詞ふうの用い方が、わずかに、その名残りかと思われるばかりである。ワレとかオレとかいうのも残っているというのみで、その適用の放縦《ほうじゅう》さは、じつに話にならぬ。二人称のオマエのごときもまた同様で、それをゴゼンと漢訳したものが、少しく大切に使われているかと思うと、やがてはまた、めくらの門《かど》づけ女などに、そのゴゼをくれてしまうのだから、もう尋常の交際用には供することができない。

いなかでは、いまでもまれに、目上の人だけにうやまって、オマエという土地がある。ことばの歴史にもとづいて批判すれば、こちらがむろん正しいのである。しかるに、都会ではすでに下級の者しか使わず、したがって、多くの人は、これを見さげた相手にしか言わぬために、しばしばあの地方では、人にオマエなどと言って、どうもことばが悪いというような、まちがった評判をするのである。

アナタは、がんらいは三人称であった。人を正面から見て、物を言うのは失礼という意味で、わざと、遠々しく言うのは、イタリアなどと似ている。いまでは、顔を見つめても、アナタを言うので、よけいなことと思うが、すでにそういう変化した以上は、これはやわらかなよい語音だから、保存しておいてもよい。しかし、これといっしょにできたソナタとコナタとを、捨ててしまったのは、じつはおしいのである。いまでは、老人でもないと、それを使う人はなくなったが、この三つの組合せを、ほどよく用いてこそ、アナタのありがたみも、ずっと多くなるのであった。

地方では、オマエを本家または大家の意味に、使用している例もまだほうぼうにある。あるいは、内庭、勝手もとから、しきものをしいた「すのこ」の上を、オマエともゴンゼンとも言っていて、ともにうやまい見る心持をあらわした点が、二人称代名詞の起りを考えさせる。これとよく似た語は、オカタであって、いまでは、ただまれに、旧家の称号となり、他の多くの土地では、平民の女房を、オカタというだけになっているが、これもかつては、夫が妻を呼ぶ語であったことは、小児が母に向かって言うオカアサマ、カカサマなどからも推測することができる。

父や母のごとき最重要の単語ですらも、わずかな因縁があると、たちまちに変ってしまうのはおどろくが、これなどはむしろ主たる管理者が、歴史にはまだ少しの関心も持たぬ幼稚な者であったからで、オカタというような、簡潔でまた明瞭なことばを、毎日毎日父の口から聞いていれば、やがて、口まねをして、同じ人を同じ語で、呼ぶようになるのも自然であった。

室町時代の旧記などを見ると、将軍の母御も、おおかた殿である。少なくとも、関東の武士たちは、あのころは、夫人をオカタと言っていたのであり、奥方、裏方などは、いまもなおおこなわれている。それが今日では、わが女房を、オカタと言う者は、山家のおやじにかぎられ、花嫁をハナオカタと言う語も、方言になってしまった。九州南部では、またこんな歌もある。

　オカタ持ちゃはんか好かとがおるッが、
　しごとぎらいの朝寝ごろ

オカタという語は、いまでは、こういう人たちのあいだにしか用いられていない。カカサマも、上品な家庭で使うのは、まず芝居の千松《せんまつ》ぐらいなものである。

○

古いことばのなくなるのはまだどうにかなる。残っていて、むちゃに使われているのがいちばんのこまりものである。われわれにとっては、由緒のことに深いキミという名詞なども、はたして、女学生だけの借用を禁止しておいて、それで理論がたつものかどうか。これを考えてみた人が、ひとりでもどこかにあるのであろうか。白状をすると、私なども、これまでは濫用してきた。たとえば、見なれぬややうさんくさい人物が表へくる。オマエと言ったらおこるかもしれないし、さりとて、アナタというのは、少しおしいと思うばあいに、キミと言って妥協する。もとは、オイネエサンと呼んだ宿屋・茶店の女中にも、このころは、キミキミと言う人が多くなったように思われる。重宝といえば、それまでだが、この拡張の不穏当さは、けっしてセンセイの比ではないのである。

ところが、この悪習は、はじまってから、もう数百年になるのである。たとえば、梶原景時《かじわらかげとき》が遠州の浜名湖岸で、将軍と応答したとつたえられる狂歌体の連歌、

橋本のキミには何を渡すべき

ただ杣川《そまがわ》のくれであらばや

すなわちどうどうたる源頼朝公までが、あんな橋本の女を、キミと言っているのである。

この用例は、さがすのもいやなほど、たくさんある。職人尽の歌合などには、もっと言いたくないキミが出ている。最初は、これも尊敬せられる者の名であったろうが、後に堕落をしても、そのために、呼び方をかえようとしなかったのである。ジョウロウという語がもと身分の高い女性のことであったのが、すえには、紅白粉《べにおしろい》をつけた者は、ことごとくそう言って呼ぶようになったのと似ているが、このほうはまずさしつかえはなかった。他の一方は、そうはいかぬのである。

書生が、やたらに人をキミと言いだしたのは、第一には、このような事実を知らず、第二に

は漢語の「君」という字に、いろいろの用法があるのをかえりみずに、それを一律にキミとよんだあやまりからで、これまたけっして、古くからの習慣ではなかった。しかし、こういう新しい意味に、キミという語を使用したひとびとは、いずれも他のほうには、ことなる語をあてていたのである。たとえ最古の正しい用法がそうであろうとも、一方に後世の濫用を制止もせずに、むかしのキミの語を、復活させるということがあるものでない。現在はさいわいに、遊女をキミという語はすたれて、わずかに、文芸の一隅に息ついているだけだからよいが、それでもわれわれは年ひさしいならわしにひかれて、ずいぶんとそまつな使い方をしているのである。

そういうまんなかへ、音もアクセントも、少しもちがえずに、大切ないま一つの古い意味のキミを持ちこんでくることを許しておくというのは、なんという無神経な話であろうか。これでは、まさに国語指導者の資格はゼロである。

法令や告諭の力で、国語変化の方向がきまろうとは、私は思っていない。もし、力があるならば、せめては次の代を代表すべき人たちに、もっと上品でさわやかで、不愉快な聯想を起させない単語を、選択取捨するだけの能力をふきこむようにするがよい。女学生ばかりに、キミを言うなと教えることは、けっきょくはその他はさかんに使ってよろしいと、今日の濫用ぶりを承認したことにもなるのである。それもやむを得ぬというならば、少なくとも、他のまぎらわしい、もったいない用い方は自分が率先して厳禁することにしたらよかろう。少なくとも、私たちは、そういうおそれ多いキミの語は使ってはいない。

（「東京朝日新聞」一九三八年一一月、『少年と国語』一九五七年）

知ラナイワ　『毎日の言葉』より

明治時代の女学生が、明治のお婆様からよく笑われていたのは、アルワヨ・ナイワヨなどと、ワの後へわざわざヨをくっつけるからで、単に言葉のしまいにワを添えるだけならば、もう江戸時代といった頃から、東京にもあって珍しいことではなかったのです。どうしてまた新たにヨを附け始めたものか、その原因または流行のもとはわかりません。多分どこかの田舎から、おしゃべりの娘が携えて来たのでしょうが、その原産地もまだ突き留められておりません。ただし東京の知らないワなども、かくべつ古い言葉ではなかったようです。そうして今と維新前とを比べましても、用法の少しの差はありました。その一つは使う人、もとは町方《まちかた》の幾分はすはな女たち、男に対して自由に口のきける商売の人が、多くこのワを用いておりました。女学生がこれを採用したのはやはり変遷であります。第二のもっと大きなちがいは、気をつけて江戸文学をお読みになるとわかりますが、以前は低い人が多いので、終りにワを附ける文句はたいていは敬語でした。アリマスワ・アリマセンワが普通に聴く言葉で、従って今のお嬢さんたちのイクワ・来ルワなどは、やっぱり少しはおかしかったのであります。それがもう誰も笑わなくなったのですから、言葉は流行によって変って行くという、一つの例証にはなるわけであります。

流行はただ気まぐれのものか、ただしは種子があり理由があるものかということが問題になって来ます。女が自分のいうことにワをくっつける土地は、現在の方言にはもう少ないようです。和歌山県の農村にはまだあるといいますが、それも男子とおもやいで、別に女だからワを附けるのではないのです。男のワに至っては、京阪地方ではむしろ普通であります。しかしこちらは当然に太く重く抑揚もちがい、どちらかというとごつい言葉で、東京の娘たちのワと同じものとは、双方とも思っていないのですが、そんなら別ものかというと、また首をかしげる者が多いでしょう。私などの少年の時分までは、ワイという人の方がワよりも多かったようです。ワイは下品な言葉だといって親に叱《しか》られましたが、それでもまだワよりは少しは良いという感じで、折々うっかりと使うことがありましたが、ワの方はてんで問題にならなかったのであります。下品ということは、田舎者しか使わぬという意味だったようです。現に近松から竹《たけ》田《だ》出雲《いずも》頃までのは、都会の人たちも盛んにこのワイを使っておりまして、従って下品ではなかったことと思いますが、それでも目上の人に向ってはこれを言わなかったようで、その点がやはり皆さんのワとは少しちがっています。

ワイだのワイヤイだの、または女のナイワイナだのに、十分な親しみをもった者が聴きますと、北九州のバイなども単なるW—B変化であって、根本は一つだったことがたいていうなずかれます。つまり日本人は、何か思ったこと見たことを人に告げる場合に、この種の一語を下に添えまして、「それを言う者は自分である」ことを明らかにする習わしがあったので、文章語ではまったく跡を潜めておりますが、和歌のみにはまだ少しばかり保存せられている「我は」と同じく、人称代名詞の一つの置き所だったのかと、私は考えております（考えております、私は）。日本語は代名詞の不用な言語、少なくとも代名詞の使用度の少ない国のようにいう人があるのは、言わば文章の本ばかりで、日本語を学び得たと思っている先生方であります。たとえば「知らないわ」という人は、ただの一度でも他人の知らぬというのをそういう例がありません。知らぬは私だという以上に、その点を明言するという意味も含めているのです。子供の言うことに注意してごらんなさい。関東地方の村々の児童たちは、オラシラネとも言いますが、つい近頃まではシラネオラの方がずっと多く、またどうやらこの二つは、心持がわずかばかりちがっているようです。大阪附近に行ってみても、川辺郡の山村などではシランヤレ、またはソウダヤレなどといっております（これから考えると、ヤレ嬉シヤなどのヤレも元は我だったらしい。）それが必要であったことは、東京でも若い娘たちが、ワという気持はもう忘れてしまって、知ラナイワワタシなどと、今一ぺん一人称代名詞を附けたして、念を入れようとしているのを見てもわかります。私を文の始めに置かねばならぬようにしたのは、漢語か英語かは知らず、とにかくに外国語かぶれのようであります。

紀州の熊野地方で耳につく言葉に、「構うものか」の意味に、シタルカレというのがありました。それと近い語が和歌山の市中にもあり、

そんなことを言うたかてシルカレ

を、知るもんか、知ったことかという意味に使っておりました。カレは動詞の終止段を受け、こちらの……モノカ、または……カイに当ると、杉村楚《そ》人冠《じんかん》氏は言っておられますが、このカレもカの疑問辞にワレもしくはアレを添えたものにちがいありません。この地方に伝わっているもう一つの形に、「行こう」をイコラ・イコライまたはイコレ等、「行くまい」をイコマイラ、イカマエラ、「遊ぼう」をアソボラ、アソボレなどというのがあります。この最終の一語はいわゆる助動詞ではなかったのであります。東京でも子供がよく使うアラー、シッテラーなどの末の音も、ワという代名詞があるためにこう変って来るのです。それを考えないで口語文法を書いたら、多分後世の人から笑われましょう。

口語では文句の終りに「我は」を附けるのが、むしろ全国を通じた法則だったかと思われます。それが新しい文化に影響せられぬ土地には、一様にまた少しずつ形をかえて保存せられているのであります。東北では岩手県の北部などに、「そうでしょう」をソウダベドラ、文章語にしてみれば「そうであるべいぞ我は」となると思います。外南部《そとなんぶ》で私の荷物を背負ってくれた娘などは、人が物を言うごとに一つ一つ、ソウカエオラとオラの語を添えた受け返事をしました。『山形方言集』を見ますと、村山三郡にはまたフダドレという語があります。

石を打ったのは君か？——フダドレ

フダは他の地方でホンダ、ホダなどというのも同じく、「そうだ」の音の訛《なま》り、ドレのドはゾかと思われますから、やはり終りにオレが附いているのであります。最上《もがみ》郡の方では、

この人だこんだらきしェだワード

というのが、「この人ならいやだ」という意味だと申します。ダゴンダラは「だというならば」、キシェダはこの地方でのキライダの発音差、ワードはすなわち我等の意であります。人は「誰でもそうだろう」という気持のあるときには、自分一人の場合にも複数の我等を使うことがあるのです。

この言葉づかいが全国的だったという証拠に、もう少し他の地方の例を引いてみましょう。滋賀県の北部には、「そうだ」をソウヤナレ、「私のだ」をワシノヤナレなどという語があります。ちょっとこれだけを見るとナにアレを附けたようにも取れますが、アレと指すものがなくても言うのですから、これもやはり「我は」でしょう。話の言い切りにヤを附けることは、関西ではごく普通なので、自然にイヤヤワというような言葉ができます。越前の福井地方などでも、「にくらしい」の意味でイヤタインニャワといいます。加賀の大聖寺《だいしょうじ》附近でも、「いやだ」をアカヤワなどといいますが、幾分かそれをやさしくしようとすると、そのワをワイネともまたワネともいいかえるそうです（江沼郡河南村方言考）。飛驒の北部などでは、ワもワイもありますが、この二つはやや粗暴な語と受け取られ、女は普通にワイナを使うこと、浄瑠璃や都々《どど》逸《いっ》の文句も同じです。たとえば「何でもない」ということを、男ならナモヤワイ、女だとナモヤワイナというのであります。山形県の海岸地方にもこのワがあって、主として男に使われているかと思われますが、両地の中間になる越後の平野では、このワがバに変っていて、女たちもよく使うことは、次のような笑い歌にも現われています。

おやおや、どうしよーば

おかかどうしよーばのし

どうしよーばたってどしよーばやれ

おかしい文句ですが、ちょっとこれは説明しかねます。つまりは不品行な女の困っている様子を親子の問答にして笑ったもので、そのおしまいのヤレも、また一つの「我は」であったようですから、もうこのバの代名詞であることを忘れているものであります。

（「婦人公論」一九四二年九月～一九四三年八月、『毎日の言葉』一九四六年）

昔話と伝説と神話　抄　『口承文芸史考』より

昔話の範囲

一　昔話という言葉が、昔から日本にはあって、その意味がおおよそ我々の研究したいと思うものと、範囲を同じくしていたのは好都合なことであった。私にはこれが日本の昔話研究の、末々繁昌すべき前表《ぜんぴょう》のようにも考えられる。よその国々ではこの名をきめるのにまず苦労をしている。ちょうど似つかわしい言葉が民間に行われていなかったからである。たとえば独逸《ドイツ》でメェルヘンというものには、文芸の士が紙と筆とをもって、新たに書き下した作品もまじっている。それと区別するには特に民衆のメェルヘンという必要があった。そうしてそのフォルクスメェルヘンという名は、在来の独逸語ではなかったのである。仏蘭西《フランス》のコントもこれと同様で、やはり新作のコントでないことを示すために、こちらを妖精のコントだの、鵞鳥《がちょう》の母のコントだのと総称しなければならなかった。英国でもつい近い頃まで、フェアリテェルズというのが、必ずしも妖精の話だけに限らない、我々のいう昔話の総名であった。それでは誤解が生じやすいので、新たにフォクテェルズという語を用い始めた。仏蘭西でも今はコントポピュレエルが普通の名になっていて、この二つはともに民間説話と訳せられている。あちらでこそありふれた二つの単語の組合せだから、誰が聴いてもあれだなとすぐにわかるだろうが、もしも日本にこの「昔話」という語がなくて、これを訳して使わなければならぬとしたら、どのくらい採集に不便であったかわからぬ。いかに物覚えのよい年寄りでも子供でも、おそらくは皆民間説話なんか知らないと答えるであろう。民謡がちょうど今その不便を経験している。ミンヨウは学者の作った語で、民衆の知っている日本語ではないからである。そうかと言ってただ歌とばかりいって尋ねると、野口・西条氏等の小唄をきかされぬとも限らない。仕方がないので不精確ではあるが、我々はただ古い歌、もしくは昔の唄といって尋ねまわっている。

二　ところが昔話の方には、始めからもっとはっきりとした意味があって、単に古い話または昔の話というだけではないのである。子供が親から聴き、もしくは老人の記憶している話にも、いろいろさまざまの種類がある。「昔話」はその中のたった一つ、すなわち形式としてその話の初めの一句に、必ず昔とか昔々とか、あるいはもっと戯れて「とんと昔」、「昔の昔のその昔」等の語を用いて、これが他の種の話でないことを、表示するものだけに限られている。だから地方によっては話という語を略して、ムカシムカシともまた単にムカシとも呼び、東北ではこれにコを添えてムカシコともいっている。ハナシという語のまだ普及しなかった時代にも、「昔々の物語」などという語もあった。ムカシという発語がある種の説話の要件であった証拠は、『伊勢物語』にもあれば『今昔物語』にもある。今昔はすなわち今は昔、現在の話ではないということを意味する。古い話だから真偽のほどは定めがたいというような、責任のがれの口上とも解されるのである。

三　この点がまた昔話の一つの特質であった。『今昔物語』の中には堂々たる史伝事実も多いにかかわらず、その結末の一句がすべて「何々となん語り伝えたるとや」となっているのは、前々からの形式であったためかと思われる。語り伝えるというのは、人がこういった、自分が実地に就いて確めたのではないということで、もっと露骨にいうと話だから信じてはいけない、もしくは面白ければそれでよろしいという心持があって、この点で最も厳粛に、古く伝わった「信ずべき物語」と、差別をしようとしたもののようである。現在の昔話においても、この表示法はかなり堅苦しく守られている。その形式は少なくとも三つあって、一つは右の「語り伝えたるとや」と同じく、東京とその附近では「あったとさ」、「言ったとさ」とトサを添え、上方では多くトイナを附けて話す。東北のムカシコには「あったづぉん」、または「あったちう」という土地もある。他の談話には用いないから耳に立つ。中国九州では普通には「あったげな」を用い、だからまたゲナ話だのゲナゲナ話だのの名もあって、昔話には限らずとも、すべて笑いを目的にしたまじめでない話の名になっている。外国のいわゆる民間説話に、果してこれに該当する文句の特徴があるかどうか。原話に当っておらぬから明言はできぬが、少なくとも有名なる若干の採集記録だけには、日本の昔話ほどの細かな用意は窺《うかが》われない。

四　第二の形式としては、固有名詞の故意の省略がある。これは年代を超越した昔という表現に伴なうもので、やはりまた聴く人話す人に、何のかかわりもないことを明らかにした手段であったろうと思う。話はもちろん名をいった方が覚えやすく感も深いから、桃太郎とか瓜子《うりこ》姫《ひめ》とかいう名だけは折々附けるが、彼等が源氏か平氏か藤原氏であるかはかつて言わず、住処も領主もすべて不定であって、ただ聴く者の映像を濃厚ならしめるために、日本では時として「この村でいえば何々坂の下のような処」でとか、「ここならば五兵衛どんのような御大尽《おだいじん》の家」にとか、たとえにして近くのものを引用する形がある。そういう場合にはことに明断に、ずっと昔ある処に、ある一人の大金持があってと断って、それが決して歴史でないことを知らしめているのは、よくよく徹底した文芸意識であって、この点は他のいずれの民族の昔話にも、ほぼ一貫した大切な一つの特徴のように思われる。

ところがもう一つ、これは日本の昔話だけに、幾分か強烈に保存せられているらしい第三の形式がある。グリムの説話集にも五つか七つ、最後に奇抜な笑いを催すような文句を附け添えたものはあるが、他の多数は採録の際に落ちたものか、何の変哲もなく、事実の終りをもって話の結びとしている。我々の昔話はそれと反対に、一つ一つ必ず形式の句があって、それが地方ごとに一定している。『昔話覚書』という本の中にも、各府県の多くの例を列記してあるが、その後に報告せられたものがまたいろいろとある。誰かがもっと詳しく比較研究すべき問題だろうと思うが、だいたいから言って目的が三つほどに分たれ得る。いちばん単純で数の多いのはこれでおしまい、または話はこれだけという意味の短句である。奥羽の村々でドンドハライといい、中国のそちこちでムカシコッキリとか、コッポリショとかいうのも、すべて全部が終ったという言葉の様式化したもので、それをぜひとも添えなければならぬ趣意は、本来は一種伝承者の宣誓であり、聴いて知っていることはこれだけだというのは、すなわちおまけもなく匿《かく》しもないということを、言明する方式だったとも解せられる。多分は今ある昔話よりも以前から、聴いて信じなければならぬ説話にも、すでに伴のうていたものだろうと私は思う。少年の頃に読んだアァヴィングのリップ・ヴァン・ウィンクルの発端の引用句にも、古いサクソンの神にかけて、自分の物語の偽りでないことを誓ったうけび言《ごと》が出ていた。白人の国でも元はやはりこの趣旨をもって、話ごとにこういう一句を附加する風習があったとみえる。それがわが邦の昔話では永く今日まで持続していたのである。

五　日本でもう一つ、今も残っている昔話の末の文句に、「めでたしめでたし」というのがあって、これは文学にも多く採用せられている。説話研究者のいうところの本格的昔話が、必ず幸福なる大団円をもって結ばれていることと、相照応する言葉であることは疑いもなく、小さな点ではあるが深く考えてみる必要がある。前代の東京人は、しばしばこれに代るに「それで市が栄えた」という一句をもってした。町の人だから市と解したのも自然であるが、古くは「一期《いちご》さかえた」といっていたのを、誤りもしくはわざと言いかえたものかと思われる。一期栄えたはすなわち昔話の主人公の、好《よ》き妻好き児を得て福分《ふくぶん》充足し、天寿を全うして世を終ったという凡人の理想を、簡明に言い表した印象的な言葉で、市の盛衰などとは比べものにならぬほど、聴き手にとっては関心の深い叙述であった。東北には別に「孫子しげた」という結びの句もなお行われている。諸国の端々を弘《ひろ》く捜してみたならば、これと類する他の言い方もまだ見つかるかも知れない。とにかくに当初昔話を語りまた聴こうとした目的が、主として人の家のたちまち運を開き、末々繁昌して行く道または順序ともいうべきものを、知ったり教えたりするにあったということが、これからでもおおよそ判って来るのである。ところが後々その昔話の、信ずべからざるそら事であり、興味を詮とする空想の産物であることが明らかになって、人は次々に古い形を改め、新たなる面白さを求め出そうとする傾向を逐うに至ったのだが、それでも今日のようにまるまる以前のものと縁のない新作を、提供したのでは聴く者が合点せぬので、目だたぬ部分から少しずつ、在来の昔話を修飾し、または切り取り継ぎ合せたり、入れかえたり補充したりしていたのである。だから一期栄えたという言葉の意味が、かりに不明になってしまわずとも、これを市が栄えたといった方が、珍らしく聴えるような場合もあったのである。

だいたいに結末の文句は長くなる傾きがあった。稀《まれ》には猫の尾のように形ばかりになってひっついているのもあるが、改めるくらいならば何か一ふしの、思いつきを示そうとしたであろうし、またこれによって最後の高笑いをそそろうとしたので、昔話のおいおいの笑話化と併行して、ここにおかしい意外なる文句が、だんだんに発明せられることになったのである。グリムのメェルヘンを読んでみると、滑稽に富んだ長々しい結びの文句が、ある地方のものに限って附いている。人によってはこれをその話だけの必然なる一部分のごとく思う者もあろうが、実はただ採集者が個々の採集に忠誠であったというのみで、それと本文との間には格別の連鎖はなく、少しも変えずにこれを別の話に持って行って附けられるものばかりである。つまりはグリム生時の独逸《ドイツ》の田舎には、もうこの程度の改造した結びの文句しか行われていなかったので、これを日本の昔話の、まだいろいろの古風な形式を保存しているのに比べると、研究の便宜は確かに少ない。だから我々は今後この一点の綿密な調査からでも、まだ外国の学者の気づかなかったものを拾い上げることができるのである。

一つの特色としては日本の昔話の、「そればっかり」とか、「これっきり」とかいう文句が、もとは伝来の正しいということを宣誓する語であったものが、いつの間にか幼ない聴衆のもう一つもう一つと、話の後ねだりするのを拒絶する用途に供せられていることが挙げ得られる。それからまた説話の改造せられて、いわゆるおどけた話やほら話になっているものは、いくら子供にでもまじめに取られては困る理由が、普通の話よりはいっそう大きいゆえに、それを警戒しようという念慮がいよいよ著しく表われる。だから話が笑話の方へ発達して行けば行くほど、この終りの文句もともに頓狂な、また笑わずにはいられぬものになっている。グリムの集めた説話にも、その親切な長老の用意が、田舎相応のユーモアとなってよく出ているのだが、これを日本訳した人はそんな事を知らぬとみえて、その訳文だけがちっともおかしくないのである。

六　以上私の説明もあまり気の利いたものとは言えぬが、とにかくに我々の研究しようとする昔話、日本で昔から昔話と呼んでいた話が、おおよそどんなものかというだけは述べたつもりである。もう一ぺん要約していうと、我々がハナシといっているもののうちで、「昔々ある処に」という類の文句をもって始まり、話の句切りごとに必ずトサ・ゲナ・ソウナ・トイウなどの語を附して、それが又聴きであることを示し、最後に一定の今は無意識に近い言葉をもって、話の終りを明らかにしたもの、この形式を具備したのが日本では昔話、西洋の人たちは民間説話とでも訳すべき語をもって呼んでいる特殊の文芸である。この文芸は口と耳とをもって世に流布していた。わずかに近世に入ってその一小部分が筆録せられたのみで、筆の達者な文人もまだ安全にはこれを模倣し得ない。そうしてこの昔話にはだいたいに定まった内容があり、その内容が未開既開の諸民族を通じて、かなり著しく一致している。何ゆえに、またいかにしてこれが一致するか。それを我々はとくと研究してみたいのである。

童話というもの

七　昔話研究者だけのためにならば、特に面倒な定義などを掲げておく必要は、今のところではまだ幸いにしてないのであるが、外部にはとかくいろいろの誤解がある。うぶの素人《しろうと》はとにかく、鼠《ねずみ》色の分がなかなかやかましい。問題が起きてから言うと水掛論にしむけようとするにちがいないから、今のうちに一通り堺目を立てて、他日の左券《さけん》とするのである。昔話の範囲などというものは、本来は格別紛らわしいものでないのだが、わざと多くの似よりの名目を設けて、時々の都合で離したりくっつけたりする者が近頃は出て来た。それを一つ一つ処理しておくということは、手数であるけれども我々のためにも必要である。最初にきめなければならぬのは童話というもの、これと昔話とはどこが違うかという点である。童話は正直にいうとまだ満足な日本語ではない。近世ぽつぽつと文人の使う漢語のうちに現われ、次いで学校の教員が用いるようになって、急に普及はしたがまだまだ自分では口にせぬ人が多い。そういう風だから意味がまたまちまちになっている。おおよそ童児にして聴かせる話ならば、すべて童話だろうと思っている者も、ラジオ界などにはあるらしいが、そうなるとあまり散漫で物の名とも言えないようである。童話協会などでいうところの童話は一種の作文、すなわち童児に聴かせるというよりむしろ読ませるために、新たに筆を執って書いたもののこととみえるが、これならば明々白々に昔話とは別である。かりに形態を昔話に似せ、かつ口から耳に訴える方法でこれを利用しても、それによって昔話と化する気遣いはないのである。ただそういう童話を製作する人々が、時あって我々の昔話を聴いても、日本童話だの「在来の童話」だのと呼ぶゆえに紛らわしくなるのだが、これは二つの異なるものを、一語で呼ぶ場合に起る不幸な現象で、どちらか一つをやめるより他に、これを免れる途はない。グリムの採集は人も知るごとく、「童児及び家庭の説話」と題せられている。あれを簡略のために童話集と訳したのが、あるいはこの混乱の基かも知らぬが、それ以外に別に諸民族の昔話にも、彼等童話作家のごとき最初の執筆者、もしくは発明者とも名づくべき者があって、特に童児のために説話を作ったかのごとく、思っている人があったのではないかと思う。もしそうだとすると誤解が原因であり、同時にグリムの「童話集」も誤訳であったということになる。

八　昔話研究者の側からいうと、童話という名称は必ずしも入用でない。ましてやかような紛らわしい、二つ異なるものに共通となっている言葉などを、そのまま持ち込まれることはなおさらの迷惑である。しかしかりに他のいっさいの新作品には改名させ、久しく日本に伝わった桃太郎、舌切雀の類のみを、童話と呼ぶことにしたとすればどうかと問う者があるとすると、できないことだろうと思うが、そんな場合にはこう答えるのがよい。曰く、童話は昔話のうちで、特に子供に聴かせる趣旨の下に、若干の改刪《かいさん》を加えたものの名としては似つかわしいが、同じ一つの型の昔話でも、土地により家によって少しずつ、話し方がちがって行われているから、分界を立てることが困難である。個々の場合としては童話と名づけてよい昔話でも、国全体を通じてはそうは言うことができず、ただ普通にまたは多くの土地で、子供に向くように話されているに過ぎぬのだということを知らねばならぬ。つまり童話は話の種類でなく、単に話法の差異を示す語であるとも言い得られる。たとえば桃太郎のごときは夙《はや》く一つの型がきまって、純然たる童話になり切ったように見えるが、なお地方によっては子供に用のない妻覓《もと》めなどを、中心として説いている例もある。日本一国でも徹底した童話はない。まして世界の諸民族を比較する場合に、必ず児童用ときまっている昔話などの、見つかろうはずはないのである。

だからグリム兄弟はああいう名前を説話集に附けたけれども、もう今日では特に児童の読物に書き改めた赤本《あかほん》というもの以外にまで、童話という語を使おうとする国は、日本だけしかないと言ってもよいのである。

九　あるいは現在の昔話は、子供より他には聴こうとする者もないから、これを童話と呼んでも誤っていないなどと、強弁する者もあろうがそれもうそである。昔話を悦ぶ者は決して少年少女だけでない。中にはその座に彼等がいないのを見澄まして、始めて語り出そうとするような隠微なる笑話も数多くあって、話ずきならば皆その六つ七つ以上を知っている。それからいろいろの昔話とても、最近の世間話の種が激増したために、次第に不人望になって行くというばかりで、どこに一点聴衆の幼ないということを期待して、彼等の理解のために用意した痕《あと》もないものが、いくらあるか知れないのである。児童と言ったところで年齢には階段がある。祖母に添寝をしてもらうほどの小さいのでも、話がすきならば後ねだりをして、たちまち自分とは交渉もない馬鹿聟《ばかむこ》や和尚の失敗譚まで聞き出すが、やや成人すると舌切雀や猿蟹に飽いて、むしろ親兄の話にまじりたがり、中にはいわゆるためにならぬ話を、知らぬ顔をして聴いており、大きくなるまで覚えている者は多いのである。そうでないまでも彼等が参与したのはほんの偶然で、単に好奇心が強く記憶がよいゆえに、管理の役を引き受けたに過ぎぬものを、どうして童話といわなければならぬのか、まことに理由のないことだと思う。察するにこれは古くからある御伽噺《おとぎばなし》という語の誤解に基づいている。御伽は主人や長上と対坐して夜をふかすことで、トギの語原は知らぬが、睡《ねむ》らないことを意味するは確かである。そういう必要のあったのは軍陣夜営、もしくは庚申《こうしん》や日待《ひまち》の夜で、そのためには火を焚きいろいろのおかしい昔話をしたので、わが邦でこの民間文芸が、流行しまた発達したのもその結果であった。むしろ児童とはまったく縁のない風習だったと言える。その御伽の話を童話だと思ったのは、事によると小《さざ》波《なみ》の叔父さんくらいが始めかも知れない。そういう誤りを吟味もせずに踏襲するから、ついに今日のような無用の混乱をもって、学問の進歩を妨げるのである。これを要するに、昔話を御伽噺というまでは、不精確ながらもまだ許されるが、それが童話と一しょくたにされるようでは、あまりにも事実に反するから訂正しなければならぬ。

説話とハナシ

一〇　説話という語の意味、これと昔話との関係も明らかにしておく必要がある。幸いなことにはこの語はまだ「昔話」のように、完全に普通語にはなり切っていない。少数の専門家より他はこれを使わず、使っている者もその心持はまちまちである。今ならば相談ずくで、どうともその内容を約束することができるかと思う。それで私はこれを日本語のハナシ、すなわち口で語って耳で聴く叙述に、限ることにしたいのである。「語る」という中には浄瑠璃《じょうるり》や祭文《さいもん》もあるが、これは台本がすでに備わっているから、ヨムという方がむしろ当っている。単なる暗記をもって伝えて来たものならば、これを説話に入れて差支えはないのだが、それも文句に節のあるものだけは、特に古風のままにカタリモノと名づけて、ハナシとは区別しているのだから、堺をここに設けてよかろう。同じ人間の言葉の取り遣りでも、毎日用いられている呼びかけや応答、注意、勧説、批判、詰問の類は、叙述でないからもとより説話の中には入らない。これを会話といったのも誤訳だろうと私は思う。

一一　ハナシという日本語は、近世少しずつ適用の範囲が広くなって来ている。あるいはこれに宛てられた支那語の「話」がまず変化したための影響かも知れぬが、とにかくに日本のハナシは元は聴くものであった。一人が多く語り、他の人々が黙って受け返事だけをしているもので、この点で対談や論判と、はっきりとした差異があった。「話」の漢字をこれに宛てる以前、久しく「咄」の字をもってこれを表示していた。あるいは噺の字などもよく用いられている。咄も噺もともに中古の和製文字であったらしい。何か特殊な文字を設けて、これだけを区別しなければならぬ必要が、昔の人には感じられたのである。英語などでも to tell と to say とはまったく別の行為で、説話の Tales は前者から出ている。うそを言うとか冗談をいうなとかの語はあっても、「昔話を言う」とは誰も決して言わぬのは、ハナシが本来は普通のモノイイでなかった証拠である。しかるにもかかわらず、古い文献の中にはハナシという日本語は見当らない。たまたま話の字があればカタルと訓《よ》ませている（漢文で書いた『陸奥《むつ》話記』、この話記なども和訓はカタリゴトであったろうと思う）。東北地方には今でもハナスという動詞はない。昔話はムガシまたはムガシコといい、昔話をすることをムガシカタルといっている。標準語のカタルはだんだんと用途が局限せられ、浄瑠璃以外には詐欺をすることだけになっているが、地方では今も範囲がずっと広く、夫婦の契りから小児の遊戯まで、人のあらゆる共同が皆カタルで表わされている。中央もかつてはそうであったらしいことは、加担というがごとき奇妙な熟字が、その痕跡を留めている。現在は用法がいろいろと加わって、単なる同形異語のごとく見られているが、話のカタルにも元は多数の参加、知識の共同の意味があったのかと私は思う。それが名詞になればすなわちモノガタリで、我々の昔話も当然にその中に含まれていたはずであるが、後年ようやく分化して行って、書いて眼で見るものに物語が多く、楽器に合せて節面《ふし》白く説くものだけを、語り物などというようになって、別に新たにハナシなどという語の出現流布を、必要とするに至ったのである。その噺も今はまた古くなり、かつ輪廓がややぼやけて来たのである。それを踏襲して折々の紛乱を招くよりも、ちょうど出来合いの説話という語がおおよそ間に合うから、これからの入れ物にこれを使おうというわけである。

一二　もう一度言い直すならば、「説話」は標準語でハナシといっていたものと、範囲がほぼ同じいと今でも考えられている。一方のハナシという語の用法が少しく弛《ゆる》んで来た今日、できるものならば説話の方をその代りにして、なるたけ精確に使うようにしたい、というのが私の提案である。これに対しては日本ではだいたい苦情がなさそうに思う。仏蘭西などのコントには、多くの文芸作品を含み、活字になって初めて世に現われ、ハナスにもカタルにも御厄介にならぬものが多いのだが、それらは幸いに説話とは訳されていない。説話という字が幾分か重苦しいためであろうか。形をこれに似せて文士たちの書くものでも、実話といったり随筆と名づけたり、またはコントという外国語をそのまま用いたりして、説話はまず耳に訴えるものだけに、限られているのは好都合なことである。童話ばかりは前にも言うように、話といいながらも創作があり、また「作り話」というとかなりちがった意味をもつことになる。この文字の感覚は多分今後も持続するであろうから、ハナシを裸ではもう説話の意味には使えないのである。

一三　かりに説話をもって以前のハナシに置きかえるとすると、昔話との関係はかなり明瞭になって来る。人が仲間の人々に話して聴かせるのが説話ならば、「昔話」はすなわちその一部分、冒頭に昔々とことわり、一句ごとにゲナまたはソウナ等を副《そ》えて話してくれる一種の説話だけが、昔話だということになって、従ってこれを外国風に民間説話と呼び、または誤解のおそれのない場合のみは、略して神婚《しんこん》説話とか逃竄《とうざん》説話とかいっても、差支えがないということにもなるわけである。関君の『島原半島民話集』などの民話も、私はただ民間説話の略語と見ている。昔話という一種の説話だけを、特に民間と呼ぶのは変かも知らぬが、これは諸外国でそういっているというのみならず、実際に最も古くから、文字のない階級にこれのみが保管せられていたのだから、国際的にはこの方が便利なことが多い。要はただ今日説話といっているものの中に、昔話すなわち民間説話でないものも、幾通りかあるということを認むればすなわち足るのである。

一四　昔話の分類をしてみようとするには、これに先だってまず説話の種別を明らかにしておく必要がある。昔話は滅び衰えまた零落することが、開けた国々の常であるけれども、人の話好きの本性は必ずしもこれに伴のうて退縮はしない。ひとりで引っ込んで本を読むなどの習慣のない者は、昔話を聴かぬとすれば別にそれに代る何かの話を聴きたがる。好みの昔話が次々に変化して行くように、説話も時代につれて次々の流行と推移とがあったのである。近世の実例では大きな戦争が何度かあって、田舎の隅々までも人の関心がこれに集注すると、帰還兵士の見聞談というようなものが、本人または受売りによって家々の炉端《ろばた》を賑《にぎ》わして、その時間だけは古くさい説話が排除せられる。新聞や雑誌の発行部数の増加につれて、これを読んだ者が読まぬ者に、話して聴かすことが多くなれば、自然に無用に帰するものが一方にできるわけで、ハナシの種類は際限もなく多岐になって来るが、そういう新たな大事件のきわめて稀《まれ》であった社会とても、決して昔話ばかりをして夜を更かしていたのではない。村の日待の寄合の晩などに、昔も非常に人望のあったのは、土地の旧事を叙述する歴史説話とも名づくべきもの、これもほぼ一定の形をもって、耆老《きろう》の記憶の中に活きていた点は昔話と一つだが、聴く者説く者がともにこれを真実とし、笑ったり疑ったりすると無礼になる点が、断然他の一方の昔話と異なっている。しかもこの中にも愉快で奇抜で、かつやや伝来を批判し得るものが、折々はまじっているのである。

一五　それから今一つの説話には、これも広義の歴史であって、話す人にまったく別の用意態度のあった見聞談、もしくは報道説話とも名づくべきものがある。平和郷裡の新たなる出来事は、多くは衆人が知識を共にするので、これには意見の交換があっても、説話の成り立つ余地はないのを常とするが、それでも稀には旅とか探険とか、または偶然の遭遇とかによって、一部少数の者のみが知っているという場合がある。こういうのは速かに経験を平等にする必要から、特に説話化する傾向が強かったのである。話者独自の才能が叙述の表面に現われやすい点はよほど文芸に似通い、また後期の昔話とも縁を引くのだが、この方はとにかくに事実に基礎を置いている。説話が真相に近ければ近いほど、流伝の効果が大きかったということは、我々の昔話との差異であろうと思う。歴史説話の題目が最初から限定せられ、かつ文字の教育の普及につれて次第にその地位をこれに譲り去ったに反して、報道説話は日を追うて多種多彩、目まぐろしいまでの変化を重ねて、さしも興味深かりし歴代の民間説話を、ついに片隅へ押しやってしまった。そうして自身は、またもとの形を崩して、ただのおしゃべりや掛合いと択《えら》ぶところもなく、声を高く調子を剽軽《ひょうきん》にしなければ、耳を仮《か》す者が誰もないまでに、烈《はげ》しい生存競争をするようになったのである。

一六　昔話零落の主たる原因は、書物の進出でもなく、時間の欠乏ではなおなかった。最初には説話の他の種類のものが、人の成長して行く智能を占領したのが端緒で、それがはからずも無限に変化すべき素質を具えていたゆえに、次第に追随者が戻って来られなくなったのである。他の種類の説話という中には、人を本有《ほんゆう》に繋《つな》ぎ附けようとする故事来歴の歴史説話、もしくは形をそれに借りた説教や講釈を含むのはもちろんだが、これらは材料が限られまた管理者が一定していた。ただの若輩の尋常人が、卒然として説話の主となり、満座の視線の焦点となり得る場合は、個々の見聞の報告より他になかった。だから口舌の自信ある者が、競うてその機会を窺うたのである。これにはもとより個人の行動、群には知られない抜駆けの試みが、やや自由になりかつ必要になっていることを条件とするが、一方にはまたそういう話の種を儲《もう》けたいばかりに、好んで独立孤往する者のあったことも推測せられる。本来は聴く者を楽しませ驚歎させるのが趣意だから、報告とは言っても相応に誇張やほらが多く、かつ広すぎるほど取材の範囲の広いのが、おそらくこの種の説話の新らしい魅力であったろうと思う。世間話という語は学術的でないかも知らぬが、これらを総括しかつ昔話と対立させるのに、似つかわしい名前だから、私は採用する。「世間」は日本の俗語では、わが土地でない処、自分たちの属しない群を意味している。そこから出た話だから幽界の消息と同じく、仲間の好奇心を刺戟するのである。ところが交通の便はいかに開けても、個人の見て来る事実は高が知れており、うそでもつかなければ、そうそうは珍らしいものが近まわりには落ちこぼれていない。従って説話の功名はこの方面からは収めにくい。耳で聞く方とても直接のものは同様に乏しいが、これには人間を仲に立てて、次から次への言い伝えがあるために、一つの奇事異聞《きじいぶん》がいくらでも運んで来られる。それが世間話の最も豊富なる倉庫であり、我々の炉端の文芸に革命を引き起した主要な力であったことは、今ある材料からでも安々と立証し得るのである。

一七　大きな天災地変や戦乱のあったあと、個々の直接見聞者の溢れるほど多い時代ですら、なお確実なる小体験談よりも、奇抜な噂話の方をもてはやす気風が見られる。まして平穏無事の村里において、日ごとに新らしい報告を徴するとしたら、話者は誰であろうとも、世間話は又聴きのほかに出ることを得なかったろう。いわゆる風説の責任の軽かったことは、昔話と比べてほとんど等差がなかった。だからまたゲナだのソウナだのを句の終りに副えても話したのだが、そうは言わなくとも何の某《なにがし》が、他の某から聴いたと語ったと言っても、事実の有無は自分が突き留めたのでないと、言う意味に変りがない。しかもそう聴くとさらにこれを他へ受売りするにも、格別に気が楽であったのである。話者の動機の今日いうところの報告と、同じでなかったことは明らかである。根本に説話を要求する聴衆の心というものがなかったならば、かかる風説は流伝もせず、また始めから生れなかったかも知れない。すなわち昔話は自然に消え亡びたのではなくて、第二の世間話という説話に、その寵《ちよう》を奪われたのである。我々のことにユウモラスに感ずることは、これほど自由な借用と複製とを許されておりながら、なおある時代には世間話の種が尽きて、古びきった昔話を記憶の底から引き出し、それを焼き直して新らしい衣裳を着せて、近頃の事件のようにして話していたことである。昨年どこそこの川端で狐に騙《だま》された者があるといい、何とか寺の和尚の若い頃の話だとか、何村の物持が運の開け始めだとか、さもさもそこきりで他にはないように、今でも説き伝えている一条の物語が、少しく昔話を知る者には半分聴けば後はわかるような、定まった形を持っているという例は無数にある。しかもそういう話が比較的永く、記憶せられて伝わって行くのを見ると、昔話の文化人に飽きられたのは、もっぱらその話法形態の方であったかとも考えられ、今日土地土地の史実と信じられているものの中にも、まだ我々が気附かぬ旧式の説話が、粧《よそお》いを変えて匿《かく》れ潜んでいるようにも想像せられる。昔話の比較を徹底せしめようとするには、少なくともこういう世間話の重複と類似に、眼を放すことができぬと同時に、一方久しく伝わっている昔話の外形方式を、粗末に取り扱わぬように心がける必要があると思う。

（「昔話研究」一九三五年五月〜一九三六年四月、『口承文芸史考』一九四七年）

嗚滸《をこ》の文学　抄　『不幸なる芸術』より

一

人を楽しましめる文学の一つに、日本ではヲコという物の言い方があった。それがよその邦々《くにぐに》とはやや異なった変遷を重ねている。すでにこの事に心づいた人は多いと思われるのだが、まだ私などのように生真面目《きまじめ》にこれを考えてみようとした者のないのは、多分それ自身がヲコがましきわざと、見られやすかったためであろう。今日はもちろん一人でも、ヲコの数を少なくしなければならぬ時代と見られているが、果してこれをただ無視することが、絶滅への途《みち》であるかどうかを私は疑うのである。もしもそうときまればさっそく中止するまでよ。とにかくに一応従来の経過を尋ねてみることにしよう。

ヲコは単なる人間の活き方という以上に、夙《はや》くわが邦などでは芸術の城に進んでいた。すなわち志ある者の修行と習練によって、次第に高い効果を収める望みのあるものと認められていたように思う。手を取って教えるこのごろ風の教育がなかったのと、教科書と名づくべき書物が少ないばかりに、時々はそれをさえ忘れてしまうことがあって、しばしば退歩の悲しみを味わうような時代が来る。現代はちょうどその一つの場合ではないかと、私などは感じているのである。しかし強いて捜し求めるならば、参考書というほどのものは必ずしも稀《まれ》ではなく、ここで私の例に取ろうとする『今昔物語』の巻二十八などは、いずれの点から見ても頃合いのものと言ってよい。それからあと引き続いて出た『著聞集』の興言利口《きょうげんりこう》の部、または随時の応用を企てた『沙石集』や『雑談集《ぞうだんしゅう》』、世降《くだ》っては戦国の陰惨世界に、一すじの明るい光を投じた『狂言記』の数多い笑いの演奏などもあるが、これらはたいていはただ雑然たる作品集のようなもので、ヲコの系統と進化段階とを、心付かしめるには十分と言えない。できることならばこの『今昔』の一巻を別刷にして、朝晩読んでみるような流行をさそいたいものだが、そんな夢を抱くということが、もう立派なヲコのお手本であり、それでたくさんだ、別に教科書には及ばぬと、いうことになるかも知れない。

二

ヲコを文芸にしようとした試みは中世のもので、それが後再び衰えたことも事実であるが、少なくともヲコ本来の目的が人生を明るくするにあり、かつその働く前線の非常に広いものだったことは、これによっておおよそは証明し得られる。『今昔』の第二十八巻には、四十四のヲコの物語があって、それがことごとく今日の言葉でも、ヲカシイという話ばかりであった。そうしてこれには四つ五つ、またはそれ以上もの種類がある。分類は読む人の好みにもよるだろうが、ともかくも各篇それぞれの趣旨がちがい、従ってまた受け取る心持も同じでなく、ただ我々が笑わずにいられぬということのみが一様なのである。

例をできるだけ簡単に引こうと思うが、最初にはまず笑われてもよい人々の話がある。二月初午《はつうま》の稲荷詣《いなりもうで》の山路で、わが女房に懸想《けそう》して言い寄り、おまけにその悪口を並べ立てたので、たちまち擲《なぐ》り付けられた舎人重方《とねりしげかた》の話（一）とか、月に映《うつ》ったわが影を盗人かと思って、ぶるぶる顫《ふる》えて刀を取り落そうとし、強くもなさそうな泥棒だから、行って追い出して来てくれと、妻にいいつけたという臆病《おくびよう》武士の話（四十二）、これなどは後にわずかずつの改作を加えられて、いつまでも笑話の種になっている。すなわちそのまんまを語っても、聴く人はきっと笑う話なのだが、なおできるだけこれを修飾して、たとえば柿の樹の下に立っていて、背すじへ熟《じゆく》柿《し》が落ちて来たのを、斬られたかと思って目をまわした。または人に介錯《かいしやく》を頼んで首を切らせた。あとでその人がよく視《み》たら血かと思ったのは柿だったと、いうところまでも誇張して伝えている。

右の二人のようなうつけた男を、『今昔物語』ではやはりヲコの者と呼んでいる。これはまちがいとまではいうことができないが、少しく注意をせぬと誤解に導かれる虞《おそ》れはある。人をヲカシと思わせるのが、本来はいわゆる嗚呼《をこ》の者であって、右の二人はたまたまその一種の常習者に過ぎず、他にもまだいろいろのヲコの者はいたのであり、それにもまたよほど専門に近いのがあった。古い記録では、そういうのを鳴滸人《をこびと》といった例が、『三代実録』などにはあって、これはただ単におかしいことばかり言って、人を笑わせようとした者のことであって当人自らは決して馬鹿ではなかった。そのヲコ人とかのヲコの者と、二つがそんなに種類を異にしていたろうことは、誰だって想像し得ぬことであろう。

三

鳴滸人またはヲコの者がこの世にいなかったならば、多数のおかしい話は世に伝わらずにしまったろうとは言える。しかも彼等が前に挙げた二人のように、途方もないうつけ者でなければならぬ理由は一つも存せず、むしろ正反対に、並よりも少しく鋭どすぎる者を、必要とする場合さえ多かったのである。同じ『今昔物語』の中には、盗人を騙《だま》して助かった話が二つも出ている。その一つは瀬戸内海の海賊の難で、豊後《ぶんご》国からたくさんの布施物《ふせもの》を貰って還《かえ》って来る講師《こうじ》の僧某《なにがし》、賊船が近づき寄るのに少しも騒がず、当時最も高名なりし九州の老豪傑、伊佐の平新発意《へいしんぼち》能観の声色を使うと、彼等肝《きも》を潰《つぶ》して向うから遁《に》げて行ったという話（十五）、これなどは当人の直話《じきわ》らしく、船出に臨んで友だちが注意をしたにもかかわらず、わしは海賊の物を捲き上げるまでも、物を海賊に取られるようなことはせぬと、高言したというのだからしたたかな坊主である。いま一つは京都市中での話で、やはり群盗の横行した時代に、深夜に車に乗って家に還って来る官吏が、あらかじめ装束を皆脱いで、よくたたんで畳の下に押し隠し、冠と襪《したぐつ》だけの真裸になって、牛車の中に坐っている。そこへ果して追剝《おいはぎ》が襲いかかり、牛飼童《うしかいわらわ》等を追い散らして、簾《すだれ》を引き揚げて中を覗《のぞ》いた。主の裸を見て盗人も面くらい、これはどうしたと尋ねると、「東の大宮にてかくのごとくなりつる。君たち寄り来ておのれが装束皆召しつと、笏《しゃく》を取って吉《よ》き人に物申すように畏《かしこ》まって答えければ、盗人咲《わら》いて棄て去りにけり」とある（十六）。これも還ってからまず女房に語ったところが、その盗人にもまさりたる心にておわしけるといって笑われたとある。この官吏の名は阿蘇の史《ふびと》某、「極めたる物いいにてなむありければ、かくもいうなりけりとなむ、語り伝えたるとや」ともあって、もちろん盗賊の側から出た風説ではない。まるまるのこしらえ事ではなかったろうが、できるだけおかしくまたいつまでも伝わるように、長短よろしきを得た語り方に、工夫《くふう》を凝《こ》らしたことは察せられる。実際またそういうよけいな事に苦労する者は、ついこのごろまでも田舎にはたくさんおり、むしろその話を書き留めておこうという人の方が、絶無ではないにしても、近世には少なかったのである。

四

それからなお二つ、やはり並はずれに利口な人が、計画してこしらえたヲコの話がある。これは時代の生活と関聯したことで、世を隔てるとだんだんわかりにくく、しかも大分に念入りなために、説明が長くなって半分しかおかしくないが、ともかくも盗賊以上に手強《てごわ》い相手方を、いとも無造作にへこましたという点がヲコなのであった。その一つは越前守為盛、六衛府《りくえふ》に納むべき大糧米を滞らせていたので、それをあてにした役人や兵士が、大挙して談判に来る。門前に幕を打ち床几《しょうぎ》を立て、出すまでは帰らぬという居催促《いざいそく》をもって責め立てた。折しも六月の炎天に咽《のど》も乾き、腹もへり切っている頃を見すまして、塩引《しおびき》・塩辛などのからい物をうんと食わせてから、李《すもも》の実を肴《さかな》にして酸《す》くなった酒を出す。その酒には牽牛子《けにごし》という下剤になる草の実を、すり込んでおいたということなどは（五）、ただの悪戯《いたずら》を通り越している。その結果がどうなったかは、きたなくてここに書けないが、とにかくにこれにはよわり切って、一人ずつ遁げて返り、それから以後は同じ方法をもって、物なさぬ国司を責め立てる風習は絶えたとあるからには、これは歴史上の出来事であったのだが、やはりその記録は六衛府の方にはなく、横着《おうちゃく》極まる越前守為盛、もしくはその下に働いていた何者かの口から、弘まった風説としか考えられぬ。こんな話を聴いても当時の人々は、義憤も起さなければ反感も抱かずに、ただげらげらと笑っていたらしいのである。この為盛の朝臣《あそん》は「いみじき細工の風流《ふりゅう》ある者の物いいにて、人咲《わら》わする馴者《なれもの》なる翁《おきな》にてぞありければ、かくしたるなりけり」と、『今昔物語』の中にも書き添えている。

けだしこの時代にはいろいろの口実を構えて、出すべきものを出すまいとする地方官が上にも下にも多く、ただの滞納だけでは珍しくも何ともなかったので、こういう奇抜な失敗だけが、話し方によっては笑われて永く伝わったのである。その一方の今一つの例としては、大蔵の大《たい》夫《ふ》清廉《きよかど》の猫ぎらいという話（三十一）がある。これはまた前の越前守の上を行くほどの横着者で、自身三ヶ国の大地主であり、富の力によって官位を得、大和の目代《もくだい》にもなっていたにかかわらず、言を左右に託して官物の納入を怠ろうとした。ところがこの男のたった一つの弱点は、猫が法外に嫌いであったことで、大和守輔公《やまとのかみすけきみ》という人がそれを利用し、ぎゅうぎゅうとっちめて即座に全額を差し出させた。前世は鼠《ねずみ》にてやありけむというほどの猫恐《ねこおじの》大夫であったばかりに、とても一筋縄では行かぬやつが、簡単に参ってしまった。それで『今昔』にはこういうのも嗚呼《をこ》の事といううちに算《かぞ》えているのである。

五

ヲコが今日いうがごとき馬鹿者のことでなかったことは、なお幾つもの証拠がある。たとえば尾張守某の大いに笑われた話（四）、この人はいわゆる良二千石《りょうにせんせき》であった。就任二年ならずして諸国の百姓雲のごとく集り来たり、尾張はたちまち吉《よ》き国になったとあるから、国史にも多分名を留《とど》めた人であろうが、たった一つの欠点は年を取り、かつまた都市の新文化に馴《な》れていなかった。この人任期の第三年目に、大嘗会《だいじょうえ》の五節所《ごせちどころ》の役を宛《あ》てられ、一生の晴《はれ》と心得て京に上ってその支度をしたが、調度用品何一つ欠くるところなきにもかかわらず、無骨《ぶこつ》で不馴れでおどおどとしているのがおかしいと、初めは遠くから嘲り笑っていた貴公子等が、後には近よって来てからかいまたおびやかす。国から連れて来た息子や娘までが、それに恐れて慌《あわ》てまわるところを、詳しく叙したのは読むも気の毒で、我々にはむしろ若い京官どもの軽薄を罵《ののし》りたくなるのだが、それでも最後にこの老いたる尾張守が独《ひと》り言《ごと》に、「また鬢《びん》のなきことは若く盛りなる齢に鬢の落ち失《う》せたらばこそ、嗚呼にも可咲《おかし》くもあるらめ、年の七十になったれば、鬢の落ち失せたらむはおかしき事かは云々」と、まじめに述懐する条まで来ると、時代を異にしてもやはり吹き出さずにはおられぬのである。けだし禿頭は古今を一貫した老翁の弱点であったろうけれども、人が冠を被らなければならなかった時代には、その不体裁はことに露骨だったのである。しかも数からいうとそんな頭をした人はあまりにも少ないので、当人がまじめであればあるほど、外からはいっそう笑われやすかった。すなわちここにまた第三種の、心からではないヲコの者というものが、存在せざるを得なかったのである。

　そう思って見て行くと、清原元輔《もとすけ》が落馬して冠を堕《おと》したという話（六）などは、おかしいながらになお哀れが深い。元輔は高名の歌人で、たしか清少納言の父であったが、やはり年たけてまで官途に仕えねばならなかった。ある年の賀茂《かも》の祭に、内蔵助《くらのすけ》で祭の使を勤めた時、一条大路に立ち並んだ物見車の前を過ぎんとして、馬が躓《つまず》いて真逆様《まっさかさま》に落ちた。すばやく起き上ったのを見ると冠は飛んでしまって、「髻《もとどり》つゆほどもなく、頭は瓮《ひらか》を被りたるようなり」とある。それがそのままつかつかと殿上人の車の前に近よって、言葉を尽して落馬のやむを得ぬわけを説明してあるいた。「冠の落つるは、物にて結うるものにあらず、髪をもてよく掻き入れたるに取らるるなり、それに鬢《びん》は失せにたれば露なし。されば落ちん冠を恨むべき様なし。またその例なきにあらず」といって、今までの落馬の例の著名なものを、幾つも幾つも指折り算《かぞ》えながらあるいた。「されば案内《あない》も知りたまわぬ近頃の若公達《わかきんだち》、これを咲《わら》いたまうべきにあらず。

咲いたまわん君たち返って嗚呼なるべし」と、すっかり言ってしまってから、冠を取り寄せて頭にのっけた。すぐにも冠を召さずしてどうしていつまでもあんな弁明をなされたかと、馬副《うまぞ》いの者が忠言すると、元輔の答えというのがまた振るっていた。「白事《しれこと》なせそおこと、かく道理をいい聞かせたらばこそ、後々はこの君たちは咲わざらめ。しからずは口賢き君たちは永く咲わんものぞといいてぞ渡りける」とあるが、それも果して真意であったかどうか知れたものでない。つまりこの人は「馴れ者の物おかしくいいて、人咲わするを役とする翁」だったのである。

（「芸術」一九四七年四月、『不幸なる芸術』一九五三年）

第八章　死者との交通

解題

柳田は平田篤胤《あつたね》派の神官であった父を通して、幼時より神道や国学について通じていた。中でも本居宣長《もとおりのりなが》から最も影響を受けたといってよい。宣長が創始した「古学」とは、仏教や儒教の影響以前にあった「古《いにしえ》の道」を探ることであった。しかし、柳田は、宣長がそれをもっぱら古典文献を通しておこなったことに対して批判的であった。「古の道」は眼前に残っている、と彼は考えた。民俗学は、柳田にとって、新たな「古学」の方法であった。

戦争末期に柳田は『先祖の話』を書いた。それは、彼がそれまで考えてきた神道あるいは固有信仰についての考察に決着をつけるものである。簡単にいえば、それはつぎのようなものである。人が死ぬと御霊が山の上方にのぼり、やがて他の御霊と融合して氏神となる、そして、子孫を見守り続ける。一方、生者は祖霊を祀るが、祈願などはしない。祖霊が確実に生者を見守ってくれることを信じているからだ。

しかし、柳田がこの時期、先祖信仰を論じたのは、たんにそれまでの議論を集大成するためではなかった。彼が目指したのは、当時支配的であった国家神道への批判であり、それはまた戦争を強行する国家への批判であった。ただ、彼はすでに日本の敗戦を察知していたので、『先祖の話』はむしろ、戦後に向けて書かれている。事実、この本は戦後に出版されたのである。柳田が望んだのは、日本人が敗戦後の社会を「死者とともに」再建することであった。これはたんに、死者を祀るという意味ではない。二度と戦死者を生みださないような社会を作るという意味である。しかし、戦後の日本はまもなく戦死者を忘却する方向に進んだのである。

神道私見　抄

また他の一方から見まして、今日のいわゆる神道が神社崇拝の宗教的方面を総括していると見ることも大きな誤りであります。なるほどその説いているところは、何の派の神道でもある程度までの説の統一があります。しかしながらその議論の内容を分析してみますれば、材料は常にはなはだしく不純粋なものでありまして、これを日本固有の思想に根ざしているものと見ることは、まず凝《こ》り固まりの連中でなければむつかしいのでございます。神道という言葉はもちろん非常に古くからありました。しかしその意味はいつの時代からか著しく変っているように思われます。最初のこの語の用法は、私どもがかくあらねばならぬと思う用法に近かったのです。しかしいかにもその表示法が幼稚であったのは事実であります。これを幾分か順序的にかつ学問的に説明しようと試みましたのは、なるほど伝教とか空海とかに始まると申しておりますのは臆説としましても、まずもって密教の曼陀羅《まんだら》思想に淵源していることは疑いがないのであります。この派の仏教はいずれの国に参りましても、その地在来の信仰を包容同化する力が非常に強かったもので、久しからずして日本の神を仏教の神にしてしまったのです。仏教の人々から吾々の祖先が受けた恩恵は小さいとは申されませぬが、日本の神様を仏教の天部《てんぶ》扱いにしたという点に至っては、今日においてもいかにも吾々の不承知とするところであります。智力の劣っていた我々の先祖も腑甲斐《ふがい》ないが、曼陀羅教理の包容力も恐しいもので、いかな神々も一朝にして仏法の眷属《けんぞく》のようになったのです。あなた方の前でたくさんの例を挙げますのはおかしゅうございますが、たとえば若狭《わかさ》の若狭彦・若狭姫二神のごときは、ある時重代《じゅうだい》の神官に向って、どうか早く神道の苦しみを免れたいから法味《ほうみ》を与えてもらいたい、すなわち仏教の有難味を受けたいという託宣があったと『類聚国史《るいじゅうこくし》』に出ております。よく法楽《ほうらく》とか法味とか申しまして、祭の日に神前で経を読むことがございました。しかして仏教に対する神様の地位は多くの場合には護法である。すなわち仏法を保護する霊界の有力者として尊敬せられ、僧侶よりは偉いけれども仏様よりは偉くない。僧と仏との中間の所に置かれたのであります。かくのごとく日本在来の神様が、普通人の推測で、法味・法楽を欲したまう、または神道の苦しみを免かれんとせられるというように見る傾向が人民の間に強くなりましたのは、やがてまた僧侶をして神社を祭らしめた制度の起原であろうと思います。そうなって参りますと、仏教の教理をもって神徳を説こうとする者が現われて来るのは自然の結果でありまして、これすなわちいわゆる本地垂迹《ほんじすいじゃく》の説の始めであります。

これにはまだいろいろの議論の余地もあるようでありますから、私は決して断定は致しませぬが、今日の意味の神道というものでは山王一実神道《さんのういちじつしんとう》がいちばん古くかつ有力であろうと存じます。しかしこれは北嶺日吉《ほくれいひえ》系統の神に限られておりまして、これに対立して南都においては春日宮に関聯ある興福寺の坊さんの神道、高野では天野の明神を対象とする高野の坊さんの神道というものが必ずあったろうと思います。私はそれを一つ一つ区別して申し上げる暇がないのではありませぬ、申し上げる力がないのであります。さてこれらの仏教から始まった神道に対し、伊勢は最初にこれに反抗して起《た》たねばならぬ地位にあったのでありますが、時世の力というものはよんどころないもので久しい間この一般的風潮に漂蕩《ひょうとう》せられておりまして、伊勢でも神様が寺を欲しいと仰しゃって建てたという寺なども近頃まで残っておったのであります。後年度会延佳《わたらいのぶよし》などの学者はひそかにこれを憤慨していたのでありますが、しかもその学説を見ますると著しく仏教教理の影響を受けております。山崎闇斎《あんさい》の一派などは、吾々の観るところでは、つまり一の反動であります。江戸時代の初めには種々な神道の派がありましたが、いずれも真言の筋を引いておらぬとすれば、陰陽家の信仰に感染しておりました。そんなものの中にあっては、一闇斎派は幾分か議論が純粋だというだけで、要するに仏教に説き立てられて閉口した揚句《あげく》の、一の反動に過ぎないと思います。吉田家の神道などもやはり非常に外部の影響を受けておりまして、自分では宗源《そうげん》神道などと、これが日本固有のものであるごとく常に説いておりましたが、その思想から様式から、たくさんに不純粋な部分を含んでおりました。我々は幸いにして物好き道楽に学問をしておらぬのでありまして、こういう詰らぬ問題には、あまり費すべき力を有《も》たなかったのであります。

さてかくのごとく、神儒仏の調和というような、まことに不徹底で形式的で、ある程度で止めたようなコムプロミッスの議論に、世人の心持がほとんど厭《あ》き果てたと思われた時分に、始めて起ったのは、平田篤胤《あつたね》翁で完成したいわゆる四大人の努力であります。荷田《かだ》翁以来おいおいと進んでいた機運が、平田翁の書物において初めて系統的主張となって現われたのでありま す。平田の神道はでき得る限り外国の分子を排除するばかりでなく、さらに進んでこちらから侵略的態度に出で、天竺の神も大己貴《おおなむち》、少彦名《すくなびこな》であるとか、支那の大乙神も高皇産霊尊《たかみむすびのみこと》の御事であるというようなことを言って、空なる世界統一論者に悦《よろこ》ばれました。この派の学者たちが『延喜式』以前の書物に現われている古代の思想のみをもって、新たなる一神道を打ち立てようとした努力は非常に大きなもので、もちろん今日かの徒が持っている声望に値するものでありましょうが、しかも要するにこれもまた闇斎以下の雑然たる江戸時代の神道説に対する第二の反動に過ぎないのであります。今一段進んで申しますれば、古書その他外部の材料を取って現実の民間信仰を軽んじた点、村々における神に対する現実の思想を十分に代表しなかったという点においては、他の多くの神道と古今その弊を一にしているのであります。この派のみが特に真の神道だということは申しにくかろうと存じます。この事実は著しく基督教のセオロジーと異なっている点ではないかと私は思います。闇斎一派はもちろんのこと、江戸大阪の市中に住んでいた多くの神道家などは、常に普通の神官を罵倒しまして、また彼等からは敵として恨まれておりました。もっとも神官にしてたまたま神道家の門を叩《たた》いた者もありましたが、これはいわば野心家であって、非常に篤学な心掛けの好い人のごとく、その派からは賞讃せられておりますけれども、これは真宗の歴史で禅宗や天台宗から改宗した僧を特に聖徳の列に置くと同じような身勝手でありまして、後世になって書物ばかりから昔を辿《たど》る場合には、学者と無学者との喧嘩《けんか》は必ず無学者の敗北と見えるのは常の事でありまして一歩を退いてその時代時代の社会思想を推測致しまするに、要するに神道の学者というものは、不自然な新説を吐いて一世を煙に巻いた者であります。決して日本の神社の信仰を代表しようとしたものではありませぬ。その結果としてあれほど競い起った種々の神道も、世が改まれば根絶してほとんど跡を止《とど》めず、その書物は坊間《ぼうかん》にあり余っても読む人もありませぬ。しこうしてひとり終局の勝利を得たのは、明治になって神祇官が代表していた平田派の神道、あるいは国学院派とも称すべき神道でありますが、これとてもある時代が来たならば雲散霧消せぬものとは断定はできず、また今日この派の立脚地が神官選の制度にあるもので、言わば人為的のものだということは争われないのであります。のみならず現在すでに同じ神道という中にも、古い書物にも書いてないような神様を拝しているところの天理教とか、もしくは金神様《こんじんさま》をもって唯一の本尊としている金光教《こんこう》のようなものが競争者として出現し、とうていその統御を甘んじ受けず、その他にもいろいろな異信仰が四方から叛旗を上げ、せっかくの覇業もすでに鼎《かなえ》の軽重を問われ始めたのであります。

元来『日本紀』の神代巻や『古事記』『旧事記《くじき》』などで民間の神様を説明しようという風は、必ずしもいわゆる平田派の系統に始った事業ではないのでありまして、古いところを見まするど、度会延佳の『神名帳考証』を読みましても、もしくは尾張から出た『神祇宝典《じんぎ》』を見ましても、また京都の吉田家の事務員が諸国に行って、お前の所の神様は何々命《みこと》であるという説明をしたのを見ましても、すべて祭神の名は古典の中に一箇処でも現われていないものは言わぬという方針であったように見えます。現に『延喜式』の神名帳の時代にすでに祭神を知らなかったればこそ、某処坐神《にますかみ》と所在地のみを挙げておりますのを、ごく微《かす》かに言語の類似でもあればただちにその祭神を何々命なり、何々神の子というように神系図に入れる、これが『神祇宝典』以前からの常套《じようとう》手段でありまして、決して新しいことではありませぬ。しかしながら古い時分の学者は無学のために附会が多かった。ちょうどある日本語がある希臘《ギリシヤ》語に似ているというので、日本人は波斯《ペルシヤ》人の末であるというものと同じように、半分か四分の一ほど似通ったところがあると、この神は神代巻のこういう御方であるというように、何でも古い歴史に出ていないものは神様でないとしていたのであります。これに比べては平田門下の人々には学者が多く、古書をよく読んだ頭脳の良い人が多かったため、しばしば昔の考証の誤りを正し、人が鈍なことを言うた時にこれを嗤《わら》うことが上手であったので、だんだんにその旧式の説明が完成して来たのであります。この点もまた一応は敬服しなければならぬ。考証の方法と材料との改良はとにかくそれだけの功績はある。またそれが学問上の真理であったかどうかは実際家の問うところではなかったとすれば、日本の神様はいかなる孤島の松の蔭、深山の岩の上に安置する神様でも、ことごとく皆神代史中の大人格を景慕し崇敬したのだという説は、単に尚古派愛国者の耳に快かったのみならず、維新事業の遂行に声援したことは大で、第二義諦としては確かに成功と言うことができるのです。

しかしながらこの派の神道の社会上の功績を挙げる時には、同時にまた学術上の罪過をも問わなければならぬ。吾々の見るところでは、いわゆる平田派の神道というものは、ごく危ない二つの仮定を基礎として立っている。その仮定と申しまするのは、一つは『延喜式』時代までの千五百年間には日本の神道にはなんらの変遷がなかったということ、第二にはその後の八九百年間には非常に激しい混乱があったということ、この二つの仮定を立脚地としているのであります。神様を建築物すなわち今日の社の中で祭るという風習は奈良朝前後からだんだん盛んになったものであることは、簡単な『六国史《りっこくし》』の文面からでもこれを推測することは困難でないのにかかわらず、『延喜式』にある神の社はもっぱら神代巻中の神を祭るものというように見てしまい、延長五年の頃までは、『古事記』『日本紀』に現われた通りの思想をもって神に仕えて来たものと解し、また神話の中に一度以上見えた神でなければその時代までは人が神様と考えていなかったというように断定してかかったので、これと同時に一方では『延喜式』以後今日までの八九百年間の氏子等は、読めもせぬ仏書や儒書の影響を受けて、ほとんど本《もと》の意を忘れてしまい、今行われている儀式や信条は、大部分昔のそれに取って代った新輸入品のように考えていたようであります。私は実は実父が中年から改宗した神官でありまして、いわゆる古学の最も追随者でありましたから、幼年の時分からいわゆるトックニブリ（外国風）とノチノヨブリ（後世風）との必ず改むべきものであることを十二分に聞かされた者でありますが、近頃になって次第に心付いてみますると、外国風の感化が日本を席巻《せっけん》したことはなるほど事実でありますが、これはむしろ『延喜式』よりもはるか以前、あるいは『書紀』の編纂よりもさらに前の時代をもって絶頂と見なければならぬかも知れませぬ。京都の文明が赴任する地方官の手によって遠国にも運んで行かれたものとすれば、名ばかりの地方官が京都から外に出なかった『式』以後の分権時代においては、比較的普及伝播《でんぱ》が昔よりも遅くかつ狭かったと見なければならぬ。従って外国風の感化を『延喜式』以後の特長であるかのごとくに見る仮定には、まず一つの疑いを容れ得るのであります。第二の後世風という点に付いても、新派の神道は二つのなすべき準備研究を欠いております。その一つは、民間の因習なるものは果して前代の学問のように普及方法の不完全な知識によって左右せられ得るものであるや否やの研究、次には今日地方の口碑《こうひ》ないしは行事の中に残留しているいわゆる中世以後の思想には、上代の記録の中にその原形または共通の形を見出することのできるものが果してはなはだ少ないか否かという研究であります。この準備研究を怠りながら、我々の近い祖先たちが滔々《とうとう》として後世風のために浸染せられおわったと断定して来たのはいかにも不親切であると思います。しかるにこの第一の問題は、幸いに新しい時代となって、必ずしも日本で根柢《こんてい》から究め尽さずともどこの国でも一般的に研究する問題でありますゆえに、移してこれを他山の石とすることができます。たとえば欧羅巴《ヨーロッパ》の前代信仰があれほど有力な基督教の支配の下にあってすら、いろいろの仮托的説明をもって、いわゆる異教時代の思想もしくは生活様式を今に伝えているということなどは、すでに十二分に証拠立てられた事実でありまして、その結論として民間の習俗などはそう容易《たやす》く消え失せるものでないということが、まず一般的に認められたと言ってもよかろうと思います。しかもこれは決してある一国の特有現象でもなく、また基督教欧羅巴に限られたある原因があったのではないのです。そうすれば吾々もこの論断を、全部とは申しませぬ、ある程度まで採用して説明をしても差支えなかろうと思います。ところが第二の問題すなわち日本の近世思想の根源いかんに関しては、不幸にして今日まで特にこれが討究を企てた人がないのであります。ここにおいてか自分が衷心より景慕の情を表せざるを得ぬのは伴信友《ばんのぶとも》であります。伴翁は平田翁と同じ時分に世に出て、同じような学風の中に浸っておられながら、しかもその研究の態度は別であった。どうしても解釈のつかないことはこういう事実があるが理由は分らぬ。またはこの点はこうかも知れぬが確かには言えないという風で、断定を避けてもっぱら材料の蒐集に心を用いられた。これはおそらく新信仰の伝播ということをやらなかったから、すなわち今日の意味における神道の人でないゆえにそういうことができたのでありましょう。闇斎以下の神道家のごとく強い意思をもって、人にも自分の新説を信ぜしめようという者は、こんな左顧右眄《さこうべん》の態度で反対の材料をも大切に持って歩いては功は挙がりませぬ。従って当然の事でありますが、平田翁の筋から神道を学んだ人々は、稀《まれ》には民間の伝承に深い注意を払うような人でも、すこしでもその派の説と衝突することがあるとただちに中世仏者の造説であろう、鄙人《ひなびと》の聞き損じであろうと断定します。彼等が普通に遣います言葉は、「こは例のさかしらなることうつなし」こう言って弊履《へいり》のごとく捨てております。慣習や伝説の類は右のごとくにして盛んに葬られ去りましたけれども、それでもだんだんに、信友翁などの感化でありましょう、それから黒川春村翁などの力もありましょう、後期神道家の記録の中に明治の初めまでに地方的に蒐集せられたものが相応に残っております。中には根柢からなくなりまたは今日は大いに変化しているものもありますが、わずかに保存せられた分だけでも、今日の信仰が後世風の悪結果ではなくして、大昔からの原《もと》の形であることを主張する者に、好い証拠材料を供している例がいくらもあるのです。たとえば神様に生米・生魚・生大根というような、ほとんど吾々が受けても迷惑するようなものを供えているのは、明らかに明治の初めから始まった作法だと思いますが、これとても五十年も経ちますと昔からの仕来りのように人が考え、少なくともいろいろな証拠を持って来て長い論弁をせねばならぬことになるかも知れませぬが、幸いにまだ今日のところでは実例も多くなしまた前申すような記録もあって、大昔からつい近頃まで、神には常に調味した食物をさし上げるのが固有の日本風だということが分るのであります。

（「丁酉倫理講演集」一九一八年一、二月、『神道私見』一九一八年）

日本の祭　抄

学生生活と祭

一二

＊

神社は宗教でないという、政府の年来の解釈に対しては、実は自分なども元ははなはだ不服であった。しかし日本の祭を近よって見て行くと、何か普通の宗教の定義以上に、さらに余分のものがあったことを認めないわけには行かない。けだし天然または霊界に対する、信仰というよりもむしろ観念と名づくべきものを、我々は持っていた。それが遠く前代に遡《さかのぼ》って行くほどずつ、神と団体との関係は濃くなり、同時にまた祈願よりも信頼の方に、力を入れる者が多くなっている。神が我々の共同体の、最も貴い構成部分であり、従って個々の地域の支配者と、一体をなしているという考えはよく窺《うかが》われる。神道の教理にも後世の変化がいろいろあって、現在は村々の神社は神代巻以来、何かの記録に出ている神様を祀《まつ》るということになっているが、それはおそらくは卜部《うらべ》氏の活躍以後の現象で、少なくとも国民個々の家だけは、先祖と神様とを一つに視ていたかと思われる。神を拝むということが我々の生活であり、また我々の政治であるという考え方は、たとえ今日はまだ私たちだけの独断だとしても、必ずしもそう軽々に看過してよいような説ではない。かりに神職家に持ち伝えた記録からは立証することができなくとも、少なくとも我々が自分自分の持っている感覚の中から、行く行くはこれを明らかにし得る望みはあるのである。いわゆる神《かん》ながらの道は民俗学の方法によって、だんだんと帰納し得る時代が来るかも知れない。

一三

私等が大学の繁栄と学者の増加とによって、あるいは断絶してしまうかと恐れている日本の伝統は実はこういうところに潜んでいるらしいのである。幸いなことには婚姻や労働とはちがって、神祭だけには諸君も経験があり、また楽しい記憶と取止めのない好奇心を抱いている人が多いのみか、あるいは一種の「語りたさ」をさえ持っている人があると思う。私はそれを一つの足掛りとして、実はこの講義を続けてみたいのである。これが国として大切な問題であることは、貴賤老若一様に認めているにもかかわらず、その変遷があまりにも遠い上古に始まり、また地方的の利害が区々《まちまち》であったために、いかほど熱心に旧《ふる》い事を記憶している人があっても、一つの土地だけの知識では説明にならない。国または民族としての総体の経過を辿《たど》るには、やっぱり我々の比較方法によって、あらゆる境涯と階級とにあるものを集めかつ排列してみて、次々新たに加わったものを取り除《の》けて、しまいに固有または原始と言ってよい元の形を見出すの他はないのである。

民俗学という学問は西洋の方でも、最初は基督《キリスト》教化以前の信仰状態を、探り出すのをもって主たる目的としていた。教会が設立せられ聖者たちが来て住んだということは、必ずしも全土を耶蘇《ヤソ》の宗教にしたのではなかった。古い信仰のいろいろの残留が、その中に埋もれていて、それを集めて比較してみれば、元の姿が窺われるということは我々と同じであった。ただいかんせん欧羅巴《ヨーロッパ》人の研究は、その目標とするものがあまりに遠い。いちばん遅く改宗した北辺のスカンジナビヤでも、西暦十世紀にはもう基督教化した。それから以後も実はなお異教国だったと言えば、承知をせぬのみか怒る人さえ多いのである。従ってその研究は言わば考古学的で、一つの発掘せられた破片からでも、全体を推定するの他はなかったのである。これに反して我々日本人の疑問は今の世のものであり、その材料もまた眼前に満ち、痕跡でもなければ残存でもない。生きた証人というべき者さえたくさんにいる一方には、この我々の研究はこれから進んで行く実際社会のためにも必要なのである。これがもし面白くない結果に導かれるようだったら、我々はかなり仕事がしにくくなるだろう。ところが大きな幸いはこの問題が判って来るほどずつだんだんと日本人の生活は明朗になるのである。まったく偶然の事だが、今までの独断者流の当てずっぽうな説に、後から証拠をもって行ってやることのできることが幾つかある。そうしてまた彼等から邪魔もの扱いにせられそうな結論はあまり出て来ぬのである。だから我々は最も心おきなく、日本神道の原始形態を、全力を尽して尋ね求めることができる。私の講義は多分その片端にしか触れられまいが、少なくとも一つの門だけは開かれたのである。そっと覗《のぞ》いてみるくらいの好奇心は諸君の方にもあってよかろうと思う。

＊

参詣と参拝

＊

一二

最後にこれは民俗学の範囲外であるが、日本の祭を考えてみようとする諸君に、このついでをもって語っておきたいことが一つある。諸君の境涯は、前人のあらゆる好き経験《よ》を習得し、久しく世に隠れていた法則の発見から、最初の恩恵を受けるのみならず、さらに人生の今後の変化についても、最も確実に近い見透しを付ける術を学ぶことを許されている。かりに寸分の迷いも誤りもなしに、今から一生の計画を立てて進もうとする人が、この中にあったとしてもそれは少しも意外でない。むしろそうあるべきを私も期待している。しかしその技術を公有とし、ないし同胞の誰にでも伝授し得るものとせぬ限りは、まだまだ諸君と同じ条件に恵まれない者が、ちがった科学以外の方式によって、その生活上の不安を処理しようとするのを、軽蔑する権利などはない。少なくともこれを普通とする根本の考え方を、あらまし理解した上でないと、批評をしたつもりでも実は批評にはなっていないのである。

我々日本人の固有信仰は、昔から今に一貫して、他には似たる例を見出さぬほど、単純で潔白でまた私のないものであった。欽明《きんめい》天皇の十三年、仏像経巻が進献せられてよりこの方、大小さまざまの宗教は次々に、外から入って来ればまた国内にも結成せられて、それを信じた人の記録ばかりが、いやが上にも積み重ねられているが、しかも彼等の側から見て、不信者と呼ばなければならぬ人の数は、いつの時代にも非常に多かっただけでなく、一方にはまた全国の隅々に及ぶまで、児が生まれて産屋《うぶや》の忌が晴れるや否や、まずうぶすなの御社を拝みに詣ることと、秋ごとの収穫の終りに際して、村を挙《こぞ》って氏神の祭に、一年の歓喜を傾け尽すこととの二つだけは、ほとんど例外もなしに現在もなお持続しているのである。この一見奇異に近い併立両存の現象が、果して国教の本質に基くものでなく、すべて外来布教者の勧説《かんぜい》智術、ないしは解釈の拡充のみによって、可能になったと言い得るか否かは、夙《つと》に日本の宗教史学の、答えていなければならぬ重要な課題であった。これがわかっていたならばせずともよかった論諍《ろんそう》に、あるいは大分の力が費されていたようにも想像せられる。ぜひとも今からでもこれを明らかにしようと努めなければならぬ。

方法は必ずしもそう困難なものでないと思う。最初にまずめいめいが子供の頃から、もしくは現存の年長者たちの、ただ神様といっているものが、何をさしているかを考えてみるがよいのである。何神どこの神と名を呼ぶのはいろいろあっても、村には神の森または御宮といって通ずるものは一つしかなかった。二つ以上の門党が合同して大きな祭を営むようになって、特に鎮守《ちんじゅ》という言葉も生まれたけれども、これは漢語だから新しい名称である。女や年寄には依然として、氏神またはうぶすなという名が親しみを持ち、それがまた各郷土の信仰の、争うべくもない中心であった。いわゆる神せせり・仏いじりの盛んな人たちでも、これと方々の堂宮との内外の区別はおのずから心得ている。たとえば神を祭るには必ず神主がなければならぬということは、一方では当然の常識であり、他の一方ではこれがないのを普通にしている。すなわち誰でも随意に私祭をして、怪しむ者のなかった各地さまざまの社や祠や御堂の他に、別に古来の慣行の通りに定まった人が奉仕しなければ、祭とはいうことのできぬ神様のおわしますことを、口にこそ出さぬが認めない者はなかったのである。その二つの境い目が制度と経済事情の変化とによって、このごろ紛らわしくなりかかっているのである。読みきれないほどたくさんの書物は世に出てはいるが、まだこの最近の沿革を明らかにしたものがない。ひとり「日本の祭」の観察ばかりが、案外容易にこの隠れたるものを心付かせてくれるのである。

近世以前の信仰生活は、今と比べるとはるかに孤立していた。人は遠い旅行をせず、村と村との間も隔離して、むしろ対立する場合が多かった。神を奉じて新たに移住する者以外に、乙が甲から学ぶという機会はなかったのみならず、今でも四国九州と東北地方との間などには、そういう接触の可能なほどの交通は行われていない。それでいて神祭の方式だけは、注意して見ると数々の一致を保存しているのである。これは我々の高祖が最初一つの炉の火にあたり、一つの泉の水を掬《く》んで飲んでいた者の分れであり、しかもいつまでも昔の感動を、大切に伝えていた結果とより他には、解釈のしようもない大きな事実なのであるが、不幸なことには今まではそれに気が付く人がなかった。その代りにはいったんそれに気が付けば、その印象は新鮮にしてかつ強烈である。諸君のごとく無心淡懐に、新たに人生の事実に目を瞠《みは》ろうとする人々を、聴き手として私が歓迎する理由もまたここにある。

言語を唯一の表現様式として、社会行動を会得しようとする現代人にとっては、実は日本の祭はやや静か過ぎる。ほかの神々を拝む折には、縷々《るる》と心の願いを陳述し、時としては堂々たる願文をさえ納めようとする人たちが、自分の祭となるとただ黙然と式の庭に参列して、千年以前の古文辞をつらねた、少しも理解のできない祭の詞《ことば》を謹聴している。そうしてただ数滴の神酒《みき》をいただいて欣《よろこ》んで退出し、まず祭はすんだという楽しげなる顔をしているのである。見物と称する皮相の観察者には、これでも祭かという疑いが起るであろうし、あるいはまた日本では祭というものが、すでにこのような祈願も感謝もないただの一つ儀式になっているかというような、とんでもない推断を下す者もないとは限らぬが、私だけはこれが前々からの常の姿であって、退化でも何でもないばかりか、むしろ近代に入って、これを幾分か物々しくしようと試みた形跡さえあると思っている。ちょっと考えてみても判るように、祭が滞りなく終ったということがこれほどまで嬉《うれ》しく、よくよく悪い年でも祭をせずに過すことはできず、遠くに出ている者までが日を算えて、必ず還って来るほどの祭である。それが内部の切なる要求もなく、また精神上の大きな効果もなしに、ただ因習の力だけで持続しているはずはない。簡単な語をもって説明するならば、つまりは我々は言挙《ことあ》げをしなかっただけである。神は人よりもはるかに詳細に、家々の昔を知っておられる。個々の氏人は産屋を出た当日に、もう神様に御目通りをしている。彼等何をこいねがい何を期待しているかは、あるいは本人よりも正確に、神様は知っておられるので、普通の人情から推せば、むしろ外来の神に対するように、今さら事新しい名のりをせず、単に物忌の条件を守って黙って慎み深い拝礼をしているところに、無限の信頼の意が汲み取られると思っているのであった。よそほかの宗教を見ても、神と人との約束は常に信仰の根柢《こんてい》であるが、わが邦においてはそれが極度に強く久しく、尊い親しみにさえ化していたのである。神が祖霊の力の融合であったということは、私はほぼ疑っておらぬのであるが、それを立証しようとすると議論になり、また幾つかの例外を説明しなければならぬので、ここではその点はかりに未定としておこう。しかし少なくとも神の恩愛と同情とは、先祖が後裔《こうえい》に対すると近いものであり、同時に神子神孫の嫡流をもって神主とし、祭をその人の代表に委ねて、他の一類の者が安心しきっていたことは、昔も多くの重い記録があり、近世にもその例の乏しきを患《うれ》えない。国の固有の制度は信仰も政治経済も、すべて互いに相牽聯《けんれん》して発展している。これが国外から後に導き入れたものとの、最も明白なるちがいであって、何も事新しく政《まつりごと》は祭事だという点だけを、強調する必要はなかったのである。

（『日本の祭』一九四二年）

先祖の話　抄

六四　死の親しさ

どうして東洋人は死を怖れないかということを、西洋人が不審にし始めたのも新しいことではないけれども、この問題にはまだ答えらしいものが出ていない。怖れぬなどということはあろうはずがないが、その怖れにはいろいろの構成分子があって、種族と文化とによってその組合せが一様でなかったものと思われる。生と死とが絶対の隔絶であることに変りはなくとも、これには距離と親しさという二つの点が、まだ勘定の中に入っていなかったようで、少なくともこの方面の不安だけは、ほぼ完全に克服し得た時代が我々にはあったのである。それがいろいろの原因によって、だんだんと高い垣根となり、これを乗り越すには強い意思と、深い感激との個人的なものを必要とすることになったのは明白であるが、しかも親代々の習熟を重ねて、死は安しという比較の考え方が、群の生活の中にはなお伝わっていた。信仰はただ個人の感得するものではなくて、むしろ多数の共同の事実だったということを、今度の戦ほど痛切に証明したことはかつてなかった。

ただしこの尊い愛国者たちの行動を解説するには、時期がまだあまりにも早過ぎる。その上に常の年の普通の出来事と、並べて考えてみるのは惜しいとさえ私には感じられる。よってこれからさきはもっぱら平和なる田園の間に、読者の考察を導いて行くことにしようと思うのである。日本人の多数が、もとは死後の世界を近く親しく、何かその消息に通じているような気持を、抱いていたということには幾つもの理由が挙げられる。そういう中には比隣《ひりん》の諸民族、ことに漢土と共通のものもあると思うが、それを説き立てようとすると私の時間が足りなくなる。ここに四つほどの特に日本的なもの、少なくとも我々の間において、やや著しく現われているらしいものを列記すると、第一には死してもこの国の中に、霊は留まって遠くへは行かぬと思ったこと、第二には顕幽二界の交通が繁く、単に春秋の定期の祭だけでなしに、いずれか一方のみの心ざしによって、招き招かるることがさまで困難でないように思っていたこと、第三には生人の今わの時の念願が、死後には必ず達成するものと思っていたことで、これによって子孫のためにいろいろの計画を立てたのみか、さらにふたたび三たび生まれ代って、同じ事業を続けられるもののごとく、思った者の多かったというのが第四である。これらの信条はいずれも重大なものだったが、集団宗教でないために文字では伝わらず、人もまた互いにその一致を確かめる方法がなく、自然にわずかずつの差異も生じがちであり、従ってまたこれを口にして批判せらるることを憚《はばか》り、なんらの抑圧もないのにだんだんと力の弱いものとなって来た。

しかし今でもまだ多くの人の心の中に、思っていることを綜合してみると、それが決して一時一部の人の空想から、始まったものでないことだけは判るのである。我々が先祖の加護を信じ、その自発の恩沢に身を打ち任せ、特に救われんと欲する悩み苦しみを、表白する必要もないように感じて、祭はただ謝恩と満悦とが心の奥底から流露するに止《とど》まるかのごとく見えるのは、その原因はまったく歴世の知見、すなわち先祖にその志がありまたその力があり、また外部にもこれを可能ならしめる条件が具わっているということを、久しい経験によっていつとなく覚えていたからであった。そうしてこの祭の様式は、今は家々の年中行事と別なものと見られている村々の氏神の御社にも及んで、著しくわが邦の固有信仰を特色づけているのである。少なくとも二つの種類の神信心、すなわち一方は年齢男女から、願いの筋までをくだくだしく述べ立てて、神を揺《ゆさ》ぶらんばかりの熱請を凝らすに対して、他の一方にはひたすら神の照鑑を信頼して疑わず、冥助《みょうじょ》の自然に厚かるべきことを期して、祭をただ宴集和楽の日として悦び迎えるものが、数においてはるかに多いということは、他にも原因はなおあろうが、主たる一つはこの先祖教の名残だからであり、なお一歩を進めて言うならば、人間があの世に入ってから後に、いかに長らえまた働くかということについて、かなり確実なる常識を養われていた結果に他ならぬと私は思っているのである。

＊

七七　生まれ替り

顕幽二つの世界が日本では互いに近く親しかったことを説くために、最後になお一つ、言い落してはならぬのは生まれ代り、すなわち時々の訪問招待とは別に、魂がこの世へ復帰するという信仰である。これは漢土にも夙《はや》くから濃く行われている民間の言い伝えであり、仏教はもとより転生をその特色の一つとしているのだが、そういう経典の支援があるということは、必ずしも古くあるものの保持に役立たず、かえって斯邦《しほう》だけに限られているものを、不明にした嫌いがないでもない。書物を読んでいるといずれの国の事か判らず、そっくり持って来ても通用しそうな話ばかりが多いが、なお眼の前の社会事象の中には、差別を立て得る資料が、少々は伝わっていそうに思われる。一つの要点は六道輪廻《ろくどうりんね》、前生の功過によって鬼にも畜生にも、堕《お》ちて行くという思想は日本にはなく、支那があるいは輸入国ではなかったかとも見られる。

わが邦では人の霊が木に依り、巌を座とするのは祭の時のみで、物にもそれぞれのタマはあると見ていたが、それが人間の方から移って行ったということを、考えている者は今でもそう増加してはいない。それから修行の累積をもって、だんだんと高い世界に進み得るということ、これは私のいうみたまの清まわり、すなわち現世の汚濁から遠ざかるにつれて、神と呼ばれてよい地位に登るという考え方とは、同じものでないと思うわけは、前者はいかなる世界へでもなお個人格を携えあるくのに、こちらはある期間が過ぎてしまうと、いつとなく大きな霊体の中に融合して行くように感じられる。この点は私の力では保障することができぬが、ともかくも神と祭られるようになってからは、もはや生まれ替りの機会はないらしいのである。

これらは消極的な否認に過ぎぬから、証拠が出て来ればまた言い方を更《か》えなければなるまいが、一方にはもっと具体的に、今なお国民の間にほぼ認められている諸点は、いずれもよその国とかなりちがっている。その一つは生きている間でも、身と魂とは別のもので、従ってしばしば遊離する。それが一種の能力のようなもので、成長してからも魂がひとり遠く行き、用を足して来るという人が折々はあり、ことに死に先だって逢いたいと思う人を訪れるという話は多い。夢に飛びあるくと見ることのできる人を、仙北では飛びだましといい、死前に人を訪うものを津軽ではあま人と呼んでいて、いずれも一方にはそれを見る力をもった者が、職業の徒以外にもあった。東北以外でもこの話はよく聴くが、今では皆これを死後の霊に限るごとく考えているのは、一つの変化であろう。

しかしだいたいにおいて魂の生身を離れやすいのは小児であり、それを防ごうとする呪法も数々あったのみならず、小児にはさらに魂のまだ入り込まぬ時期があるとさえ考えられていた。中国の各地では宮参りの日に、魂を産土神《うぶすながみ》に入れてもらうといい、またはその日の御神楽《おかぐら》の太鼓の音によって、赤子に性根が入るとも、魂を授かるとも信じている村々は多い。すなわち魂は土地の神の管理したまうものであって、体はそのために始めて大切なものになることは、ちょうど仏像の入眼と同じく、現にまた船でも家でもまた祭の日の神輿《みこし》でも、すべてウブを入れるウツツを入れるなどと、宮参りの小児の場合と、同じ言葉を用いているのである。人を神に祀《まつ》るという信仰のもとは、もうこの時から備わっているので、順次に進級して行くのではなかったようにも考えられるが、この点はまだ明らかに言い切ることが私にはできない。

七八　家と小児

日本の生まれ替りの第二の特色と言ってよいのは、魂を若くするという思想のあったことである。小児の生身玉《いきみたま》はマブリともまたウブともウッツとも呼んでいたらしいが、これは年とった者に比べると、身を離れて行く危険の多かった代りに、また容易に次の生活に移ることもできて、出入ともにはなはだ敏活なように考えられていた。沖縄諸島では童墓《わらべばか》と称して、六歳以下で死んだ児のために、別に区劃をした埋葬地ができていた。近畿、中国においても児三昧《こざんまい》、または子墓という名があって、やはり成人とはやる処を異にしていた例が多い。葬りの式もいろいろの点でちがっていた。必ずしもまだ小さいから簡略にするというのでなく、佐渡ではかわった形の花籠《はなかご》を飾り、阿波の祖谷山《いややま》では舟形の石を立てる。対馬《つしま》の北部などでも仏像を碑の上半に彫刻して、それを彩色したものが小児の墓であった。関東、東北の田舎には、水子にはわざと墓を設けず、家の牀下《ゆかした》に埋めるものがもとは多かった。若葉の魂ということを巫女などはいったそうだが、それはただ穢《けが》れがないというだけでなしに、若葉の魂は貴重だから、早くふたたびこの世の光に逢わせるように、なるべく近い処に休めておいて、出て来やすいようにしようという趣意が加わっていた。青森県の東部一帯では、小さな児の埋葬には魚を持たせた。

家によっては紫色の着物を着せ、口にごまめを咬《くわ》えさせたとさえ伝えられる。ちょうど前掲の立願ほどきとは反対に、生臭物《なまぐさもの》によって仏道の支配を防ごうとしたものらしく、七歳までは子供は神だという諺《ことわざ》が、今もほぼ全国に行われているのと、何か関係のあることのように思われる。津軽の方では小児の墓の上を、若い女を頼んで踏んでもらう風習もある。魚を持たせてやる南部の方の慣行とともに、いずれも生まれ替りを早くするためだということを、まだ土地の人たちは意識しているのである。

この再生が遠い昔から、くり返されていたものとすれば、若い魂というものはあり得ない道理であるが、これは一旦《いったん》の宿り処によって、魂自らの生活力が若やぎ健やかになるものと、考えていた結果と推測せられる。七十八十の長い生涯を、働き通して疲れ切った魂よりも、若い盛りの肉体に宿ったものの方が、この世においても大きな艱苦《かんく》に堪え、また強烈な意思を貫き透すことができる。それがまだ十分にその力を発揮せぬうちに、にわかに身を去れば残りの物はいずこへ行くとするか。こういうこともきっと考えられたものと思う。時代が若返るということは、若い人々の多く出て働くことであった。若さを美徳としまた美称とした理由は、日本の古い歴史ではかなりはっきりとしている。おそらくは長老の老いてくたびれた魂も、できるだけ長く休んでふたたびまた、溌剌《はつらつ》たる肉体に宿ろうと念じたことであろう。その期限というものがとぶらい上げ、すなわち三十三年の梢附塔婆《うれつきとうば》が立てられる時と、昔の人たちは想像していたのではなかったかと思う。

七九　魂の若返り

甲州では五十年目の年忌に、柳の木を幹のまま片端を少し削って、草木国土悉皆成仏などと書いたものを立て、これを柳塔婆といっていた。この木がたまたま根づくことがあると、それはほとけの生まれ替った験《しるし》だと見る風もあった。富士の東北麓の忍野《おしの》という村では、夢のうちに死んだ人と言葉をかわしたと見れば、それはその人がどこかで生まれ替っている証拠だといったそうである。それは多くはとぶらい上げよりも早い頃かと思うが、ともかくも霊がいわゆる賽《さい》の川原を越えて、清い御山の頂上へは登らぬ前に、この転生ということが想像せられ、その行く先は人間界の、しかもこの一つの民族の間というように止まらず、尋ねれば尋ねて行かれる近い処であるように、考える人が多かったのである。

誰でも知っている話は、愛児を失った親や祖父母が、どこへ生まれて来るかを知りたいと思って、腕や手掌《てのひら》に字を書いておくと、それが今度の児に必ず顕《あら》われて、前の児の墓の土でこすらぬと落ちない。それである大名長者の家から、内々で墓の土をもらいに来たというような奇事を、事実のように語り伝える者もあった。もちろんこれは一種の説話であり、種は外国だと言っても当るか知らぬが、とにかくに人が知らずにしまっては我々の生まれ替りにはならなかった。あるいは第三の特徴として、最初は必ず同一の氏族に、また血筋の末にまた現われると思っていたのが、わが邦の生まれ替りだったかとも想像せられる。その痕跡もまったく消え失せてはいない。神奈川県の三浦半島などでは、いせき（跡取）は先祖の生まれ替りといっていた。それほど概括してでなくとも、この児は誰さんの生まれ替りだと、みんなでそういうので自分もその気になっている者がある。顔か気質かに似たところが著しいと、双方を知った人がついこれを説き、遺伝の原理を知らぬ者は、ついまたこれを信じたくなるのである。祖父が孫に生まれて来るということが、あるいは通則であった時代もあったのではないか。というわけは家の主人の通称に、一代置きの継承という例は少なくないからで、現に沖縄などは長男には祖父の名を、長女には祖母の名を付けるのが通例となっていた。しかしこれでは少しく早きに過ぎて催促せられる気味がある。そうしてまたぜひともそう限定しなければならぬ理由もないのであった。

あるいは自分が生まれ替りであることを、まだ幽《かす》かに覚えていたという話も時にはある。百年と少し前の頃、八王子附近の村にあった事実として、江戸の閑人たちに騒がれた勝五郎再生談などは、五つになる男の児が誰にも言っちゃいけないといって、そっとこの秘密を姉だけに語った。それが二親の知るところとなって、尋ねて行ってみると二三里も離れた村に、果してその児のいう通りの家があり、その前生の児の名も符合して、もう疑うことができなかったというような話である。作り話の流行した時代だというから、うっかり証拠に引くわけには行かぬが、考えてみるとこれはもともと証明のむつかしい事柄であって、当の本人が何かの拍子に、もしもそういうことを言い出したとすれば、もうそれだけでも信じないではいられぬような、心理の素地とも名づくべきものは、かえって周囲の者の間にすでに備わっていたのである。私などの生まれた村では、初の誕生日のいろいろの儀式の一つに、箕《み》をもってその満一年の児を煽《あお》ぎ、おまえはどこから来たと問うてみる行事があった。幼児の使い得る単語の数は限られている。中にはワンワンだのモウモウだのというので、笑ってしまうものも多かったろうが、もしもアッチとかコッチとか、墓所や氏神の森の方角を指すことがあると、人々は顔を見合わせずにはいなかったのである。前の生ということはしばしばこの世の人の話題となり、それをまた傍にいて小児も聴いていた。彼等の思いかけぬ言葉に注意を払い、また何かの折は言わせてみようともする風が、近い頃まではわが邦には盛んであった。子を大事にするという感覚が、以前はむしろ今よりも複雑であったように見えるのも、単にわが家の永続に働くべき者だからという以上に、もしかすると遠い先祖の霊が立ち返って、宿っているのをもう忘れたのかも知れぬという、幽かな考え方がなお伝わっていたためとも考えられる。

八〇　七生報国

それはこれからさらに確かめてみなければ、そうとも否とも言えないことであろうが、少なくとも人があの世をそう遥かなる国とも考えず、一念の力によってあまたたび、この世と交通することができるのみか、さらに改めてまた立ち帰り、次々の人生を営むことも不能ではないと考えていなかったら、七生報国《しちしょうほうこく》という願いは我々の胸に、浮ばなかったろうとまでは誰にでも考えられる。広瀬中佐がこれを最後の言葉として、旅順の閉塞船に上ったときには、すでにこの辞句が若い学徒の間に、著名なものとなっていたことは事実である。中にはただ詩人の咏歎をもって、これを口にした場合もなかったとは言えまいが、今生死の関頭に立つ誠実な一武人としては、これがその瞬間の心境に適切であったのはもとよりで、日頃愛誦の句であるだけに、感銘のさらに新たなものがあったろうことも疑われぬ。同じ体験が今度はまた、至誠純情なる多数の若者によって、次々と積み重ねられた。そうしていよいよこの四つの文字をもって、単なる文学を超越した、国民生活の一つの目標としているのである。『太平記』の次の一節をよく読んでみると、この中にはまだ一抹の曇りというようなものが漂よっている。それを今まではまったく気が付かずに、深い印象を私たちは受けていたのであった。

手の者六十余人、六間の客殿に二行に並びいて、念仏十遍ばかり同音に唱えて、一度に腹をぞ切ったりける。正成《まさしげ》座上に居つつ、舎弟の正季《まさすえ》に向いて、そもそも最後の一念によって、善悪の生を引くといえり、九界《くかい》の間、何か御辺の望みなると問いければ、正季からからと打ち笑いて、七生までただ同じ人間に生まれて、朝敵を滅さばやとこそ存じ候えと申しければ、正成世にうれしげなる気色にて、罪業深き悪念なれども、我もかように思うなり。いざさらば同じく生を替えて、この本懐を達せんと契《ちぎ》りて、兄弟とも刺し違えて、同じ枕に伏しにけり。

人にもう一ぺん生まれて来ようという願いまでが、罪業深き悪念であると、見られているような時代もあったのである。これが楠公《なんこう》の当時の常識であったのか。ただしはまた広厳寺の僧たちが、後にそういう風に世の中に伝えたのか。もしくは語る者が、自分の批評をもって潤飾したか。三者いずれであろうともそれは問うところでない。国民はすでにもう久しい間、これを悪念とも妄執とも見ることを忘れて、ただその志の向うところを仰慕して止まぬのである。安藤為章《ためあき》の『年山紀聞《ねんざんきぶん》』の中に、水戸の黄門光圀《こうもんみつくに》の侍女村上吉子、後に法体《ほったい》して一静尼といった人が、七十二歳をもって世を辞した時の歌を載せている。

又も来ん人を導くえにしあらば八つの苦しみ絶え間無くとも

女性としてまた仏道の人としては、まことに力強い最後の一念であったが、それがいかなる方面に再生したかは、悲しいことにまだ明らかにはなっていない。人生は時あって四苦八苦の衢《ちまた》であるけれども、それを畏《おそ》れて我々が皆他の世界に往ってしまっては、次の明朗なる社会を期するの途はないのである。我々がこれを乗り越えていつまでも、生まれ直して来ようと念ずるのは正しいと思う。しかも先祖代々くりかえして、同じ一つの国に奉仕し得られるものと、信ずることのできたというのは、特に我々にとっては幸福なことであった。

八一　二つの実際問題

さて連日の警報の下において、ともかくもこの長話をまとめあげることができたのは、私にとっても一つのしあわせであった。いつでも今少し静かな時に、ゆっくりと書いてみたらよかろうにとも言えないわけは、ただ忘れてしまうといけないからというような、簡単なことだけではない。もとは他国へ出て行って働くにも、やがては成功して故郷に還り、再び親類や故旧ってもその間に住もうという者が多かったようだが、最近になって人の心持はよほど改まり、何でもその行く先の土地に根を生やして、新たに一つの家を創立しようという念願から、困苦と闘っている人たちが日に加わっている。すなわち家の永続は大きな問題とならざるを得ない。風土環境の我々に及ぼす力は軽く見ることができぬであろうが、住めばたちまちその天然の中にまぎれ込んでしまって、やがて見分けも付かなくなることは、少なくとも開発者の本意ではないのである。淋しいわずかな人の集合であればあるだけに、時の古今にわたった縦の団結ということが考えられなければならぬ。未来に対してはそれが計画であり遺志であり、また希望であり愛情である。ことごとく遠い昔の世の人のした通りを、倣《なら》うということはできない話だが、彼等はどうしていたかというまでは、参考として知っておくのが強味である。古人は太平の変化少なき世に住んで、子孫が自分の先祖に対するのと同一の感じをもって、慕い懐かしみ迎え祭るものと信じることができた。しかし実際は次々と社会の事情が改まって、ある部分においては明らかに失望しているのである。その悲しみをちっとでも避けるがためには、我々はこれから後の世の中の、今の通りではないことを予期することが必要であるのみでなく、それを力の及ぶ限り、現在我々が善しと信ずる方向へ、変らせて行くように骨折らなければならぬ。すなわち家というものの理想は外からも内からも、いい頃加減にしてほったらかしておくわけに行かぬのである。日本のこうして数千年の間、繁り栄えて来た根本の理由には、家の構造の確固であったということも、主要なる一つと認められている。そうしてその大切な基礎が信仰であったということを、私などは考えているのである。もとより信仰は理をもって説き伏せることのできるものでなく、人が背いて行くのを引き留めることは困難であろうが、多数のわが同胞は感覚においてこれを是認しつつも、実はこれを考えまた言葉にする機会だけをもたなかったのである。はっきりと言ってしまったら、かえって反対は強くなり、消滅の危険を多くすることになるのかも知れないが、なお私はこの事実を正確にした上で、それを再出発の起点としなければならぬと思っている。

それから第二段に、これも急いで明らかにしておかねばならぬ問題は、家とその家の子なくして死んだ人々との関係いかんである。これには仏法以来の著しい考え方の変化があることを、前にもうくだくだしく説いているが、少なくとも国のために戦って死んだ若人だけは、何としてもこれを仏徒のいう無縁ぼとけの列に、疎外しておくわけには行くまいと思う。もちろん国と府県とには晴《はれ》の祭場があり、霊の鎮まるべき処は設けられてあるが、一方には家々の骨肉相依るの情は無視することができない。家としての新たなる責任、そうしてまた喜んで守ろうとする義務は、記念を永く保つこと、そうしてその志を継ぐこと、及び後々の祭を懇《ねんご》ろにすることで、これには必ず直系の子孫が祭るのでなければ、血食ということができぬという風な、いわゆる一代人《いちだいびと》の思想に訂正を加えなければならぬであろう。死者が跡取ならば世代に加える制度を設けるもよし、次男や弟たちならば、これを初代にして分家を出す計画を立てるもよい。ともかくも歎き悲しむ人がまた逝《ゆ》き去ってしまうと、程なく家なしになって、よその外棚《ほかだな》を覗きまわるような状態にしておくことは、人を安らかにあの世に赴かしめる途ではなく、しかも戦後の人心の動揺を、慰撫《いぶ》するの趣旨にも反するかと思う。子代《こしろ》・御名代《みなしろ》の貴き御ためしを引くまでもなく、古来わが邦には叔母から姪女《めい》へ、伯父から甥《おい》へ行く相続法もあり、あるいはまた血縁の繋がりのない者にも、家名を承け継がせた習わしがよく発達している。新たに国難に身を捧げた者を初祖とした家が、数多くできるということも、もう一度この固有の生死観を振作せしめる一つの機会であるかも知れぬ。それは政治であって私等の学問の外ではあるが、実は日本のたった一つの弱味というものが、政治家たちの学問への無関心、今なおこういう研究はよくよく閑《ひま》のある人間だけに、任せておいてよいかのごとく、思っている人が多いことにあると思うので、思わずこんな事にまで口を出すはずみになったのである。

（『先祖の話』一九四六年）

柳田国男年譜

＊『定本柳田國男集』（筑摩書房）『柳田國男全集』（ちくま文庫）『柳田國男文芸論集』（井口時男編、講談社文芸文庫）『柳田国男伝』（後藤総一郎監修、柳田国男研究会編著、三一書房）『柳田國男事典』（野村純一、三浦佑之、宮田登、吉川祐子編、勉誠出版）を参考に作成した。
＊「主な論文・講演・著作」は論文・講演は「　」、著作は『　』で表した。論文・講演は発表年、著作は刊行年。続く数字・○囲み数字で、それぞれ『定本柳田國男集』『柳田國男全集』（ちくま文庫版）の所収巻を示した。本書に収録したものを太字にした。

西暦	年齢	出来事（社会の動きは太字）	主な論文・講演・著作
1875	0	7月31日、兵庫県神東郡田原村辻川（現・神崎郡福崎町辻川）に父・松岡操（幼名・賢次、号・約斎）、母・たけの六男として生まれる。松岡家は代々医家だった。	
1877	2	三兄泰蔵が井上家の養嗣子となり、通泰と改名。	
1879	4	辻川の昌文小学校に入学。	
1883	8	昌文小学校を卒業。加西郡北条町の高等小学校に入学。	
1884	9	一家で北条町に転居する。	
1885	10	高等小学校を卒業。この年、大飢饉の惨状を目の当たりにする。	
1887	12	8月末、帝国大学医科大学在学中の三兄井上通泰に伴われて上京。その後、茨城県北相馬郡布川町に開業した長兄鼎の許に住む。	
1888	13	病身のため学校に行かず、長兄の知人小川家が所蔵する書物を濫読して過ごす。	
1889	14	9月、両親と二人の弟も布川の長兄鼎宅に同居。**大日本帝国憲法発布。**	
1890	15	下谷区徒士町の三兄井上通泰宅に同居。三兄の紹介により森鷗外を知り、感化を受ける。	
1891	16	三兄井上通泰が帝国大学医科大学を卒業し、大学の助手兼開業医となる。母と二人の弟も三兄宅に転居。中学卒業資格を得るために開成中	

		学校に編入。桂園派歌人松浦萩坪（辰男）門下に入り、短歌を学ぶ。ここで田山花袋を知る。	
1892	17	開成中学校から郁文館中学校に転校。	
1893	18	9月、第一高等中学校に入学し、寄宿舎に入る。	
1894	19	**日清戦争勃発**。	
1895	20	「文學界」に新体詩を発表しはじめる。このころ島崎藤村と出会う。	
1896	21	7月8日、母・たけが死去。肺尖カタルを患い、約1カ月、犬吠埼で保養。9月5日には父・操が急死。	
1897	22	4月、『抒情詩』（国木田独歩、田山花袋らとの共著）を民友社より刊行。7月、第一高等学校を卒業。9月、東京帝国大学法科大学政治科に入学。農政学の松崎蔵之助に師事。	
1898	23	秋、腸チフスのために入院し、翌年にかけて数カ月休学。	「野辺の小草」㉜
1900	25	7月、東京帝国大学を卒業。農商務省農務局に勤務。大学院にも在籍。9月から早稲田大学で農政学を講義。	
1901	26	5月、信州出身の大審院判事・柳田直平の養嗣子として入籍。入籍と同時に青山美竹町から牛込加賀町の柳田家に転居。10月から約40日間にわたって信州で産業組合、農会について講演旅行に出る。	
1902	27	1月、田山花袋、小栗風葉らと談話会（土曜会）を開く。2月、法制局参事官に任官。8月、東北旅行に出る。	『最新産業組合通解』28㉚
1903	28	2月、小作騒動視察のため岡山県に向かう。	『近世奇談全集』（田山花袋と共編）
1904	29	2月の**日露戦争勃発**により、3月、横須賀の捕獲審検所評定官になる。長谷川長官の秘書となり、九州など様々な地方へ出張する。4月、柳	「中農養成策」31㉙

1905	30	田直平の四女・孝と結婚。1月、水戸や奈良で産業組合について講演。7月、龍土軒にて島崎藤村、田山花袋、武林無想庵、国木田独歩らと会合（この会は後に龍土会と呼ばれ、継続される）。8月から9月にかけて、農商務省の嘱託として、福島県各地を視察。産業組合についての講演も行う。10月から11月にかけて愛知県下産業組合役員協議会に産業組合中央会代表として出席し、産業組合の連合の問題について講演。	**「幽冥談」**㉛
1907	32	5月、産業組合講習会で三倉制について話す。5月から6月にかけて、産業組合についての講演で新潟、山形、秋田、福島の各県を回る。12月、比嘉財定から宮古島比嘉村の話を聞く。このころより沖縄についての本を読むようになる。	
1908	33	1月、宮内書記官兼任となる。5月から8月にかけて、九州、広島、四国を旅行。宮崎県の椎葉村に行く。	
1909	34	2月、長女・三穂誕生。8月、東北旅行に出、初めて遠野を訪れる。	**「九州南部地方の民風」**「天狗の話」4⑥（『妖怪談義』所収）**「山民の生活」**4⑤『後狩詞記』27⑤
1910	35	6月、内閣書記官記録課長兼任となる。8月、内閣の仕事として、日韓併合に関する法制作成にたずさわる。**日韓併合**。**大逆事件**。	『石神問答』12⑮**『遠野物語』**4④『時代ト農政』16㉙
1911	36	3月、南方熊楠との文通が始まる。6月、日韓併合に関する法制作成の功で「勲五等瑞宝章」を授与される。	

1912	37	4月、フレーザーの『黄金の小枝』（金枝篇）を読みはじめる。7月、**明治天皇崩御**。9月、次女・千枝誕生。明治天皇の大葬に奉仕。	
1913	38	1月、法制局書記官兼任となる。3月、雑誌「郷土研究」を創刊。12月、田辺に南方熊楠を訪問する。	「巫女考」9⑪（〜14年）「山人外伝資料」4④
1914	39	4月、貴族院書記官長となる。**第一次世界大戦勃発**。	『山島民譚集（一）』27⑤「南方氏の書簡について」
1915	40	5月、長男・為正誕生。8月、大礼使事務官となる。10月から11月、京都で大正天皇の御大礼に奉仕、伊勢御親祭に随伴し、畝傍での祭事にも奉仕する。	
1916	41	このころ、折口信夫が初めて訪ねてくる。	
1917	42	3月、三女・三千誕生。3月、「郷土研究」が4巻12号で休刊。**ロシア革命**。	**「山人考」** 4④（『山の人生』所収）
1918	43		**「家の話」** 20⑳**『神道私見』** 10⑬
1919	44	1月、四女・千津誕生。このころ島誌を多く読む。水上生活者に興味を持ち、各地で見聞する。12月、貴族院書記官長を辞任。	
1920	45	8月、東京朝日新聞社客員となり、紀行を執筆。最初の3年間の内地と外地への旅行を条件に入社。この年、全国各地を旅行する。12月、沖縄の旅に出る（このときの見聞は「海南小記」として東京朝日新聞に連載）。	『赤小塚の話』12⑦『神を助けた話』12⑦**「豆手帖から」** 2②（『雪国の春』所収）
1921	46	1月、沖縄本島、宮古島、石垣島などを巡る。5月、国際連盟委任統治委員に就任。ジュネーブで9月から10月まで国際連盟委員会の仕事に従事。	「世界苦と孤島苦」

1922	47	1月、一水会で委任統治のことを話す。明治会館で国際連盟の話をする。4月、朝日新聞論説班員となる。南島談話会を開く。5月、国際連盟委任統治委員会の仕事のために再びジュネーブに発ち、6月に着く。途上、エスペラント語の稽古を始める。	『郷土誌論』25㉗『祭礼と世間』10⑬
1923	48	欧州各地を旅行し、11月、帰国。自宅で民俗学に関する第一回談話会を開く。国際連盟委任統治委員会委員を辞任。**関東大震災。**	
1924	49	2月、吉野作造とともに朝日新聞社編集局顧問論説担当となる。4月、内ヶ崎作三郎の選挙演説応援のため吉野作造とともに宮城県を回る。慶應義塾大学文学部講師となり、毎週1回の民間伝承の講義を始める(～1929年3月)。	**「七月一日から愈々排日法の実施につき」**別1**「島々の話 その四」**1①(『島の人生』所収)**「童児と昔」**20㉒(『小さき者の声』所収)「国際労働問題の一面」29
1925	50	5月、早稲田大学で「農民史」の講義を始める。以後、2年ほど続く。11月、雑誌「民族」を創刊(以後、隔月刊行)。	**「青年と学問」**25㉗**「南島研究の現状」**25㉗「郷土研究ということ」25㉗(三つともに『青年と学問』所収)**「山の人生」**4④(『山の人生』所収)**「政党と階級意識」**別1『海南小記』1①
1926	51	2月、吉右衛門(きっちょん)会(昔話研究の会)を始める。**大正天皇崩御。**	「東北研究者に望む」**「島の話」**25㉗(『青年と学

			問」所収）『日本農民史』16㉙（早稲田大学での講義録）**『山の人生』**4④
1927	52	7月、民俗芸術の会が結成される。8月、北多摩郡砧村（現・世田谷区成城）に書斎が完成。喜談書屋と名付ける。9月、長男為正とともに転居。	
1928	53	1月、「民俗芸術」「旅と伝説」を創刊。12月、第一回方言研究会を開催。	**『雪国の春』**2②**『青年と学問』**25㉗
1929	54	4月、「民族」休刊。	**『聟入考』**15⑫（『婚姻の話』所収）『都市と農村』16㉙
1930	55	5月、田山花袋死去。10月、雑誌「郷土」を創刊。11月、朝日新聞社論説委員を辞任。	**「東北と郷土研究」**25㉗（『東北の土俗』所収）『蝸牛考』18⑲
1931	56	9月、雑誌「方言」を創刊。**満州事変。**	**『明治大正史世相篇』**24㉖
1932	57	1月、養母柳田琴死去。12月、養父柳田直平死去。	『口承文芸大意』6⑧『日本の伝説』26㉕『秋風帖』2②『女性と民間伝承』8⑩
1933	58	5月、比嘉春潮と雑誌「島」を発刊。9月、自宅にて毎週木曜日に「民間伝承論」の講義を始める。この講義は12月まで続いた。この講	「狼のゆくえ」22㉔『桃太郎の誕生』8⑩**『小さ**

		義の集いは1934年1月から木曜会とあらためられ、後に日本民俗学会談話会となった。	**き者の声」** 20㉒
1934	59	長兄松岡鼎死去。この年から3年間、継続的な山村調査に取り組む。	『日本の昔話』26㉕ **『民間伝承論』** 25㉘
1935	60	7月31日～8月6日、日本青年館で日本民俗学講習会が開かれる。9月、自宅で民間伝承の会の初会合を開く。「民間伝承」第一号を刊行。	**「国史と民俗学」** 24㉖（『国史と民俗学』所収）**「昔話と伝説と神話」** 6⑧（『口承文芸史考』所収）**「子供と言葉」** 20㉒（『小さき者の声』改版所収）**『郷土生活の研究法』** 25㉘ **「実験の史学」** 25㉗（『日本民俗学研究』所収）
1936	61	5月、弟松岡静雄死去。この年から3年間、全国昔話の採集に取り組む。	『地名の研究』20⑳ **「幻覚の実験」** 4⑥（『妖怪談義』所収）『山の神とオコゼ』4④
1937	62	この年、東北帝国大学、京都帝国大学で「日本民俗学」を講義。**日中戦争始まる。**	**「親方子方」** 15⑫（『家族制度全集史論篇』所収）
1938	63	3月、弟松岡輝夫死去。昭和研究会で教育改造論を話す。6月、木曜会が百回に達する。12月、兄井上通泰、貴族院議員となる。	『昔話と文学』6⑧ **「キミ・ボク問題」** 20㉒（『少年と国語』所収）

1939	64	4月より、日本民俗学講座で「祭礼と固有信仰」を12回にわたり講義。**第二次世界大戦始まる。**	『木綿以前の事』14⑰『国語の将来』19㉒『狐猿随筆』22㉔
1940	65	10月、四女千津結婚。日本方言学会が創立され、初代会長に就任。	『民謡覚書』17⑱『妹の力』9⑪**「比較民俗学の問題」**30（一部）㉗
1941	66	1月、朝日文化賞を受賞。6月から、東京帝国大学全学教養部主催の教養特殊講義として、5回にわたり「日本の祭」を講義。7月、神社精神文化研究所例会で「神道と民俗学」を講演。8月、兄井上通泰死去。12月、長男為正結婚。長男夫婦との同居生活が始まる。**太平洋戦争始まる。**	「民俗学の話」24『豆の葉と太陽』2②
1942	67	2月、次女赤星千枝死去。11月、大政翼賛会の家の委員会で「家の話」をする。	『こども風土記』21㉓『菅江真澄』3③**『日本の祭』**10⑬
1943	68	6月から8月にかけて、月1回、大政翼賛会氏子委員会に出席。11月、原町田を散歩中に、地元の材木商・陸川某に会い、先祖になるという話を聞く。このことが『先祖の話』の材料となる。	『神道と民俗学』10⑬『昔話覚書』6⑧
1944	69	5月、国際電気通信講習所にて、「先祖の話」をする。	『炭焼日記』別4㉜（～45年、刊行は58年）**『国史と民俗学』**24㉖
1945	70	2月、米軍が硫黄島に上陸、従軍していた折口信夫の弟子・折口春洋のことを思う。3月、『熊谷家伝記』を読む。野武士文学のことを書きたくなり、これが『先祖の話』の執筆のきっかけとなる。8月15日、	

１９４６	71	**終戦**の詔勅を聞き、「感激不止」と述べる。6月、昭和天皇及び各宮家に国語教育の問題をご進講する。7月、枢密顧問官となり、以後、日本国憲法、皇室、教育関係法案の審議に加わる。11月、枢密院の皇室関係法案委員会に出席。12月、枢密院の御前会議に出席。**日本国憲法発布**。	『笑の本願』7⑨『**先祖の話**』10⑬『**国語成長のたのしみ（一）**』20㉒（『少年と国語』所収）『**毎日の言葉**』19⑲「**ジュネーブの思い出**」3③『家閑談』15⑫『祭日考』11⑭
１９４７	72	3月、枢密院の学校教育基本法案についての委員会に出席。１９３４年から３００回以上続いた木曜会を発展解消し、自宅の書斎を民俗学研究所とする。以後、毎月2回の研究会を開く。4月、枢密院の最終会議に出席。6月、北海道大学で「如何に再建すべきか」と題して、沖縄の話を講演。7月、芸術院会員となる。8月、沖縄文化協会発会式に出席。**日本国憲法施行**。	「文学・学問・政治」（中野重治との対談、『柳田國男対談集』所収）『**口承文芸史考**』6⑧「**鳴滸の文学**」7⑨（『不幸なる芸術』所収）『山宮考』11 12 22⑭⑮㉔『氏神と氏子』11⑭
１９４８	73	4月、民俗学研究所が財団法人として認められる。	『村のすがた』21㉓『**婚姻の話**』15⑫
１９４９	74	2月、国立国語研究所評議員となる。NHKの神道の時間で折口信夫との対談「神道の原始型」を放送。4月、民間伝承の会を日本民俗学会と改称し、会長となる。9月、父松岡操の53回忌辰を記念して、「魂の行くえ」を書く。	『北小浦民俗誌』25㉗

1951	76	3月、東京都江東区深川の円通寺に柳田家代々の墓を建立。5月、国学院大学大学院の開講式に出席。大学院では理論神道学の講座を持ち、1960年まで担当した。11月、文化勲章を受章。**サンフランシスコ講和条約調印。**	『**島の人生**』1①
1952	77	6月、農業総合研究所における第一回稲作史研究会に出席。	
1953	78	2月、国立国語研究所評議会会長となる。9月、折口信夫死去。	『**不幸なる芸術**』7⑨
1954	79	5月、第8回九学会連合大会で、「海上の移住」を研究発表。	
1956	81		『**妖怪談義**』4⑥
1957	82	12月、自伝の口述を始める（後に『故郷七十年』として刊行）	『**少年と国語**』20㉒
1958	83	5月、学士院会に出席、昭和天皇臨席。その後、新村出、金田一京助と国立国語研究所に行く。	「**文学の思い出**」別3（『故郷七十年』所収）
1959	84		「故郷七十年拾遺」別3 『**故郷七十年**』別3
1960	85	**日米安保条約改定。**	「鼠の浄土」1①（『海上の道』所収）
1961	86		『海上の道』1①
1962	87	『定本柳田國男集』の刊行が始まる。8月8日、心臓衰弱のため死去。	「**柳田国男自伝**」23㉛

編集付記

本書は左記を定本とした。

第一章　文学と柳田国男

柳田国男自伝――『柳田國男全集31』（ちくま文庫）
文学の思い出　抄　『故郷七十年』より――（『故郷七十年』朝日選書、一九七四年）
新体詩　夕づ、「野辺の小草」より――『柳田國男全集32』（ちくま文庫）

第二章　山の人生

幻覚の実験　『妖怪談義』より――『柳田國男全集6』（ちくま文庫）
幽冥談――『柳田國男全集31』（ちくま文庫）
九州南部地方の民風――『柳田國男全集23』（筑摩書房）
遠野物語　抄――『柳田國男全集4』（ちくま文庫）
山の人生　抄――『柳田國男全集4』（ちくま文庫）
山人考　『山の人生』より――『柳田國男全集4』（ちくま文庫）
山民の生活――『柳田國男全集5』（ちくま文庫）

第三章　島の人生

日本郷土の特色　『民間伝承論』より――『柳田國男全集28』（ちくま文庫）
島の話　抄　『青年と学問』より――『柳田國男全集27』（ちくま文庫）
南島研究の現状　抄　『青年と学問』より――『柳田國男全集27』（ちくま文庫）
島々の話　その四　抄　『島の人生』より――『柳田國男全集1』（ちくま文庫）
豆手帖から　抄　『雪国の春』より――『柳田國男全集2』（ちくま文庫）

第四章　「大正デモクラシー」を担う

ジュネーブの思い出――『柳田國男全集3』（ちくま文庫）
青年と学問　抄　『青年と学問』より――『柳田國男全集27』（ちくま文庫）
政党と階級意識――『定本柳田國男集別巻第一』（筑摩書房）
七月一日から愈々排日法の実施につき――『定本柳田国男集別巻第一』（筑摩書房）

第五章　民俗学＝史学の方法

実験の史学　抄――『柳田國男全集27』（ちくま文庫）
単独立証法　『国史と民俗学』より――『柳田國男全集26』（ちくま文庫）
我々の方法　『民間伝承論』より――『柳田國男全集28』（ちくま文庫）
東北と郷土研究　抄　『東北の土俗』より――『柳田國男全集27』（ちくま文庫）

比較民俗学の問題――『柳田國男全集27』（ちくま文庫）

第六章　日本の歴史

親方子方　抄――『柳田國男全集12』（ちくま文庫）
労働『郷土生活の研究法』より――『柳田國男全集28』（ちくま文庫）
親分割拠『明治大正史世相篇』より――『柳田國男全集26』（ちくま文庫）
聟入考　抄『婚姻の話』より――『柳田國男全集12』（ちくま文庫）
旅と商業『明治大正史世相篇』より――『柳田國男全集26』（ちくま文庫）
家の話――『柳田國男全集20』（ちくま文庫）

第七章　小さき者と言語

子供と言葉――『柳田國男全集22』（ちくま文庫）
童児と昔　抄『小さき者の声』より――『柳田國男全集22』（ちくま文庫）
国語成長のたのしみ（一）『少年と国語』より――『柳田國男全集22』（ちくま文庫）
キミ・ボク問題『少年と国語』より――『柳田國男全集22』（ちくま文庫）
知ラナイワ『毎日の言葉』より――『柳田國男全集19』（ちくま文庫）
昔話と伝説と神話　抄『口承文芸史考』より――『柳田國男全集8』（ちくま文庫）
鳴滸の文学　抄『不幸なる芸術』より――『柳田國男全集9』（ちくま文庫）

第八章　死者との交通

神道私見　抄――『柳田國男全集13』（ちくま文庫）
日本の祭　抄――『柳田國男全集13』（ちくま文庫）
先祖の話　抄――『柳田國男全集13』（ちくま文庫）

柳田国男（やなぎた くにお）

1875年、兵庫県生まれ。1900年、東京帝国大学法科大学政治科を卒業し、農商務省に入省。法制局参事官、宮内書記官、内閣書記官、貴族院書記官長などを歴任。日本民俗学の礎を築く厖大な研究を残した。その文業は民俗学にとどまらず、歴史学、文化人類学、宗教学、小説など、今もなお、多大な影響を与えている。62年没。主な著書に『遠野物語』『山の人生』『雪国の春』『明治大正史世相篇』『木綿以前の事』『先祖の話』『故郷七十年』『海上の道』などがある。

柄谷行人（からたに こうじん）

1941年、兵庫県生まれ。哲学者。69年、「〈意識〉と〈自然〉——漱石試論」でデビュー。文芸批評から出発しながらも、マルクス、カントなどを論じ、その枠に収まらない根源的思考を展開してきた。著書に『マルクスその可能性の中心』『日本近代文学の起源』『内省と遡行』『探究Ⅰ』『探究Ⅱ』『トランスクリティーク』『世界史の構造』『哲学の起源』『遊動論　柳田国男と山人』など。

文春学藝ライブラリー
思5

「小《ちい》さきもの」の思想《しそう》

2014年（平成26年）2月20日　第1刷発行

著　者　柳　田　国　男
編　者　柄　谷　行　人
発行者　飯　窪　成　幸
発行所　株式会社　文　藝　春　秋

〒102-8008　東京都千代田区紀尾井町3-23
電話（03）3265-1211（代表）

定価はカバーに表示してあります。
落丁、乱丁本は小社製作部宛にお送りください。送料小社負担でお取替え致します。

印刷・製本　光邦

Printed in Japan
ISBN978-4-16-813011-3